일상의 탄생

일상의 탄생

◈ 오늘을 만든 사소한 것들의 위대한 역사 ◈

주성원 지음

행복한작업실

CONTENTS ◈

Chapter 1

삶터와 일터 Home & Office

Chapter 2

쇼핑과 패션 Shopping & Fashion

Chapter 3

활동적인 여가 생활 Sports & Leisure

Chapter 4

식탁 위의 즐거움 Food & Dining

Chapter 7

하루의 마무리 Alcoholic Drinks

Chapter 8

일 년을 돌아보며 Around The Year

Chapter 1

삶터와 일터

Home & Office

화장실
Restroom
수세식 화장실은 언제부터 사용했을까?

화장실의 역사는 인류의 역사와 궤를 같이한다. 사람이 살아 있는 한 먹고 마시고 배설하지 않을 수는 없으니까.

원시 시대에는 풀숲이 화장실이었고 나뭇잎이 화장지였다. 시간이 흘러 어느 정도 문명이 자리 잡은 뒤에는 악취나 오염 등의 이유로 화장실을 잠자고 생활하는 공간과 따로 구분했다. 그러면 과연 '어느 정도'의 문명이 자리 잡은 뒤에야 화장실이 만들어졌을까?

역사가 꽤 길다. 놀랍게도 지금까지 남은 가장 오랜 화장실의 모습은 기원전 3100년, 신석기 시대로 거슬러 올라간다. 스코틀랜드 오크니섬의 신석기 마을 유적인 스카라 브레(Skara Brae) 유적에서 화장실의 옛 형태가 발견되었다. 더욱 놀라운 사실은 이 화장실이 볼일을 보고 물로 씻어 내리는 '수세식'이었다는 것. 8채의 집으로 구성된 이 유적에서는 집 한 귀퉁이 배수로 위에 작은 칸막이 공간이 설치된 흔적을 찾을 수 있다. 신석기인들도 볼일을 볼 때는 자신만의 공간이 필요했던 모양이다. 기원전 2500년경 모래가 스카라 브레를 뒤덮지 않았다면, 그래서 이 유적이 고스란히 보존되지 않았다면 사라져 버렸을지도 모를 화장실의 증거들이다. [01]

화장실은 계속 발전했다. 청동기 시대인 기원전 2600년경 지금의 파

고대 로마 시대의 공중 화장실. 칸막이도 없고 남녀 구분도 없었던 것으로 보인다. 화장실이 사적인 공간이었던 신석기 시대에 비해 사생활 개념이 후퇴한 셈이다.

키스탄 지역에 건설된 도시 하라파(Harappa)의 가정에는 '변기에 앉아 볼일을 보면 오물을 하수로 흘려보내는 설비'가 있는 화장실이 있었다. 변기 아래 설치한 관을 통해 오물이 하수로 내려갔다. 원리 면에서 현대의 수세식 화장실과 크게 다를 바 없다.

고대 로마에는 '포리카(forica)'라는 공중 화장실이 있었다. 수로 위로 길게 구멍 뚫린 벤치를 설치해 남녀 구분 없이 용변을 봤는데, 칸막이 따위가 없었던 것을 보면 사생활 개념은 신석기인보다도 약했던 것 같다.

본격적인 현대식 변기가 탄생한 것은 18세기 들어서다. 그 전에도 화장실이 없지는 않았지만, 유럽의 귀족들은 화장실보다 요강을 선호했다. '아름다운 궁전에 화장실을 지을 수 없다'고 했다는 루이 14세의 말에서도 이러한 경향을 엿볼 수 있다. 어찌 보면 요강 문화는 동서양이 비슷한 측면이 있다.

1775년 영국의 알렉산더 커밍스(Alexander Cummings, 1733~1814)가 레버를 당기면 물이 쏟아져 나와 대변을 흘려보내는 장치를 개발한 것이 근대식 수세식 화장실의 원조다. 커밍스는 악취를 잡는 S자 트랩도 고안했다. 이후 100여 년이 지난 1882년 조지 제닝스(George Jennings, 1810~1882)가 중간 뚜껑을 올렸다 내렸다 할 수 있는 변기를 개발했다. 중간 뚜껑을 올리면 남성이 서서 소변을 볼 수 있는 이 변기의 기본 형태는 지금까지도 거의 변하지 않고 있다.

한편 지금은 서양식 양변기에 밀려 많이 사라졌지만, 한국과 일본 등 동양권에서는 오랫동안 쪼그리고 앉아 볼일을 보는 방식의 수세식 변기를 사용했다. 이른바 화변기다. 여기서 화(和)는 일본인들이 스스로를 높여 부르는 야마토(大和)에서 유래한 말이다. 이름에서 알 수 있듯 20세기 초 일본에서 만든 변기다. 한국에서는 화변기라는 이름이 주는 부담감 때문에 주로 재래식 변기라고 부른다. 지하철역이나 오래된 상가 등 일부 공공장소를 제외하고는 점차 사라지는 추세여서 변기에서도 점차 '서구화'하는 세태의 변화를 발견할 수 있다.

01/02 한옥
Korean-style house
근대식 택지 개발의 산물, 한옥 마을

지금까지 남아 있는 한옥(韓屋) 군집 지역 중 유명한 곳으로는 서울의 북촌·서촌 한옥 마을과 전주, 경주의 한옥 마을 등이 있다. 한국민속촌이나 남산골 한옥 마을에서도 다양한 형태의 한옥을 볼 수 있지만, 이곳은 사실 훗날 인위적으로 마을을 조성하거나 원래 다른 곳에 있던 한옥을 옮겨 복원한 '테마 파크'다.

한옥 마을 중에서도 특히 보존 상태가 좋고 외지인의 접근이 쉬운 서울의 북촌 한옥 마을은 밀려드는 관광객으로 마을 전체가 몸살을 앓고 있다. 내·외국인 구분 없이 찾아오는 관광객들이 마구 떠들거나 쓰레기를 함부로 버리는 통에 지역 주민들이 큰 불편을 겪기도 한다. 주민들이 관광객 반대 운동을 벌일 정도다. 한국을 찾는 관광객이 늘어나고 한옥 문화에 관한 관심도 덩달아 높아지면서 생긴 현상이다.

원래는 한옥이라고 하면 한국의 건축 양식을 통틀어 부르는 말이지만, 그보다는 서양식 주택, 즉 양옥(洋屋)과 대비해 한국 전통 주택을 이르는 말로 더 많이 쓰인다. 아파트가 보편화되기 이전인 1970년대만 해도 집이라고 하면 한옥 아니면 양옥 중 하나였다. 간혹 근대화 시기의 일본식 가옥이 그 틈을 비집고 들어갔다는 점을 제외하면.

지금까지 남아 있는 한옥 대부분이 양옥에 비해 상대적으로 오래되

북촌 한옥 마을. 서울 한옥 마을의 한옥은 대부분 일제 강점기 때 대량으로 지어져 분양한 것이다.

었다 보니 한옥 마을의 역사도 유구할 것으로 잘못 이해하기 쉽다. 조선 시대 양반과 관리들이 살았다는 북촌도 마찬가지다. 언뜻 생각하면 조선 시대에 형성된 마을일 법하지만 실제로 지금 있는 것은 1930년대부터 1960년대까지 건축된 한옥들이다.

배수가 좋고 볕이 잘 들었던 북촌은 조선 시대부터 밀집 주거지였다. 그러나 19세기에 북촌에 지어진 사대부 저택 중 지금까지 남아 있는 것은 많지 않다. 백인제가, 윤보선가 등 몇몇 사대부 가옥을 제외하면 나머지는 일제 강점기에 만들어진 이른바 '도시 한옥'이다.

'개량 한옥'이라고도 불리는 도시 한옥은 전통적인 사대부의 한옥을 본뜬 모양이지만 규모는 작다. 'ㄱ' 또는 'ㄷ', 아니면 'ㅁ'자 모양의 건물이 마당을 둘러싸고 있는 형태로, 부지가 넓지 않은 탓에 사랑채, 사랑방은 없다. 날렵한 기와지붕 처마로 멋을 살리면서 전통 가옥의 부속 건물을 본채에 넣어 좁은 공간을 최대한 활용했다. 전통 한옥의 멋과 현대적 건물의 실용성을 함께 갖춘 셈이다.

그런데 자세히 보면 옹기종기 모여 있는 집들의 모양이 거의 비슷하다. 왜 그럴까? 이 한옥들 대부분이 일제 강점기인 1930년대에 주택 건설업자들이 대규모로 지어 분양한 집들이기 때문이다. 당시 일제는 통제와 개발이 용이하도록 토지 구획을 정리해 주거지를 만들었는데, 주택 건설업자들이 주거지의 필지를 매입해 중소 규모의 한옥을 지어 분양한 것이다. 상류층인 사대부 가옥을 동경하는 중산층의 눈높이에 맞추기 위해 모양은 기와집 형태를 띠면서, 규모는 상대적으로 작은 한옥이 대량으로 지어졌다.

건설업자들은 필지를 매입해 분할할 때 긴 골목을 먼저 계획하고 이를 중심으로 주택지를 정했다. 북촌 한옥 마을의 경우 남북으로 뚫린 골목과 남쪽으로 열린 'ㄷ'자 모양의 한옥을 원칙으로 정했다.[02] 이런 이유로 비슷한 모양의 집들이 반복해서 교차되는 마을의 특징이 만들어진 것이다.

어찌 보면 지금의 아파트 분양 방식과 비슷한 형태로 공급하기 위해 조성된 것이 한옥 마을이다. 물론 그 운치와 아름다움은 벽돌 상자 모양의 아파트와 비교할 바가 아니지만.

01 / 03 아파트
Apartment
노동자 공동 주택은 어쩌다 '중산층의 꿈'이 되었나?

스스로 중산층이라고 여기지만 아직 내 집 마련은 하지 못한 우리나라 사람들에게 '갖고 싶은 집'을 물으면 대개 '아파트'라고 답한다. 대형 단독 주택은 현실적으로 너무 먼 꿈이기 때문일까. 한국의 주거 형태에서 아파트가 절반(48.7%, 2015년 기준)을 차지할 정도로 절대 우위에 있기 때문에 자연스럽게 '집=아파트'라는 개념이 자리 잡았을 수도 있다.

어쨌든 한국에서 집은 곧 아파트를 의미할 정도가 되었다. 건축 연도나 면적, 입지, 브랜드에 따라 아파트 가치가 천차만별이어서 중산층으로서는 감히 입주를 꿈꿀 수 없는 곳도 있고, 반대로 서민들의 보금자리 역할을 충실히 하는 아파트도 있다. 어쨌든 평균값을 따져 보더라도 중산층에게 아파트는 '꿈' 또는 '재산 목록 1호'다. 간혹 투기 대상이라는 오명을 쓰기도 하지만.

사정이 이렇게 된 데는 몇 가지 이유가 있다. 가장 큰 이유는 다른 자산에 비해 높은 가격 상승률일 것이다. 한국에서 몇 차례 급등세를 겪었던 과거 사례가 아파트에 대한 신화를 만들었다. 설령 상승 속도가 정체되거나 가격이 떨어지더라도 수중에 집 한 채는 남으니 안정적인 자산이 된다는 점도 한몫했다. 일반 단독 주택이나 땅에 비해 사고팔

고대 로마의 인슐라 유적. 아파트 형태의 주거 공간 역사는 고대까지 거슬러 올라간다.

기가 쉬워 환금성이 높다는 점도 또 다른 이유다. 관리가 쉬운 공동 주택이라는 점이 편의성을 높이면서 가치도 함께 높였다. 주거 공간 혹은 자산으로서 아파트의 효용은 오랜 기간 유효했고 앞으로도 당분간은 유효할 것으로 보인다. 그러나 현재 한국에서의 사정과 달리, 아파트가 처음 생길 때부터 중산층 주거의 대명사는 아니었다.

　건축 양식으로서의 아파트는 생각보다 오래되었다. 고대 로마에는 '인슐라(Insula, 라틴어로 '섬'이라는 뜻)'라는 공동 주택이 존재했다. 아래층은 상점이고 2층부터 가정집인 구조로, 지금의 주상 복합 건물의 콘셉트와 다를 바 없다. 초기에는 10층 이상으로 지어지기도 했지만 로마 대화재(기원후 64년) 이후 붕괴와 화재에 대비하기 위해 7층 이하로 건축해야 한다는 규정이 생겼다고 하니, 줄잡아 2,000년 이상의 역사를 가진 것이 아파트다. 주로 서민들과 중산층이 거주하는 곳이었다. 상류층은 건물을 지어 비싼 값에 임대하기도 했다고 한다. '건물주'의 위세는 로마 시대에도 대단했다. 높은 집에서 던진 물건이나 쓰레기에 행인이 맞아 다치거나 죽는 사고도 있었다고 한다.

이런 형태의 공동 주택은 로마의 쇠퇴와 함께 점차 사라졌다. 본격적인 아파트가 다시 등장한 것이 1730년대 프랑스 파리였으니 아파트로서는 꽤 긴 암흑기를 거친 셈이다. 로마의 인슐라와 달리 파리의 아파트는 중상류층의 거주지였다. 중산층과 일부 부유층들은 넓지만 도심까지의 거리가 먼 교외의 저택 대신 전망이 좋고 사교와 생활에 편리한 도심의 고층 건물에서 거주하기를 원했다.

19세기 산업 혁명을 거치면서 유럽의 아파트는 다시 서민의 주요한 생활 무대가 된다. 산업화한 도시에서 농촌 출신의 노동자 수가 크게 늘면서 이들의 주거 안정을 위해 공동 주택 도입의 필요성이 대두된 것이다. 20세기 1·2차 세계 대전 이후 파괴된 도시를 복구하는 과정에서도 아파트는 주거 문제를 해결하는 중요한 역할을 했다.

유럽의 아파트 문화는 20세기 초 동양의 도시 건축에도 영향을 미쳤다. 1910년대에 처음으로 일본에 근대식 아파트가 건설되었고, 일제 강점기 시절 우리나라에도 전해졌다. 1930년대 우리나라에 진출한 일본 근로자들의 기숙사(寮)에서 시작한 아파트는 후에 민간 임대 주택으로 범위를 넓혔다. 서울과 평양, 함흥, 부산, 대구 등 대도시에 아파트가 들어섰다.

해방 이후 우리나라에 처음 들어선 아파트는 1958년에 지어진 '종암 아파트'다. 지금과 같은 단지 형태를 갖춘 아파트는 1964년 건설된 '마포 아파트'가 처음이다. 1970~80년대는 한국 건설사에 기록될 만한 시기다. 서울 여의도와 반포, 잠실, 압구정 등 강남 개발이 차례로 진행되면서 고층 아파트들이 대규모 단지를 형성하게 되었다. 1990년 발표한 '주택 200만 호 건설 계획'과 이에 따른 신도시 건설은 일시적으로 아파트의 공급 과잉을 초래하기도 했지만, 이른바 '강남 8학군'처럼 선호도가 높은 지역의 아파트 인기는 사그라질 줄 몰랐다.

2000년대는 아파트 가격의 양극화가 뚜렷해진 시기다. 서울 일부 지역의 아파트 가격은 천정부지로 치솟은 반면, 일부 지방의 아파트 가격은 정체 수준을 면치 못했다. 서울 일부 지역에서도 아파트 값은 폭등과 정체를 반복하면서 전·월세 가격에까지 영향을 미쳤다. 이로 인해 서민들의 주거 안정성을 훼손하는 결과를 낳기도 했다. 아파트 가격 상승과 양극화는 정책 입안자들이 풀어야 할 숙제로 남아 있다. 일시적인 대책만 난무할 뿐 누구도 근본적인 해결책은 내놓지 못하고 있다.

01 / 04 목욕탕
Bathroom
목욕은 사생활인가, 사교 수단인가

우리나라 가정에는 주로 화장실과 욕실이 같이 있는 일체형으로 구성되어 있지만, 외국에는 욕조가 있는 욕실과 세면대, 변기가 있는 화장실이 따로 있는 집이 많다. 어떤 경우든 욕실은 화장실과 함께 집에서 가장 사적인 공간으로 분류된다.

하지만 목욕을 전적으로 '사생활'로 분류할지에 대해서는 의견이 갈린다. 물론 집에서 몸을 깨끗하게 씻는 의미로서의 목욕은 당연히 사생활의 영역이다. 그러나 목욕의 역사를 따져 보면, 목욕에는 몸을 씻는 것 이상의 의미가 있었다. 신에게 기원하기에 앞서 몸과 마음을 청결하게 하는 종교적인 의식도 그 가운데 하나다. 여기에 공중 욕탕에서의 목욕으로까지 범위를 넓히면 타인과의 교감과 소통을 통한 사교와 정치라는 의미까지 포함한다.

인공적으로 만든 욕조에서 물에 몸을 담그고 씻는 행위는 고대로부터 전해 내려온 전통이다. 기원전 4000년경 고대 도시 모헨조다로(Mohenjo-daro)가 존재했을 것으로 추정되는 파키스탄 인더스강 하류에서 길이 11.88m, 폭 7.01m의 거대한 목욕탕 유적이 1920년대에 발견되었다. 당시의 목욕이 요즘처럼 휴식의 의미를 담았던 것인지, 아니면 많은 역사학자의 추측처럼 제사를 앞두고 몸을 씻는 종교 행위였

인더스 문명의 고대 도시 모헨조다로의 공중 목욕탕 유적

는지는 정확히 밝혀지지 않았지만 말이다.

하지만 세월이 흘러 기원전 5세기 고대 그리스로 넘어가면 목욕이 단지 청결만을 목적으로 한 것이 아니라는 점이 분명해진다. 그리스에서 발견된 고대의 욕조와 목욕탕 유적은 목욕이 여흥과 사교의 수단이었다는 증거로 제시된다.

그리스 북부 고대 도시 올란토스 유적의 많은 집들에서는 물을 데울 수 있는 테라코타 욕조가 발견되었다.[03] 그런데 고대 그리스에는 '발라네이온(balaneion)'이라는 공중목욕탕도 있었다. 요컨대 집에서 몸을 씻을 수 있는 사람들도 공중목욕탕을 방문했을 가능성이 있다는 것이다. 집에서 샤워할 수 있으면서도 가끔은 굳이 가족, 친구와 찜질방에 모여 땀을 빼고 삶은 달걀도 까먹는 요즘 우리의 생활과 별반 다르지 않다.

이 공중목욕탕은 1인용의 나지막한 욕탕 여러 개가 나란히 붙어 있는 모양이었는데, 아마도 지체 높은 귀족들이 노예들이 등을 씻겨 주는 동안 잡담을 나누기에 편리한 구조였을 것이다. 여기서 잡담뿐 아니라 중요한 정책 토론, 학술 토론이 이루어졌을 수도 있다. 순금 왕관의 부피를 측정하는 데 필요한 영감을 떠올리는 것 말고도 고대 그리스인들은 목욕탕에서 많은 역사를 만들어 냈을 것이다.

공중목욕탕의 전통은 고대 로마 시대에도 이어졌다. '테르메(thermae)'라고 불린 로마의 공중목욕탕은 불을 때면 물과 방을 덥히는 구조로 되어 있었다. 당시 목욕탕에는 물 온도가 서로 다른 여러 개의 욕조를 구비한 것은 물론이고 한증막까지 있었다. 고대 로마인들은 '냉탕과 온탕을 오간다'는 말을 생활에서 구현했다. 3세기에 건설된 카라칼라 대욕탕(Baths of Caracalla)은 1,600명을 수용할 수 있었다고 하니 요즘으로 치면 찜질방을 넘어 소규모 워터파크 수준은 되었을 법하다.

로마인들의 목욕 사랑은 정복지마다 목욕탕을 만드는 것으로도 발현되었는데, 영어 단어 목욕(bath)이 로마군이 목욕탕을 건설한 영국의 도시 배스(Bath)에서 유래했다는 것은 잘 알려진 사실이다. 배스에는 아직도 고대 로마의 대형 목욕탕이 남아 있다.

이런 목욕탕 사교의 전통은 기독교 전파 초기에 단절된다. 기독교에서 '불필요한' 목욕을 죄악시하는 풍토가 자리 잡았기 때문이다. 황야에서 예수가 겪은 고행을 재현하려는 목적이었는지는 모르겠으나,

영국 서머싯주의 도시 배스에 있는 로만 배스(Roman Bath). 고대 로마의 군대가 건설한 공중목욕탕으로, 사교와 여흥, 토론 등이 이루어지던 장소였다.

이즈음부터 목욕을 외면한 유럽의 전통은 11세기 십자군 전쟁 때까지 이어진다. 수도승들은 특별한 날에만 목욕을 했고 서민은 물론 기사들까지도 늘 고약한 체취를 풍기는 것이 예사였다. 유럽의 공중목욕탕 숫자도 현저히 줄었다. 하지만 십자군 원정에서 '하맘(Hammam)'이라는 이슬람식 증기탕 문화를 맛본 귀족 기사들은 다시 유럽으로 돌아가 목욕 문화를 부활시켰다. 적어도 흑사병이 창궐한 14세기 전까지는 말이다.

황당하게도 당시 흑사병의 원인이 목욕이라는 소문이 돌면서 목욕이 금기가 되었다. 뜨거운 물이 땀구멍을 열어 병원균이 침범하기 쉽게 만든다는, 지금으로서는 이해할 수 없는 논리가 퍼져 나갔다. 오히려 전염병이 퍼지기 쉬운 불결한 환경을 만들어 전염병을 막으려고 했던 셈이다. 코로나19를 비롯한 각종 감염병 전파를 예방하기 위해 손 씻기를 권장하는 현대의 상황과 비교해 보면 안타깝기 그지없는 일이다.

이후에도 유럽에서 목욕의 역사는 극과 극을 오간다. 16세기에는 초대한 손님들과 함께 목욕하며 우애를 다졌다. 뜨거운 욕조에 들어가 담요를 덮고 한증욕을 하기도 했다. 반면 17세기 유럽 귀족들은 목욕 대신 옷을 갈아입는 것으로 위생과 청결을 지킬 수 있다고 믿었다. 요즘처럼 집에서 자주 샤워하는 문화가 자리 잡은 것은, 당연하게도 어느 정도 생활 수준이 높아진 현대의 일이다.

한편 북유럽의 사우나에 비견되는, 우리나라의 독특한 목욕 문화 중 하나인 '찜질방'도 따지고 보면 짧지 않은 역사를 가지고 있다. 찜질을 딱히 목욕이라고 볼 수 있을지는 모르겠지만, 과거에도 온천욕과 함께 병을 치료하는 한 방편으로 쓰였다.

15세기 조선 전기 인물인 최충성(崔忠成, 1458~1491)이 쓴 『증실기(蒸室記)』라는 책에는 당시의 찜질방이 잘 묘사되어 있다. 방에 센 불을 때 증실(蒸室, 찜질방)을 만들고는 온돌 위에 쑥이나 창포 등의 약초를 놓고 물을 뿌려 땀을 흘리고 증기를 쏘였다. 어느 정도 찜질을 한 다음에는 군불이 없는 옆방에서 쉬었다가, 다시 증실에 들어가는 일을 반복했다고 한다.[04] 여러 사람이 한꺼번에 들어가는 일도 있었다고 하니 지금의 찜질방 문화와 크게 다를 것이 없다.

01 / 05 온돌과 보일러
Ondol & Boiler
온돌의 '역수입품', 보일러

'한 번쯤 들어 본 적은 있지만 실제로 본 적은 없는 난방법.'

젊은 세대에게 우리의 전통 난방인 '온돌'을 설명하자면 이 정도가 어떨까. 이제는 오래된 시골집이나 민속촌의 전통 가옥이 아니고서는 온돌을 찾아보기 어렵다. 온돌을 두고 '아궁이에 군불을 때면 방바닥이 따뜻해지는 설비' 또는 '부뚜막에 밥을 지을 때 난방도 함께 할 수 있는 효율적인 장치'라고 말하려다 보니, 우선 아궁이와 부뚜막이 무엇인지부터 실명해야 할 것 같다. 아궁이와 부뚜막 역시 한 번쯤 들어 보았지만 실제로 본 적은 없는 설비일 테니까.

아궁이는 불을 지피는 곳, 부뚜막은 아궁이에 솥을 걸어 놓을 수 있도록 만든 구멍이다. 아궁이에 불을 지펴 나오는 열기와 연기가 방바닥 아래로 퍼져 바닥을 데운 뒤 연통으로 빠져나가는 설비가 온돌이다. 이 열을 난방뿐 아니라 취사용으로도 쓰기 위해 만든 것이 부뚜막이다. 부뚜막 없이 난방 전용의 아궁이를 둔 온돌도 있다.

돌과 흙으로 만든 방바닥은 천천히 달아오르는 대신 잔열이 오래가는 장점이 있다. 저녁나절 불을 지피면 밤 동안 따뜻하게 잠을 잘 수 있다. 선조의 지혜가 담긴 난방 장치다. 난로나 벽난로에 불을 지펴 공기를 데우는 서양식 난방과 달리 바닥을 데우는 온돌은 우리 민족 특

난방과 취사 기능을 겸비한 전통 가옥의 부뚜막. 건물의 공기를 덥히는 방식인 서양의 벽난로와 달리 바닥을 데우는 방식인 온돌은 우리 민족의 고유한 난방 장치다.

유의 좌식 생활 문화를 구축하는 데 한몫을 했다.

요즘은 아궁이에 불을 때는 대신 주로 가스나 석유를 연료로 하는 주택용 보일러로 난방을 한다. 온풍난방을 하는 상업용 건물을 제외한 대부분의 주거용 건물에서 쓰는 보일러는 온돌처럼 바닥을 따뜻하게 데우는 방식을 쓴다. 방바닥에 구리나 플라스틱 파이프를 깔아 온수가 흐르게 하는 구조다. 1970~80년대에 지어진 일부 아파트에서 공기를 데우는 라디에이터 설비가 도입된 적이 있지만 이제는 거의 사라졌다. 오랜 기간 바닥 난방 문화에 익숙한 한국인에게 공기 난방은 생소했다. 대신 바닥 난방 보일러가 온돌의 훌륭한 대체품이 되었다.

그런데 이 보일러는 사실 우리의 온돌 문화가 해외로 건너갔다가 역수입된 것이다. 보일러에서 쓰는 바닥 난방 방식인 '온수 순환식 난방'을 처음 고안한 인물은 프랭크 로이드 라이트(Frank Lloyd Wright, 1867~1959)라는 미국의 건축가다. 뉴욕 구겐하임 미술관을 설계한 그는 지금까지도 미국이 낳은 가장 위대한 건축가 중 한 명으로 꼽힌다.

라이트는 일본 제국 호텔의 설계자이기도 하다. 라이트는 제국 호텔 설계를 위해 일본에 머무른 적이 있는데, 그때 방문했던 한 일본인 가정이 마침 한국식 온돌로 난방을 하는 집이었다. 바닥 난방이라는 아이디어를 얻은 것이 이때다. 미국으로 돌아간 라이트는 바닥에 온수 파이프를 설치해 난방을 하는 설비를 만들었다. 보일러의 시초다.

그러면 온돌은 언제부터 사용됐을까. 기원전 5000년~4000년경의 것으로 추정되는 함경북도 굴포리 서포항 유적에 온돌의 흔적이 남아 있는 점을 보면 온돌의 뿌리는 신석기 시대까지 올라간다는 것을 알 수 있다. 하지만 건축이 까다롭고 적잖은 비용이 드는 탓에 조선 초기까지만 해도 주로 상류층 저택 일부에만 온돌을 놓을 수 있었다. 온돌이 널리 퍼진 것은 조선 후기 들어서다. 1950년대에는 장작을 때던 온돌에 연탄이 도입되었다. 삼림 보호를 위해 정부에서도 아궁이를 개량해 구공탄을 사용하도록 권장했는데, 장작에 비해 열효율은 높았지만 불완전 연소와 환기 때문에 문제가 되었다. 유독성이 강한 일산화탄소 가스, 즉 연탄가스가 방 안으로 유입되어 잦은 인명 사고를 냈던 것이다.

1960~70년대 '새마을 보일러'로 불린 연탄 온수 보일러가 보급되면서 한국의 난방 문화는 보일러 시대로 접어들었다. 연탄보일러 도입 초기에는 난방용 연탄으로 취사도 가능했지만, 점차 열원(熱源)이 석유, 가스, 전기 등으로 발전하고 연탄의 쓰임새가 줄어들면서 취사 용도의 부뚜막은 찾아보기 어렵게 되었다. 그래도 여전히 어린이들 사이에서 '어린 송아지가 부뚜막에 앉아 울고 있어요~'라는 동요가 불리는 것을 보면, 전통 문화의 유전자는 우리 안에 깊이 남아 있는 셈이다.

'마천루의 저주(Skyscraper Curse)'라는 가설이 있다. 도이치뱅크 애널리스트 앤드류 로렌스(Andrew Lawrence)가 과거 사례를 분석해 1999년 발표한 가설이다. 간단하게 설명하면, '초고층 빌딩을 짓는 나라는 조만간 경제 불황에 빠진다'는 내용이다.

 실제로 미국 뉴욕에서 크라이슬러 빌딩(1930년)과 엠파이어스테이트 빌딩(1931년)이 1년 차이로 세계 최고층 빌딩 완공 경쟁을 벌인 직후 미국 대공황이 발생했다. 뉴욕의 쌍둥이 초고층 빌딩인 세계 무역 센터(1970년, 1971년)와 시카고의 윌리스 타워(건립 당시 이름은 시어스 타워, 1973년)가 세워진 직후에는 오일쇼크가 미국 경제의 발목을 잡았다. 우리나라의 국제 통화 기금(IMF) 구제 금융 사건을 촉발한 아시아 외환 위기는 말레이시아 페트로나스 타워(1997년) 완공 직후 일어났다.

 로렌스가 가설을 발표한 이후에도 비슷한 일이 계속되었다. 대만 타이베이 101 빌딩이 들어선 2004년은 대만에 정보기술(IT) 산업 위기가 시작된 해다. 아랍에미리트연방(UAE)의 랜드마크인 부르즈 할리파(2010년)가 완공되기 직전인 2009년에는 두바이 국영 기업인 두바이 월드가 채무 상환 유예 선언을 하면서 이른바 '두바이 쇼크'가 발생했다.

두바이의 부르즈 할리파. 높이 828미터, 163층의 세계 최고층 건물로, '할리파의 탑'이라는 뜻이다. '할리파'는 UAE 대통령의 이름이다. 우리 기업 삼성물산이 공사 전반을 총괄했다.

초고층 빌딩이 최고 높이 기록을 갱신할 때마다 경제 위기가 발생한 것은 우연의 일치일까? 아니면 특정한 사례만을 꼽아 가설로 만든 것일까?

사실 논리적 근거가 아주 없는 것은 아니다. 한 나라에서 초고층 빌딩 건설 계획이 논의되는 시기는 대개 금융 시장과 실물 경제가 호황일 때다. 그런데 이 계획이 실현되어 건물이 완공될 시점이면 경기 과열에 따른 불황이 시작되는 시기와 맞물리게 된다. 이런 이유로 미국 수학자이자 미래학자인 존 캐스티(John L. Casti, 1943~)는 '어떤 나라가 세계에서 가장 높은 건물이 될 거라며 첫 삽을 뜨는 순간 최대한 빨리 그 나라 주식 시장에서 빠져나올 때가 된 것이다'[05]라는 주장을 하기도 했다.

'마천루의 저주'에도 불구하고 초고층 빌딩 건축은 전 세계에서 지금도 끊임없이 이어지고 있다. 하늘까지 닿는 구조물을 지으려는 인간의 욕망은 고대부터 이어져 내려왔다. 성서에 나오는 '바벨탑' 이야기도 그런 욕망을 반영한 것일지도 모른다. 고대 이집트인이 3,000년도 전에 세운 오벨리스크는 인류의 상승 욕구가 구체적으로 실현된 초기 건축물이다.

고층 건축물 유적은 지역과 문화를 막론하고 찾아볼 수 있다. 이슬람 아바스 왕조의 수도였던 이라크 사마라(Samarra)에는 9세기에 세워진 높이 52m의 미나레트(minaret)라는 건축물이 있다. 13세기에 세워진 영국 링컨 대성당의 82m 높이 첨탑은 중세 유럽을 대표하는 마천루다.

1885년 건축되어 1931년 철거된 시카고의 홈 인슈어런스 빌딩은 세계 최초의 현대적 고층 빌딩이라고 불릴 만하다.[06] 55m 높이의 10층 건물로 지금 보기에는 고층이라고 부르기도 무색하지만, 철골 구조로 만든 최초의 건물로 향후 고층 빌딩을 건축하는 데 새로운 방향을 제시했다.

고층 빌딩 건축은, 당연하게도, 엘리베이터의 발명과 함께 급진전한다. 미국의 발명가 엘리샤 그레이브스 오티스(Elisha Graves Otis, 1811~1861)는 1853년 뉴욕 국제 박람회에 안전장치가 설치된 엘리베이터를 출품해 관심을 끌었다. 오티스는 1857년 세계 최초의 증기 작동 엘리베이터를 뉴욕의 백화점 건물에 설치했다. 1861년에는 지금도 세계적으로 유명한 오티스(OTIS) 엘리베이터를 창업했다. 오티스 사후

1853년 오티스가 박람회에서 안전장치가 설치된 엘리베이터(free-fall)를 시연하는 모습을 담은 일러스트

인 1889년 최초의 전동식 엘리베이터가 실용화되었다.

　뉴욕과 시카고를 중심으로 시작되어 전 세계로 퍼져 나간 초고층 빌딩 건축 경쟁은 오늘날에도 뜨겁게 이어지고 있다. 한국도 2017년 지상 123층, 높이 554.5m의 롯데월드타워(2020년 기준 세계 5위)를 개장하면서 세계 '톱 10' 초고층 빌딩 보유국에 이름을 올렸다. 하늘에 닿고 싶은 욕망은 우리나라라고 예외는 아니었던 모양이다. 그래도 '마천루의 저주'만큼은 비켜 갔으면 한다.

01
07
시계
Clock & Watch
스위스는 어떻게 시계 산업 강국이 됐나?

시계 바늘은 왜 오른쪽으로 도는 걸까? 애당초 시계 방향이라는 말이 어떻게 생긴 것일까?

시계 방향은 인류 문명 초기의 시계에서 비롯된 오랜 역사의 흔적이다. 옛날 사람들은 평평한 땅에 나뭇가지를 세워 두고 그림자의 방향으로 지금이 하루 중 언제쯤인지 가늠했다. 해시계다. 북반구에서는 해시계의 그림자가 오른쪽으로 돌기 때문에 시계 방향이 오른쪽 방향이 되었다. 기원전 약 3000~2500년경 세워진 이집트의 오벨리스크는 공공 해시계의 역할을 했을 것으로 추정된다. 인류가 시계를 사용한 역사가 그보다 훨씬 더 오래되었다는 뜻이다.

하지만 해가 지고 난 뒤에는 시간을 알 수 없었다. 해와 상관없이 시간을 측정하는 것이 인류의 오랜 숙원이었다. 기원전 1500년경에 등장한 것으로 추정되는 물시계를 비롯해 모래시계, 양초시계 등은 이런 숙원을 풀기 위한 연구의 소산이다.

이런 시계들은 중력 같은 자연의 힘이나 현상을 이용한 것이다. 동력(動力)을 활용한 시계가 나오기까지는 물시계 이후 2,800년의 세월이 더 필요했다. 기계식 시계는 13세기 말 또는 14세기 초에 발명된 것으로 추정된다. 이탈리아 파도바 대성당의 시계, 프랑스 파리의 시계 등이 14세기에 만들어져 지금도 남아 있는 기계식 시계다.

지금은 찾아보기 어렵지만, 예전에는 집집마다 하나씩은 괘종시계가 있었다. 진자를 이용해 시간을 맞추는 괘종시계의 탄생에는 이탈리아의 천재 과학자 갈릴레오 갈릴레이가 기여한 공로가 크다. 갈릴레이는 1583년 진폭에 관계없이 진자가 왕복하는 시간은 같다는 '진자 등시성 원칙'을 발견했다. 이 발견은 정밀도를 한 단계 높인 진자시계 발명의 단초가 되었다.

갈릴레이가 진자 등시성을 발견하기 전부터 시계 제작 기술은 어느 정도 자리를 잡고 있었다. 스위스에서

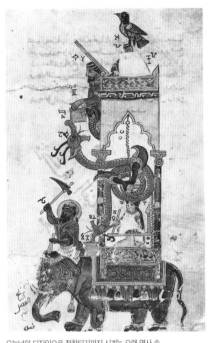

오늘날의 디자인으로 정착되기까지 시계는 오랜 역사 속에서 수많은 형태로 만들어졌다. 그림은 이슬람의 예술가이자 장인이었던 이스마일 알 자자리(Ismail Al-Jazari, 1136~1206)가 1206년에 발명한 코끼리 시계(Elephant clock)다. 수압을 기계적으로 활용한 것으로, 매 시간마다 인형이 드럼과 심벌즈를 쳐서 시간을 알리는 정교한 작품이었다.

시계 산업이 발전한 것도 이즈음이다. 스위스 시계의 발전은 엉뚱하게도 종교 개혁과 관련이 있다. 프랑스 종교 개혁가 장 칼뱅(Jean Calvin, 1509~1564)을 따르던 위그노(개신교도)들은 16세기 이후 200여 년 동안 간헐적으로 이어진 박해를 피해 스위스와 독일, 영국 등으로 이주했다. 이들은 대부분 장인이나 상인들이었다.

겨울이 길고 자연 환경이 척박한 스위스에서는 이렇다 할 만한 산업이 발달하기 어려웠다. 게다가 종교 개혁의 여파로 사람들이 귀금속 같은 장신구 패용을 꺼리는 분위기까지 생겼다. 이 때문에 당시 보석 세공사들이 대거 시계 제작에 뛰어들었고 이때부터 스위스 시계는 품질 면에서 유럽 최고라는 평을 듣게 되었다.

기계식 무브먼트를 사용한 스위스 시계의 아성은 1960년대까지 굳건한 위치를 지켰다. 하지만 1969년 일본 브랜드 세이코(SEIKO)가 쿼츠 무브먼트 손목시계를 선보이면서 세계 시계 시장의 흐름이 완전히 재편되었다. 기계식 시계에 비해 훨씬 정확하면서도 값은 싼 배터리 시계가 등장한 것이다. 시계의 대중화를 이끈 사건이다.

시계 산업은 '가성비 높은' 시계로 흐름이 바뀌었다. 스위스 시계 산업 역시 처음에는 이 방향으로 가는 듯했지만, 일부 브랜드는 여전히 고급 소재와 디자인을 채택하는 고가 전략을 고집했다. 스위스 시계도 대중적인 브랜드와 명품 브랜드로 양분되었다. 단지 시간을 확인하는 용도라면 단돈 몇 천 원, 몇 만 원으로 시계를 구입할 수 있는 시대가 되었지만, 스위스 시계 메이커들은 착용하는 사람의 정체성과 품위를 대변한다는 가치를 내세워 여전히 몇 천만 원, 몇 억 원짜리 시계를 만들어 판매하고 있다. '스위스 시계'라는 전통과 자부심이 없었다면 실현 불가능한 일이었을 것이다.

01 / 08 종이
Paper
점차 뒤안길로 사라져 가는 문명 기록의 주역

고대 중국의 4대 발명품에는 나침반, 화약, 인쇄술과 함께 종이가 포함된다. 후한대의 채륜(蔡倫, 50?~121)이 서기 105년에 종이를 만들어 황제에게 바쳤다는 기록이 남아 있어 흔히 채륜을 종이의 '발명자'로 칭한다.

하지만 채륜이 '발명'한 것은 글씨나 그림을 쓰기 위한 종이, 즉 기록을 위한 종이일 뿐 종이 자체를 그가 만든 것은 아니다. 채륜 이전에도 종이는 존재했다. 주로 청동거울 등 중요한 물건을 포장하는 용도로 쓰였다.

이전까지는 주로 죽간(竹簡)에 글을 써서 기록을 남기던 것이, 채륜이 새로운 제지법을 개발한 이후로 비로소 문자를 기록할 수 있는 도구로서의 종이가 태어난 것으로 본다. 채륜이 만든 채후지(蔡侯紙)는 삼나무로 만든 것으로 알려져 있다. 채륜 이후 좌백(左伯, ?~?)이 좌백지(左伯紙)라는 종이를 만들었다는 기록도 있다.

최근에는 채륜이 최초로 기록용 종이를 만들었다는 오랜 학설이 도전받고 있는데, 간쑤(甘肅)성 팡마탄(放馬灘)에서 기원전 150년경의 것으로 추정되는 종이 지도가 발굴되면서부터다. 이런 유물들에 대한 연구가 진행되면서 최초의 종이에 대한 연구가 계속 이어지고 있다. 그

당나귀를 판매한 대금 명세서를 기록한 기원후 126년의 파피루스. 죽간, 양피지, 파피루스 등을 기록 수단으로 쓰던 인류는 종이를 발명함으로써 보다 유용하게 기록을 남기게 되었고, 아울러 문명 발전의 속도를 높일 수 있었다.

래서 채륜을 종이를 만들었다기보다 제지법을 연구하고 확산시킨 인물로 보는 견해도 있다.[07]

물론 종이 이전에도 기록 수단은 있었다. 동양에서는 대나무 조각에 글을 새겨 책으로 만들어 엮었고, 서양에서는 양가죽에 글을 쓰거나 풀의 한 종류인 파피루스 줄기를 두드려 얇게 펴 말린 다음 그 위에 글씨를 썼다. 영어 페이퍼(paper)의 어원이 파피루스(papyrus)다. 파피루스가 많이 자생한 이집트에서는 고대부터 파피루스 종이를 만들어 썼고 이 종이가 유럽까지 전파되었다. 그러나 엄밀하게 파피루스는 종이라고 할 수 없다. 단지 줄기를 가로 세로로 교직해 두드려 말렸을 뿐, 종이처럼 식물의 섬유질을 분해하고 펼쳐 말리는 방식으로 제조한 것은 아니기 때문이다.

중국에서 시작된 제지법은 동쪽으로는 한반도와 일본으로 전해졌고, 서쪽으로는 실크로드를 통해 중동을 거쳐 유럽까지 전해졌다. 이미 13세기 이탈리아에서는 제지법이 널리 알려져 있었고, 17세기 유럽에서는 제지 공업이 발달했다. 15세기 독일의 요하네스 구텐베르크(Johannes Gutenberg, ?~1468)가 발명한 금속 활자가 인쇄술 혁명을 일으키고, 면죄부 발행, 성서 인쇄라는 종교적 이유가 덧붙여지면서 유럽에서 종이의 수요가 크게 늘었다.

당시 유럽에서 만든 종이의 원료는 아마(亞麻) 같은 풀이나 나무껍질, 면화 등이었다. 하지만 1719년 프랑스의 박물학자이자 곤충학자인 르네 레오뮈르(René-Antoine Ferchault de Réaumur, 1683~1757)가 '나무의 섬유질로 종이를 만들 수 있다'는 논문을 발표하면서 제지법 혁신의 단초를 제공했다. 곤충학자답게 말벌이 집을 지을 때 나무껍질을 갉아서 만드는 것을 관찰하다 떠올린 아이디어였다.

이 아이디어는 19세기 독일에서 현실화되었다. 나무를 잘게 부수고 화학적으로 처리해 펄프를 만드는 공법이 잇따라 개발되었다. 수확과 채취 시기가 한정된 풀과 달리 나무는 사시사철 공급이 가능했으므로 제지 공장도 연중 가동할 수 있었다. 제지 산업이 크게 발전하는 계기가 되었다.

종이의 역사는 인류 문명의 역사라고 해도 과언이 아니다. 기록을 통해 전해진 선대의 지식과 지혜는 후대에 새로운 문화로 꽃을 피웠다. 그런데 이런 종이의 역할이 최근 들어 점점 줄어들고 있다. 인류는 지금까지 종이를 통해 지식을 전달하고 전파했지만 기술과 문명이 발달하면서 종이만으로는 모든 정보를 기록할 수 없는 시대를 맞게 된 것이다. 당장 우리 생활에서 종이가 사라지는 일은 없겠지만, 종이가 빠르게 전자 저장 장치로 대체되고 있는 것도 우리가 맞닥뜨린 현실이다. 언젠가 종이가 인류의 발전과 함께 짊어져 온 그 무거운 부담을 내려놓는 날이 올까.

01 / 09 전지
Battery
건전지는 일본의 발명품인가?

손목시계부터 휴대 전화, 자동차까지 이제 전지는 일상생활의 필수품이 되었다. 크기와 전압이 규격화된 건전지부터 휴대 전화 전원으로 쓰이는 리튬 이온 전지, 우주선에 쓰이는 연료 전지까지 크기와 용도, 성능도 다양하다. 마치 공기처럼 우리 주변에서 없는 곳이 없는, 말 그대로 '전기를 가둬 두는 연못(電池)' 같은 도구다.

현대적인 전지의 개념이 정립된 것은 200여 년 전. 일상생활에서 쓰이기 시작한 것은 불과 150년 정도다. 하지만 어쩌면 전지의 역사는 우리 생각보다 훨씬 더 오래되었을 수도 있다.

1932년 독일 고고학자 빌헬름 쾨니히(Wilhelm König)는 바그다드 인근에서 높이 14cm의 작은 항아리 유물을 발견했다. 기원전 250년경 제작된 것으로 추정되는 이 항아리 안쪽에는 원통 모양의 구리판과 철심이 꽂혀 있었다. '바그다드 전지(Baghdad Battery)'로 불리는 유물이다. 이런 이름이 붙은 것은 항아리 안에 넣은 식초나 산성의 과일즙이 전해질 역할을 해 구리판과 철심에서 전기가 생성되었을 것이라는 가설 때문이다. 이렇게 만든 전기를 어떤 용도로 썼는지에 대해서는 의견이 분분하지만, 어쨌든 이 가설이 맞는다면 전지의 역사는 2,200년이 넘는 셈이 된다.

하지만 요즘과 같은 전지 개발의 단초가 된 사건이 일어난 것은 그로부터 2,000년 가까운 시간이 흐른 뒤다. 이탈리아의 생물학자 루이지 갈바니(Luigi Aloisio Galvani, 1737~1798)가 1780년경 개구리를 해부하는 실험을 하다가 우연히 메스에 닿은 개구리 다리가 꿈틀거리는 것을 관찰한 것. 개구리 다리에 전기 에너지원이 있다고 믿은 갈바니는 실험을 거듭한 끝에 1791년 '동물 전기' 이론을 발표했다. 결론적으로 갈바니의 이론은 틀린 것으로 밝혀졌지만 전기를 인위적으로 생성하는 방법에 관한 영감을 제공했다는 점에서 중요한 의미를 갖는다.

이탈리아 물리학자인 알렉산드로 볼타(Alessandro Volta, 1745~1827)는 갈바니의 '동물 전기' 이론에 의문을 품었다. 전기를 만들어 낸 것이 개구리가 아닌 금속이라고 생각했다. 자신의 가설을 바탕으로 볼타는 1800년 개구리 다리 대신 소금물에 적신 천을 두 금속 사이에 끼워 전기를 만들어 내는 데 성공했다. 볼타 전지의 탄생이다.

볼타 이후 초기의 전지는 실험실에서 만들어져 수명이 짧은 데다 휴대도 까다로웠다. 이런 단점을 보완하기 위해 만들어진 것이 건전지(乾

알렉산드로 볼타가 1769년에 구상한 레이던병(Leyden jars). 레이던병은 원래 1746년 네덜란드 레이던 대학의 물리학 교수였던 뮈스헨브룩이 개발한 축전지다. 이후 여러 명의 과학자들이 이 초기의 축전기를 개량하여 다양한 형태의 레이던병을 내놓았다.

電池, dry cell)다. 일부 일본인들은 건전지가 일본인의 발명품이라고 주장하기도 한다. 시계 수리공이던 야이 사키조(屋井先藏, 1864~1927)가 1885년에 발명한 건전지가 현대 건전지의 원조라는 것이다. 야이가 전지를 원동력으로 움직이는 연속 전지 시계를 개발한 것이 시초라는 것인데, 여기에는 그가 대학 입학 시험장에 5분 늦게 도착하는 바람에 시험을 치르지 못했고 이를 계기로 정확한 시계 개발에 매진했다는 그럴듯한 스토리까지 따라붙는다.

이런 주장은 유럽에서의 전지 발전 역사와 어긋나는 면이 있다. 1866년 프랑스 화학자 조르주 르클랑셰(Georges Leclanché, 1839~1882)가 염화암모늄을 전도체로 활용한 전지를 만든 것이 건전지의 시초라는 것이 일반적인 학설이다. 이를 토대로 1886년 독일의 카를 가스너(Carl Gassner, 1855~1942)가 전해질 용액이 아니라 이산화망간(양극)과 아연(음극)에 염화암모늄과 석고를 섞은 전해액으로 전지를 만드는 특허를 냈다. 망간 전지의 시초인데, 이렇듯 건전지는 여러 지역에서 다른 형태로 발전했다. 이 때문에 건전지 규격을 통일할 필요가 생겼고, 1919년 미국에서 처음으로 건전지 규격 통일안이 나왔다. 한편 전지(battery)라는 단어를 전기를 모은 도구라는 의미로 처음 사용한 사람은 '번개 연' 실험으로 유명한 미국의 벤저민 프랭클린(Benjamin Franklin, 1706~1790)이다.

건전지 이후에는 2차 전지 시대가 열렸다. 한 번 쓰고 버리는 전지는 1차 전지, 충전이 가능한 전지는 2차 전지로 부른다. 휴대 전화와 전기 자동차 시대가 열리면서 2차 전지가 각광받고 있다. 이 때문에 2차 전지가 최근 발명된 것으로 알고 있는 사람도 많은데, 사실 최초의 2차 전지는 건전지보다 빠른 1859년 프랑스에서 태어났다. 프랑스 물리학자 가스통 플란테(Gaston Plante, 1834~1889)가 만든 납축전지가 시초다.

1960년대 일본에서 소형 니카드 전지가 개발되면서 휴대용 전자·전기 제품 시장이 급성장했다. 이후 1980년대 캐나다가 리튬 전지를 내놓으면서 시장 경쟁에서 앞서갔으나 폭발 위험이라는 치명적인 결함 때문에 성장의 한계를 맞았다. 이 틈을 타고 일본에서 니켈수소 전지, 리튬 이온 전지가 잇따라 개발되면서 1990년대 이후의 2차 전지 시장 주도권은 일본이 가져가게 되었다.

그렇지만 일본의 주도권이 오래가지는 않았다. 2000년대 이후 본격적인 전기 자동차 시대가 시작되면서 한국에서도 세계적인 2차 전지 생산업체들이 등장했다. 중국의 추격도 무섭다. 급격히 커지는 시장을 두고 한국, 중국, 일본 등 동아시아 국가들이 세계 시장의 흐름을 선도하고 있다. 전지를 처음 만든 곳은 유럽이지만 꽃을 피운 곳은 한국을 비롯한 동아시아라고 할 수도 있겠다.

01 / 10 컴퓨터
Computer
최초의 컴퓨터는 에니악(ENIAC)?

인류 최초의 컴퓨터는 무엇일까? 컴퓨터를 '전자 회로를 이용한 고도의 전자계산기'로 정의한다면, 초기 컴퓨터로는 1946년 완성된 대형 전자식 디지털 계산기 '에니악(ENIAC, Electronic Numerical Integrator and Calculator)'이 가장 유명하다. 펜실베이니아 대학교 연구팀이 만든 에니악을 현대식 컴퓨터의 효시로 보는 것은 초당 5,000회 이상 계산이 가능해 기존 컴퓨터보다 월등히 성능이 좋았기 때문이다. 에니악 이전에 나온 컴퓨터의 1,000배가 넘는 연산 능력이다. 하지만 엄밀하게 따져서 에니악을 최초의 전자식 컴퓨터라고 정의하기는 어렵다.

사실상 세계 최초의 전자식 컴퓨터는 미국 아이오와 주립 대학교 연구팀이 만든 '아타나소프 베리 컴퓨터(Atanasoff-Berry Computer)'가 꼽힌다. 발명자들의 이름을 따 약자로 ABC라고 불렸던 이 컴퓨터의 시제품은 1939년에, 완성품은 1942년에 나왔다.

이즈음 영국에서는 콜로서스(Colossus)라는 컴퓨터를 자체적으로 개발했다. 1942년 완성된 콜로서스는 제2차 세계 대전에서 독일군의 암호를 해독하는 데 쓰였다. 영화 〈이미테이션 게임〉(2014)의 실제 주인공인 천재 수학자 앨런 튜링(Alan Turing, 1912~1954)이 설계했다. 튜링은 컴퓨터를 이용해 암호를 해독했다는 점에서 세계 최초의 해커로도 불린다. 아울러 그는 1950년에 기계가 지적(知的)인지 아닌지 여부를 판단하는 튜링 테스트를 개발하여 인공 지능(AI)에 대한 개념을 확립하기도 했다.

에니악을 통해 연산 능력이 비약적으로 발전했다고는 하지만 당시 컴퓨터는 소프트웨어를 중심으로 돌아가는 현대 컴퓨터의 개념과는 차이가 있었다. 작업 내용이 바뀌면 진공관 회로를 바꿔 끼워야 했다. 그러나 미국 수학자인 존 폰 노이만(John von Neumann, 1903~1957)이 제시한 방식은 달랐다. 노이만은 1945년 소프트웨어 프로그램 방식의 컴퓨터 개념을 발표했고 이 이론은 1949년 '에드삭(EDSAC, Electronic Delay Storage Automatic Calculator)'이라는 컴퓨터로 실용화되었다.

이렇듯 전자 회로 계산기로서의 컴퓨터 역사는 길어야 80년 정도다. 하지만 컴퓨터의 기원을 기계식 계산기로까지 따진다면, 그 탄생은 수천 년 전으로 거슬러 올라간다.

1901년 그리스 안티키테라섬 앞바다에서 발굴된 난파선 안에 있었던 기계, 이른바 안티키테라 기계(Antikythera Mechanism)는 기원전 1~2세기 고대 그리스인이 해와 달의 움직임을 계산하고 예측하기 위해 만들었던 도구로 추정된다. 최초의, 또는 초기의 아날로그식 컴퓨터로 부를 만하다.

안티키테라 기계와 현대 컴퓨터의 간극이 너무 크다고? 그렇다면 중세 유럽의 기계식 계산기는 어떨까? 이미 17세기 유럽에서는 사칙 연산이 가능한 탁상용 기계식 계산기들이 만들어졌다. 케임브리지 대학교 교수인 찰스 배비지(Charles Babbage, 1791~1871)는 이런 계산기들을 발전시켜 모든 종류의 계산을 할 수 있는 '해석 기관(Analytic Engine)'이라는 기계를 고안했는데, 비록 완성은 못했지만 이 기계를 설계한 배비지는 컴퓨터의 개념을 정립한 최초의 인물로 평가받고 있다. 배비지의 제자이자 동료인 에이다 러브레이스(Ada Lovelace,

그리스의 안티키테라섬 인근에서 건져 올린 난파선에서 발견된 1~2세기경의 기계 장치. 엑스레이를 통해 약 30개의 기어 장치가 있음을 알아냈고, 앞면에는 사용 설명서로 짐작되는 2,000여 자의 문자가 적혀 있다.

1815~1852)는 해석 기관이 원활하게 작동되도록 하는 프로그램을 만들었다. 낭만파 시인 조지 고든 바이런(George Gordon Byron, 1788~1824)의 딸이기도 한 그녀는 인류 최초의 프로그래머로 인정받고 있다.

컴퓨터의 역사가 80년인지 2,000년인지에 대해서는 해석의 차이가 있을 테지만, 어쩌면 컴퓨터의 역사에서 가장 중요한 순간은 그 출발점이 아닐지도 모른다. 에니악이든 에드삭이든 보통 사람의 생활과는 관계가 없었다. 컴퓨터는 군사, 통계 같은 분야를 위한 전문적인 도구일 뿐이었다. 그러나 1977년 애플(Apple)이 소형 컴퓨터 '애플 II'를 출시하고 이어 1981년 IBM이 'IBM 퍼스널 컴퓨터 5150'을 내놓으면서 개인용 컴퓨터(Personal Computer, PC) 시대가 본격적으로 개막되었다. 여기에 인터넷이 대중화되면서 컴퓨터라는 발명품은 일상생활에서 떼려야 뗄 수 없는 필수품이 되었다. 노트북 컴퓨터를 거쳐 스마트폰, 태블릿 컴퓨터로 진화하면서 '들고 다니는 컴퓨터'의 시대가 열렸다.

01 / 11 키보드
Keyboard
키보드의 자판 배열은 왜 ABC나 ㄱㄴㄷ 순서가 아닐까?

컴퓨터로 문자를 입력하다가 한 번쯤은 가져 봤을 의문이다. 컴퓨터 숫자 자판 아래에 있는 글자판의 순서 QWERTY는 도대체 무슨 의미가 있을까. 게다가 한글 자판은 ㅂㅈㄷㄱㅅㅛ 순서다. 도무지 일관된 규칙성이라고는 찾아보기 어렵다.

컴퓨터로 타자를 처음 배운 세대들에게는 생소하겠지만, 사실 이 자판 배열은 '타자기(Type Writer)' 시대의 유산이다. 불과 몇 십 년 전만 해도 문서 작성에는 타자기가 필수적이었다. 워드프로세서를 거쳐 컴퓨터가 문서 작성을 대신하게 되면서 타자기는 골동품 상점에서나 찾아볼 수 있는 물건이 되고 말았지만.

영문 타자기의 자판 배열은 맨 윗줄 앞 글자를 따서 쿼티(QWERTY) 자판으로 불린다. 이런 자판을 처음 만든 사람은 크리스토퍼 래섬 숄즈(Christopher Latham Sholes, 1819~1890)라는 미국인이다. 자판을 만들었다기보다는 사실상 타자기 자체를 처음 발명한 사람이다.

숄즈 이전에 윌리엄 오스틴 버트(William Austin Burt, 1792~1858)라는 미국인이 '타이포그래퍼(Typographer)'라는 타자 기계를 발명한 적이 있지만 현대적 의미의 타자기와는 거리가 멀었다. 다이얼을 돌려 자판을 맞춘 뒤 타이핑하는 방식이었는데, 손으로 쓰는 것보다 현저히 속도가 느려서 실용화하기엔 어려웠다.

쇼울즈가 '현대적인' 타자기를 만들어 특허를 받은 것은 1868년의 일이다. 자판을 누르면 공이가 잉크 리본 위를 때리면서 글자를 새겨 넣는 방식을 개발해 냈지만, 빠른 속도로 자판을 치면 공이가 서로 엉키는 일이 자주 생겼다. 이런 단점을 보완하기 위해 1873년 새로 만들어 낸 것이 쿼티(QWERTY) 자판이다. 자주 쓰는 글자들을 멀찍이 띄워 배열해 오작동을 줄이겠다는 취지로 만들었다.

윌리엄 오스틴 버트가 자신이 개발한 타이포그래퍼를 소개하는 장면을 묘사한 그림과 그가 타이핑하여 아내에게 보낸 편지

쿼티 이후에 새로운 자판이 개발되지 않은 것은 아니다. 드보락 키보드, 애저티 키보드 같은 나름대로 더 과학적이고 더 편리한 자판들이 발명되었지만, 쿼티의 아성을 넘어서지는 못했다.

익숙해지면 불편이 줄어든다. 타자기 사용자들은 이미 손에 익은 타자 방식을 바꾸려고 하지 않았다. 심지어 컴퓨터가 발명되어 공이가 엉킬 가능성이 전혀 없어졌는데도 150년 전 처음 발명된 키보드 방식을 고수하고 있다.

반면 한글 자판은 발전 양상이 조금 다르다. 한글은 알파벳과 달리 받침이 있기 때문에 타자기로 문자를 구현하기가 매우 까다로웠다. 그래서 타자기를 도입한 초창기의 자판은 받침이 글자의 오른쪽에 붙는 '풀어쓰기' 형식이었다. 이후 안과 의사인 공병우 박사(1907~1995)가 1949년 초성, 중성, 종성의 자판을 각기 달리한 '세벌식 자판(첫소리 1벌, 가운뎃소리 1벌, 끝소리 1벌을 각각 다른 글쇠에 두어 입력하는 자판이다)'을 개발해 크게 유행시켰다.

이후 받침 있는 중성과 받침 없는 중성을 구분한 '다섯벌식 자판' 등 다양한 자판이 개발되었다. 일찌감치 쿼티 자판으로 통일된 영문 타자기와 달리 한글 타자기는 다양한 자판이 난립하는 '춘추 전국 시대'를 맞았다.

지금 가장 많이 사용하고 있는 자판은 초·중·종성이 따로 있지 않고 자음과 모음만 구분하는 '두벌식 자판'이다. 자음은 왼손, 모음은 오른손으로 친다는 원칙 아래 자판이 배열되었다. 1983년 정부는 이 자판을 표준 자판으로 지정했다.

표준 자판을 지정한 이후 시중 타자기의 자판은 빠르게 두벌식으로 통일되었다. 엄밀하게 따지면 현재의 두벌식 자판은 쌍자음을 누르거나 복모음을 표시할 때는 시프트(Shift)키를 눌러야 하므로 네벌식에 가깝다. 타자기로 문서를 작성한다면 세벌식보다 복잡하고 시간도 많이 걸리는 방식이다. 타자기에서는 받침을 표시할 때도 시프트키를 눌러야 했다.

그럼에도 불구하고 두벌식 자판이 빠르게 보급될 수 있었던 것은 워드프로세서와 컴퓨터가 개발되었기 때문이다. 과거 타자기처럼 같은 자음이라도 굳이 초성과 종성을 구분할 필요가 없어졌다. 글자에서 첫 번째로 누른 자음은 초성, 이후 누른 자음은 받침(종성)으로 컴퓨터가 알아서 처리해 주기 때문에 타자를 처음 배우는 사람들도 큰 불편 없이 사용할 수 있게 되었다.

영문 키보드의 글자 배열 방식은 불편한 관습과 편리한 기술의 대결에서 관습이 승리한 사례다. 반면 한글의 경우는 반대다. 키보드의 글자 배열 방식은 불편한 관습을 기술이 보완해 준 사례로 볼 수 있다.

01 인터넷
Internet
집단 지성을 넘은 '네티즌'의 탄생

애니메이션 팬이라면 일본 오시이 마모루(押井守) 감독의 〈공각기동대〉(1995)를 알고 있을 것이다. 할리우드 영화로도 리메이크된 이 애니메이션은 인간의 뇌를 컴퓨터화해 네트워크로 서로 연결하는 미래 세계를 배경으로 한다. 애니메이션이 제작될 당시로서는 극단적인 설정이었을지 몰라도, 컴퓨터와 컴퓨터를 넘어 사물과 사물이 연결되는 요즘 상황을 보면 사람과 사람, 사람과 사물이 네트워크로 연결되는 미래가 불가능한 것처럼 보이지는 않는다. 실제로 사물인터넷(IoT)으로 연결된 각종 도구의 '행동 목적'은 사람의 필요나 지시에 따른 '반응'이다.[08]

현대인에게 인터넷 이전의 삶은 아마도 문자 발명 이전의 삶만큼 멀게 느껴질지도 모른다. 인터넷이 상용화되기 이전 시대를 살아 본 사람에게도 인터넷이 없는 생활이란 상상하기 힘들 정도가 되었다. 현실 세계의 시민 거의 모두가 인터넷 세계에 참여하고 있는 것이 현실이 된 요즘, 인터넷 세계의 시민을 의미하는 '네티즌(Netizen, 우리말로는 '누리꾼'으로 순화해 부른다)'이라는 용어를 따로 끄집어내는 것이 무의미할 수도 있다. 하지만 아직까지는 사람마다 현실 세계의 모습과 인터넷 세상의 모습이 서로 다른 경우가 많다. 무엇보다 네티즌은 익명

성과 적극성, 집단 동조 등의 성향에서 '보통의 시민'과 뚜렷하게 구분
되는 특징을 보인다.

네티즌은 언제부터 존재한 것일까. 이를 알아보기 위해서는 인터넷
의 역사부터 살펴볼 필요가 있다.

컴퓨터와 컴퓨터를 연결하려는 발상은 추상적인 개념에서 출발해
점차 구체화되고 현실화되었다. 1962년 메사추세츠 공대(MIT)의 조
셉 리클라이더(Joseph Carl Robnett Licklider, 1915~1990) 교수는 전 세계
의 컴퓨터를 연결하는 구상을 처음 밝혔고, UCLA의 레너드 클라인록
(Leonard Kleinlock, 1934~) 교수가 이를 현실화하는 기반을 다졌다.[09]

초기 인터넷은 미국 국방부가 지원한 '아파넷(ARPAnet)'에서 시작되
었다. 1969년 캘리포니아와 유타에서 4대의 호스트 컴퓨터가 연결된
것이다. 1970년대 이후 아파넷에 연결된 호스트 컴퓨터 개수는 늘어
났지만 여전히 제한적이었고, 특수 목적에서 시작된 것이어서 공공재
로서의 성격도 희박했다.

지금의 월드와이드웹(www)이 자리를 잡은 것은 1990년대의 일이
다. 1986년 미국의 슈퍼컴퓨터 5대를 연결한 NSFNET(National Science
Foundation NET)이 독자적인 통신망을 구축한 이후 인터넷의 상업 제
한 규제가 풀리면서 발달 속도가 빨라졌다. 빠르고 편리한 웹 서핑을
위한 웹브라우저와 검색 엔진 개발 경쟁이 벌어진 것도 이 시기다.

1993년 작가 마이클 하우벤(Michael Hauben, 1973~2001)이 '네티즌'
이라는 용어를 처음 사용해 인터넷의 일상화를 기정사실화했다. 단,

하우벤이 네티즌의 개념을 정립했다기보다는 이미 인터넷 세상에서 일어나고 있는 현상을 새로운 용어로 정리했다고 보는 것이 타당하다.

네티즌이 본격적으로 활동하면서 인터넷은 '정보의 바다'를 넘어 적극적인 사회 참여의 장이 되었다. 네티즌은 집단 지성을 통해 바람직한 방향으로 사회를 변화하는 데에도 공헌했지만, 그 집단성을 악용한 일부 집단의 여론 조작 대상이 되는 등 끊임없는 논란의 대상이 되었다. 이른바 '접속의 시대(Age of Access)'를 맞아 인간의 의식 구조가 새롭게 바뀔 가능성까지 대두되고 있다.[10]

이런 가운데 소셜네트워크서비스(SNS)의 발전과 이에 따라 등장한 '맞춤형 서비스'는 네티즌이라는 개념 정립을 더 복잡하게 만들었다. 인터넷 세계에서도 스타가 양산되었고, 네티즌 역시 기존 집단주의 성향에서 벗어나 한 사람 한 사람의 특징을 강조하게 되었다. 인터넷 세계에서는 현실과는 다른 개성을 가진 새로운 캐릭터를 보유하는 것도 드물지 않은 일이다. 어떤 측면에서 보면 우리 모두는 현실의 시민과 인터넷의 시민, 두 세상에서 두 가지 삶을 살고 있는 것일지도 모른다.

Chapter 2

쇼핑과 패션

Shopping & Fashion

02
01
편의점
Convenience store
'통금 해제'가 싹 틔우고 '고도성장'이 물을 주다

글로벌 편의점 프랜차이즈 '세븐일레븐(7-ELEVEn)'은 세계 최대이자 세계 최초의 편의점 체인이다. 한국과 미국, 일본의 편의점 역사에서 빼놓을 수 없는 브랜드이기도 하다.

현재 세븐일레븐은 일본 자본이 소유하고 본사도 일본 도쿄에 있는 '일본 기업'이지만 원래는 미국에서 시작한 기업이었다. 1991년 일본에서 세븐일레븐 사업을 하던 슈퍼마켓 체인 이토요카도(イトーヨーカ ドー)가 경영 사정이 어려워진 미국 본사 지분을 절반 이상 사들이면서 세븐일레븐은 사실상 일본 회사가 되었다. 미국 본사가 가지고 있던 나머지 지분 역시 2005년 일본으로 넘어갔다.

편의점은 어디서 시작되었을까? 일본을 '편의점 왕국'이라고 부를 정도로 편의점 자체가 일본에서 워낙 발전했기 때문에 흔히 편의점이라는 업태가 일본에서 생긴 것으로 오해하기 쉬운데, 실은 미국에서 시작된 것이다. 1927년 미국 텍사스주에서 사우스랜드라는 제빙 회사가 운영한 식료품 가게가 세븐일레븐의 전신이자 편의점의 시초다. 일요일에도 문을 열었던 이 식료품 가게는 지역 주민들 사이에 인기를 끌었고, 1946년부터는 '오전 7시부터 오후 11시까지 문을 연다'는 뜻으로 세븐일레븐이라는 상호를 붙였다. 프랜차이즈로 사업 영역을 넓

히고 24시간 연중무휴로 영업하기 시작한
것은 1960년대의 일이다. 세븐일레븐의 성
공에 고무된 수많은 편의점 브랜드가 그 뒤
를 이었다.

세븐일레븐은 1974년 일본으로 진출한
다. 일본에 편의점이 처음 생긴 것은 그보
다 몇 년 전이지만 제대로 된 편의점 산업
의 성장은 세븐일레븐의 상륙과 함께 시작
되었다. 주차장이 구비된 미국과 달리 일
본의 편의점은 '골목 상점'으로 자리를 잡
게 되었다. 1970년대 후반부터는 도시락

세븐일레븐을 창업한 조 C. 톰슨(Joe C. Thompson). 제빙 회사를 운영하던 그는 얼음에 우유, 달걀 등을 담아 두고 팔았다. 얼음이 식품의 신선도를 높였기에 고객들은 그의 가게를 선호했다. 고객의 호응에 힘입어 톰슨은 본격적으로 점포를 열었다. 편의점의 시작이었다. 한편 세븐일레븐의 로고를 보면 끝의 n만 소문자를 쓰는네, 그 이유는 알려지지 않았다.

이나 삼각 김밥 따위를 같이 팔기 시작하면서 식사도 해결할 수 있는
장소가 되었다.

편의점 출점이 기하급수적으로 늘어난 시기는 1980년대다. 이때 일
본은 편의점 왕국의 지위를 굳건히 했다. 세븐일레븐은 물론 패밀리마
트, 로손처럼 우리에게도 익숙한 편의점이 크게 세력을 불렸다.

미국에서 태어나 일본에서 자란 편의점이 꽃을 피운 곳은 한국이다.
1982년 야간 통행 금지가 해제되면서 한국에서도 편의점 시대가 시작
되었다. 1982년 첫 편의점이 문을 열었지만 상업적으로 성공하지는 못
했다. 세븐일레븐이 국내에 상륙한 1989년 이후 편의점이 폭발적으로
늘어난다. 통금 해제로 싹을 틔운 씨앗이 고도성장기 산업화라는 양분

을 머금은 것이다. 서울대 전상인 교수는 저서『편의점 사회학』(2014)에서 '서구식 생활 문화에 대한 선망과 동경'이 편의점의 성장 배경이라고 분석했다.[01]

2000년대 이후 나 홀로 가구의 증가에 힘입어 편의점의 성장세는 더욱 날개를 달았다. 누구나 쉽게 창업할 수 있는, 낮은 진입 장벽도 편의점 출점 속도에 불을 붙였다. 한국은 인구당 편의점 개수에서 일본을 넘어섰다. 2018년 기준, 한국은 인구 1,290명당 1곳의 편의점이 있는 반면, 일본은 2,250명당 1곳이다.

문제는 많이 늘어나는 만큼 문을 닫는 곳도 많다는 것. 쉽게 창업할 수 있으니 경쟁도 그만큼 치열하다. 높아지는 인건비에 편의점 업주의 이익도 줄어들고 있다. 무인점포가 늘어나는 추세여서 장기적으로 일자리 창출에 큰 도움이 되지도 않는다. 세계 1위 '편의점 공화국'이라는 지위가 그리 달가운 것만은 아니다.

02 면세점
Duty Free Shop
'황금알'에서 '오리알'로

편의점과 마찬가지로 면세점도 해외에서 들어왔지만 한국에서 꽃을 피운 유통 산업이다. 2017년 기준, 한국의 세계 면세 시장 점유율은 17.9%로 세계 1위다. 2위 중국(8.4%), 3위 미국(6.1%)을 멀찌감치 따돌린 독보적인 선두다. 이렇게 된 배경으로는 가격과 품질 경쟁력을 빼놓을 수 없지만, 한류 스타를 모델로 기용하는 등 적극적인 마케팅도 한몫을 했다.

면세점은 언제, 누가 만들었을까? 현재와 같은 형태의 면세점은 1947년 아일랜드 섀넌 공항(Shannon Airport)에 처음 생겼다.[02] 1940년대에는 비행기의 항속 거리가 짧아 북아메리카와 유럽을 오가는 비행기는 중간 지점에서 급유를 받아야 했다. 섀넌 공항도 주요한 중간 기착지 역할을 했는데, 급유가 진행되는 3시간 동안 승객들은 공항 대합실에서 무료한 시간을 보내야 했다. 이 점을 노려 섀넌 공항에서는 승객들에게 음료와 간식 같은 케이터링(catering) 서비스를 제공했다.

이 서비스를 제공하던 브렌던 오레건(Brendan O'Regan, 1917~2008)이라는 사업가가 아이디어를 내서 만들어진 상점이 면세점이다. 그는 "여권 심사대를 통과한 승객은 국가의 영역 밖에 있는 것이므로 세금을 면제해야 한다"는 주장을 펼쳤다. 당시 아일랜드 상공부가 오레건의 아이디어를 지지하면서 1947년 면세점 관련 법이 통과되었다. 연간 50만 명의 여행객이 섀넌 면세점의 고객이 되었다.

엄밀하게 따져 보면 섀넌 공항 면세점이 생기기 이전에 면세점이 없었던 것은 아니다. 16세기부터 항해를 하는 배 안에는 선원을 위한 면세 술집이 있었다. 19세기 들어 선원뿐 아니라 승객들도 면세로 술을 마시거나 살 수 있게 되었다. 술뿐 아니라 담배나 향수 등도 살 수 있었다. 오레건 역시 여기에서 아이디어를 얻어 공항 면세점을 설립한 것이다.

섀넌 면세점이 생긴 이후 면세점 사업은 전 세계에서 폭발적인 인기를 얻었다. 1962년에는 김포 공항에 한국의 첫 면세점이 생겼다. 특히 한국은 공항 면세점과 함께 시내 면세점이 우수한 것으로도 유명한데, 1980년 롯데 면세점이 품목별이 아닌 브랜드별로 상품을 전시하면서 '백화점식 면세점'의 개념을 세계 최초로 도입했다.

한때 한국에서 면세점은 '황금알을 낳는 거위'로 불릴 정도로 매출과 수익률이 높았다. 중국, 일본 등에서 부는 한국산 화장품, 이른바 'K 뷰티' 바람을 탄 데다 연일 몰려오는 유커(遊客, 중국인 관광객)들로 '행복한 비명'을 지를 정도였다.

하지만 산이 높으면 골도 깊은 법. 사드(THAAD, 고고도 미사일 방어 체계) 배치를 두고 중국과 마찰을 빚으면서 유커의 수가 급감한 데다 한일 갈등과 코로나19로 내국인의 해외여행과 외국인의 국내 여행이 사실상 올스톱되면서 면세점 업계의 한숨이 커졌다.

너도나도 뛰어들겠다고 특허 신청에 몰렸고 정부도 생색을 내며 허가를 늘려 준 것이 면세점 사업이다. 그런데 경쟁자들을 제치고 어렵게 허가를 받은 면세점들이 면세점 허가를 반납하고 있다. '낙동강 오리알' 신세가 된 모양새다. 격세지감이 따로 없다.

02 / 03 백화점
Department Store
탄생부터 '유행의 아이콘'이 될 운명

온라인 쇼핑이 대세인 요즘도 패션과 유행의 중심에는 으레 백화점이 자리 잡고 있다. 화려한 외관과 실내 장식, 친절한 서비스, 다양한 상품을 갖춘 곳. 무엇보다 고가의 브랜드를 한곳에서 쇼핑할 수 있는 장소로 백화점만한 공간이 없다.

현대적인 백화점의 효시는 1852년 프랑스 파리에서 문을 연 르봉 마르셰(Le Bon Marché)로 본다. 이전까지 거리의 상점에서 물품을 구입했던 소비자에게 르봉 마르셰의 개장은 쇼핑의 새로운 지평을 연 사건이었다.

기능적인 관점에서는 다양한 상품을 각각의 조직에서 매입해 실내의 한 공간에서 판매하는 새로운 유통 형태의 탄생이었고, 공간적으로는 극상의 화려함을 지향하는 사교의 공간이 새로 열린 것이었다. 전기 조명과 엘리베이터를 갖춘 최신식 건물에서 무도회를 여는 상점은 이전에는 찾아볼 수 없었다. 중산층이 접근하지 못할 만큼 가격이 비싼 것도 아니었다. 르봉 마르셰는 상품 판매에 박리다매 방침을 내세웠고, 당시로서는 파격적인 정찰제 판매도 도입했다. 반품을 자유롭게 받아 준다는 원칙을 세워 소비의 가치를 중시했다.

때마침 산업 혁명 직후 대량 생산 체제가 도입되면서 값싸고 좋은 물건들이 쏟아져 나왔다. 이전까지 수작업으로 만들어지던 화려한 옷들이 대량 생산되어 백화점에서 팔리기 시작했다. 중산층도 상류층 못지않게 옷차림에 신경을 쓰게 되었다.

게다가 당시에도 파리는 패션의 중심지였다. 백화점은 탄생과 함께 유행의 중심에 설 운명이었던 셈이다. 르봉 마

초기의 백화점 모습. 백화점은 다양한 상품이 집결된 상업 공간이자 사교와 각종 이벤트가 이루어지던 문화 공간으로 대중의 각광을 받았다.

르셰가 폭발적인 인기를 얻은 것은 당연한 일이었다. 르봉 마르셰의 뒤를 이어 쁘렝땅(Printemps, 1865), 사마리탄(La Samaritaine, 1869) 같은 백화점들이 잇달아 문을 열었다.

새로운 소비문화에 대한 갈망은 금세 바다를 건넜다. 미국에서는 잡화점이던 메이시스(Macy's)가 1870년대 백화점 사업에 뛰어들었고, 영국에서는 1849년 식료품점으로 출발한 해롯(Herodds)이 1890년대 백화점으로 옷을 갈아입었다. 해롯은 1898년 백화점업계 최초로 에스컬레이터를 도입해 지금과 같은 백화점 형태의 틀을 잡았다.

일본에서는 1904년 도쿄에서 미쓰코시(三越)가 백화점 시대를 알렸다. 미쓰코시는 2년 뒤 서울에도 지점을 냈다. 한국인이 설립한 최초의 백화점은 1931년 문을 연 화신백화점이다.

화신백화점의 사세 확장과 관련한 재미있는 일화가 있다. 화신백화점이 개장한 이듬해, 화신백화점 맞은편에 새 백화점인 동아백화점이

문을 열었다. 당연히 경쟁 구도가 형성될 수밖에 없었는데, 화신백화점이 저렴한 가격을 내세운 반면 동아백화점은 미모의 여직원을 채용해 손님을 끄는 마케팅 전략을 썼다. 그런데 동아백화점의 남성 직원이 여성 직원을 희롱하는 추문이 불거지면서 백화점의 평판이 추락했다. 이 틈을 화신백화점이 적극적인 저가 공세로 파고들었다. 동아백화점은 결국 설립 1년도 되지 않아 화신백화점에 인수 합병되었다.

일제 강점기 미쓰코시와 화신백화점이 양분하던 한국 백화점 시장은 해방 전후 동화백화점, 중앙백화점, 천일백화점, 신신백화점 등이 들어서면서 춘추 전국 시대로 들어섰다. 1970년대 대기업이 유통업에 뛰어들면서 과점 체제에 들어섰다. 롯데, 신세계, 미도파의 3강 체제에 이어 롯데, 신세계, 현대의 3강 체제로 이어졌다.

탄생부터 최근까지 거칠 것 없던 백화점의 성장세도 온라인 커머스의 파도는 견뎌 내지 못했다. 미국에서는 카슨스(Carson's), 시어스(Sears) 등 100년 넘는 역사를 가진 백화점들이 잇달아 파산했다. 메이시스도 매장 구조 조정에 들어갔다. 한국에서도 대기업 백화점들이 매장과 인력을 줄이는 등 구조 조정이 불가피한 상황이 되었다. 이렇게 된 것은 쇼핑의 흐름이 바뀐 이유도 있지만, 그 흐름을 제대로 읽지 못한 백화점 산업계의 과오도 있다. 과거의 영화(榮華)에 너무 도취했던 것일까.

02
04
대형 마트
Hypermarket
유통 혁명의 주인공에서 혁신의 낙오자로

1993년 서울 도봉구 창동에 '이마트(E-Mart)'라는 간판을 단 사각형 박스 모양의 건물이 들어섰다. 식료품은 물론 잡화, 의류까지 한곳에서 살 수 있는 대형 매장이었다. 백화점 못지않게 널찍한 공간에서 다양한 종류의 물건을 고를 수 있었다. 가격은 일반 소매점이나 시장보다 저렴했다. 할인 마트 또는 대형 마트라고 불리는 대규모 복합 소매점이 우리나라에 첫발을 내딛은 순간이다. 지금은 대형 마트에서 카드를 끌고 다니는 모습이 자연스럽지만, 당시로서는 웬만큼 큰 슈퍼마켓이 아니면 카트를 구경할 수 없었다.

가히 혁명적이라고 할 만한 소매업 매장의 등장에 소비자들은 뜨겁게 호응했다. 대형 마트 산업은 무섭게 성장했다. 이전까지 백화점 사업이 주력이었던 신세계는 이마트 1호점의 성공에 힘입어 새로운 사업 영역을 개척했다. 이듬해 영등포구 양평동에 프라이스 클럽이 개점했고, 롯데, GS 등 대기업들이 앞다투어 대형 마트 시장에 뛰어들었다. 월마트, 까르푸 같은 외국계 대형 마트 업체들도 한국 시장에 진출했다.

한국에 대형 마트가 들어온 것은 30년이 채 되지 않지만, 세계적으로 보면 대형 마트의 역사는 제법 길다. 물론 처음부터 '대형'은 아니었다. '할인'에 방점을 찍은 매장 형태였다.

그 시작으로 1948년 미국 뉴욕에서 유진 퍼코프(Eugene Ferkauf, 1913~2012)가 동업자들과 함께 차린 코벳(E. J. Korvett)이라는 상점을 꼽는데, 매장 규모는 37m²(약 10평) 정도밖에 되지 않았다. '대형'은 아니었지만 그래도 싼 가격으로 승부했기 때문에 인기가 높았다. 코벳 이전부터 존재한 크로거(Kroger), 세이프웨이(Safeway) 등의 체인 잡화점 브랜드도 훗날 슈퍼마켓 또는 대형 마트 형태로 바뀌었다.

대형 마트를 이야기할 때 세계 최대 브랜드인 월마트를 빼놓을 수 없다. 1962년 미국 아칸소주에서 샘 월튼(Samuel Moore Walton, 1918~1992)이 첫 매장을 열었다. 이전에도 K마트(K-mart), 타깃(Target) 등의 할인 매장이 있었지만 실질적으로 대형 마트라는 카테고리를 정착시킨 것은 월마트다. 월마트는 상대적으로 상권이 작은 소도시를 중심으로 출점해 틈새시장을 노렸고, 그 전략이 맞아떨어졌다. 재고와 유통 관리에 도입한 첨단 기법이 월마트의 성장세를 뒷받침했다.

미국의 대형 할인 체인점 K마트의 전신인 크레스지(S. S. Kresge)의 매사추세츠주 스프링필드 매장을 묘사한 1940년대의 그림. 크레스지는 1897년부터 원시적인 형태의 잡화점을 열어 오늘날 대형 할인 마트의 초석을 놓았다.

월마트는 1990년대 세계 최대 소매업체로 올라섰지만 미국을 비롯한 세계 시장에서 거둔 성과와 달리 한국 시장에서만큼은 고전했다. 1998년 한국 시장에 진출했지만 '토종 마트'의 공세에 밀려 2006년 한국 시장 철수를 선언했다. 같은 해 세계 2위 대형 마트 브랜드인 프랑스 까르푸도 한국 시장에서 철수했으니 한국은 그야말로 세계 1·2위 대형 마트의 무덤이었다. 주말을 이용해 '원 스톱 쇼핑'을 하는 미국의 소비문화와 달리, 매일매일 주부들이 찬거리를 사는 한국형 소비문화에 적응하지 못했던 것이 실패 이유로 꼽힌다. 반대로 주부들의 눈높이를 겨냥한 매대 전시에 집중한 것이 한국 대형 마트의 성공 요인이다.

세계적인 유통 공룡까지 물리쳤던 한국의 대형 마트 업체들이 이제는 온라인 쇼핑몰에 밀리는 신세가 되었다. 승승장구하던 이마트, 롯데마트 등 유명 브랜드들이 오프라인 매장 축소에 들어갔다. 창사 이후 성장가도를 달려온 이마트는 2019년 처음으로 분기 적자를 냈다.

반면 미국의 월마트는 온라인 쇼핑 관련 기업을 인수하면서 '온라인 주문, 오프라인 수령' 같은 새로운 소비 유통 형태를 만들어 냈다. 이러한 혁신을 바탕으로 여전히 세계 최대 유통업체라는 명성을 유지하고 있다. 월마트를 한국 시장에서 밀어냈던 우리 대형 마트 업계로서는 옛날 생각이 날 만도 하다. '정체된 혁신은 발돋움하는 혁신에 밀린다'는 진리를 일깨우는 사례다.

한때 유행하던 가요에 "뭐니 뭐니 해도 머니"라는 가사가 있었다. 예나 지금이나 '돈이 최고'라고 여기는 사람들은 어디에든 있다.

돈은 인류가 사회생활을 하면서부터 존재했던 교환 또는 자산 축적의 수단이다. 하지만 요즘에는 이 돈이 실제로 통용되는 범위가 크게 줄었다. 물론 돈이 오가지 않는다는 뜻이 아니다. 현금, 즉 지폐와 동전이 실제 상거래에서 사용되는 빈도가 과거에 비해 현저히 줄었다는 뜻이다. 소액 결제라도 신용 카드 결제나 모바일 결제가 일상화되었고, 클릭 몇 번이면 큰돈도 쉽게 주고받을 수 있다.

그래도 역시 '돈'이라고 하면 현금을 떠올리게 된다. 인류 초기의 화폐는 조개껍데기나 귀금속 조각 따위였다. 커다란 돌에 구멍을 뚫어 만든 미크로네시아 야프섬의 석화(石貨)도 있었다.

기원전 7세기 지금의 터키 아나톨리아반도에 자리 잡았던 리디아 왕국의 엘렉트럼 주화(Electrum coin)는 현재까지 발견된 최고(最古)의 금속 화폐다.[03] 호박금(琥珀金)이라고도 부르는 엘렉트럼은 금과 은의 합금인데, 당시 동전은 금과 은이 3 대 1 정도 비율로 섞인 천연 엘렉트럼으로 만들어졌다. 따져 보면 동전(銅錢)이 아닌 금전(金錢)이다. 동전은 이름 그대로라면 구리로 만든 돈을 의미하기 때문이다. 그러나 지금은 둥글거나 그와 비슷한 모양의 금속 화폐를 통칭하는 용어가 되었다. 이 동전 문화가 그리스를 비롯한 에게해 지방으로 전해졌고 다시 남부 이탈리아까지 전해져 동전이 통용되기 시작했다.

리디아 왕국의 엘렉트럼 주화. 현재 발견된 가장 오래된 금속 화폐다. 엘렉트럼은 금과 은을 섞은 합금이다. ⓒ CNG 2020

춘추 전국 시대의 중국과 동아시아에서는 명도전이라는 금속 화폐가 통용되었다. 작은 칼 모양인 이 화폐는 중국 연(燕)의 돈으로 알려져 있지만, 주로 출토된 지역은 고조선, 즉 랴오둥(遼東)과 한반도 북부 지역이다.

고대 로마의 금화나 은화처럼 실질 가치가 있는 금속 화폐는 점차 가치가 낮은 화폐로 대체되었다. 국가가 발행 이익을 얻으려면 돈의 통용 가치보다 낮은 원가를 책정하는 것이 당연했다. 사람들은 같은 가치의 돈이라도, 실질 가치가 높은 금화는 집에 쌓아 두고 실질 가치가 낮은 화폐만 통용시켰다. '악화(惡貨)가 양화(良貨)를 구축(驅逐)하는' 현상이 생긴 것이다.

지폐는 사람과 사람 사이의 경제생활에 신용(信用)이 투입되면서 태어난 발명품이다. 정부가 공인한 세계 최초의 지폐는 1023년 중국 송(宋)에서 발행한 '교자(交子)'다. 당시 중국에서는 구리로 만든 동전을 사용했지만, 구리가 부족한 지금의 쓰촨(四川) 지역에서는 철로 만든 철전(鐵錢)이 유통되었다. 그런데 이 철전은 무거워서 사람들이 들고 다니기 어려웠고 상거래에도 불편한 점이 많았다. 그래서 상인들끼리 철전을 한 군데 보관해 두고 나중에 인출할 수 있는 종이 어음을 만들어 통용했는데, 이것이 정부가 발행하는 지폐로까지 발전한 것이다.

서양의 지폐는 이보다 600년 정도 늦은 1661년 스웨덴에서 처음 발행되었다. 지폐라고는 하지만 은행의 예금 증서를 유통한 수준이었다. 이 지폐의 유통은 오래가지 못했고 1694년 영국에서 잉글랜드 은행권이 발행되고 나서야 본격적인 지폐의 시대가 열리게 된다.

지폐의 발달은 인쇄술의 발달과 궤를 같이한다. 특히 위조 방지 기술이 절대적이다. 지폐(紙幣)라는 단어도 종이로 만든 돈이라는 뜻이지만, 지금은 실제로 종이로 지폐를 만드는 나라는 거의 없다. 현재 대부분 국가의 지폐는 면(綿) 섬유를 재료로 만드는데, 홀로그램이나 숨은 그림 등 위조를 방지하는 각종 장치들이 마련되어 있다.

1988년 호주 정부가 천연 재료가 아닌 합성 재료인 폴리머(폴리프로

호주 10달러 지폐의 앞면. 폴리머 수지로 만들어 내구성이 강하다. 지폐에 그려진 인물은 18세기의 시인 앤드류 버튼 패터슨(Andrew Barton Paterson)이고, 뒷면에는 여류 작가 매리 길모어(Marry Gillmore)가 그려져 있다.

필렌) 수지를 사용한 10달러짜리 지폐를 발행하면서 인류는 다시 한 번 새로운 형태의 지폐를 갖게 되었다. 이 지폐에는 폴리머 지폐 또는 플라스틱 지폐(신용 카드가 아니다)라는 별명이 붙었는데, 현재 호주 달러 중간에 투명하게 비춰 보이는 부분을 넣을 수 있는 것도 합성수지를 재료로 했기 때문에 가능했다. 잘 접히지 않고 내구성이 좋은 데다 오염에도 강하다. 더러워지면 물에 씻어 쓸 수 있다는 장점까지 있어 폴리머 지폐를 도입하는 나라들이 늘어나고 있다. 면 소재와 폴리머 소재를 결합한 지폐를 사용하기도 한다.

　하지만 동전이든 지폐든 요즘은 신용 카드 또는 모바일 페이 등이 늘어나면서 실제 통용되는 사례가 크게 줄어들었다. 대량의 현금을 주고받을 경우에도 컴퓨터 화면에서 이체할 뿐 실제로 '돈 뭉치'를 주고받는 일은 찾아보기 어렵다. 언제가 '돈'이라는 단어에 그 의미만 남고 실물은 사라지질지도 모르는 일이다.

02 / 06 온라인 쇼핑
Online Shopping
온라인으로 판매한 최초의 상품은?

흔히 우리가 세계 최초의 온라인 쇼핑몰로 알고 있는 아마존(ama-zon)은 사실 첫 온라인 쇼핑몰이 아니다. 온라인 쇼핑의 정의를 인터넷으로 물건을 사고파는 상거래라고 규정하더라도 아마존이 최초라는 타이틀을 가져가기는 어렵다. 굳이 따지자면 1995년 출범한 아마존은 처음으로 온라인 쇼핑을 정착시킨, 그 결과 가장 성공한 온라인 쇼핑몰일 뿐이다.

온라인 쇼핑몰은 아마존이 태어나기 14년 전부터 이미 태동하고 있었다. 인터넷이 상용화되기 이전의 일이다. 1979년 영국의 혁신가인 마이클 알드리치(Michael Aldrich, 1941~2014)는 전화선과 TV를 이용해서 '비디오텍스(VideoTex)'라는 양방향 통신 서비스를 기반으로 최초의 전자 상거래를 발명했다. 이 시스템은 가정에서 홈뱅킹을 가능하게 만들었는데 사실상 온라인 전자 상거래가 여기서 시작되었다. 온라인 쇼핑몰 탄생의 기반을 닦은 셈이다.

1981년 영국 여행사 톰슨 할리데이스(Thomson Holidays)가 온라인 거래 서비스를 시작했고, 1984년에는 영국 테스코(TESCO)에서 처음으로 온라인으로 물건을 판매하기 시작했다.

지금과 같은 형태의 온라인 쇼핑이 시작된 것은 인터넷이 활성화한 1990년대 이후다. 1990년 웹브라우저의 등장은 온라인 쇼핑 시대의 전개를 가속화했다. 온라인 쇼핑의 주도권이 미국으로 넘어간 것도 이 시기다.

1994년 8월, 상거래 역사에 획을 긋는 한 사건이 벌어졌다. 필라델피아에 사는 필 브랜든버거(Phil Brandenberger)라는 청년이 뉴햄프셔에 있는 온라인 쇼핑몰 '넷마켓(NetMarket)'에 접속해 자신의 신용 카드로 가수 스팅(Sting)의 CD '텐 서머너스 테일스(Ten Summoner's Tales)'를 구입한 것. 배송료를 포함해 브랜든버거가 지불한 돈은 12.48달러였다. 스팅의 CD는 온라인 쇼핑몰에서 판매된 첫 '소매 상품'으로 기록되었다. 넷마켓의 창업자는 댄 콘(Dan Kohn, 1972~)이라는 21살 청년이었다.

이듬해 웹브라우저 넷스케이프(Netscape)가 SSL(Secure Sockets Layer)이라는 강력한 보안 기술을 적용하면서 온라인 쇼핑은 날개를 달았다. 비슷한 시기 인터넷 서점 아마존과 온라인 경매 사이트 이베이(ebay)가 문을 열었다. 온라인 쇼핑 전성기가 비로소 시작된 것이다. 2000년대 이후에는 전통적인 대형 마트, 백화점 사업자들이 온라인 쇼핑몰을 개설하거나 반대로 온라인 쇼핑몰이 오프라인 매장을 개설하는 등 둘 사이의 경계가 무너지는 추세를 보였다.

온라인 쇼핑을 선도한 것은 인터넷 서점에서 출발해 종합 쇼핑몰로 발전한 아마존이다. 1997년 아마존이 '원 클릭 쇼핑 시스템'을 도입하기 전에는 온라인에서 주문할 때마다 매번 배송지와 결제 정보를 입력

해야 했다. 결제 단계를 줄인 이 시스템에 대해 아마존은 2년 뒤 특허를 냈다.[04] 아마존은 무료 배송, 책 미리 읽기 등 여러 분야에서 앞선 서비스를 선보이며 거대 온라인 쇼핑몰로 성장했다.

한국의 첫 번째 온라인 쇼핑몰은 1997년 등장한 인터파크(INTER-PARK)다. 온라인 쇼핑몰은 진입 장벽이 상대적으로 낮아 초기에는 우후죽순 설립되었지만 경쟁력이 없는 곳은 도태되었다. 시간이 지나면서 외국계 자본과 대기업 위주로 산업 재편이 이루어졌다.

온라인 쇼핑 산업의 성장은 택배 같은 배송 산업의 성장을 이끌어냈다. 배송업의 발전은 공산품 위주였던 온라인 쇼핑의 판매 영역을 가공 식품이나 과일, 심지어 고기, 생선, 채소 같은 신선 식품까지로 넓혔다.

한국의 배송 시스템은 다른 나라들에 비해 선진적이다. 당일 배송, 새벽 배송이 자리 잡았을 정도다. 이처럼 발달한 배송 시스템과 맞물린 한국의 온라인 쇼핑 수준은 가히 세계 최고라 부를 만하다. 코로나19 사태 초기에 대형 마트에서 생필품 사재기가 벌어졌던 일부 국가들과 달리 우리나라에서는 이렇다 할 사재기 현상이 나타나지 않았다. 그 이유 중 하나로 한국의 온라인 쇼핑 문화와 배송 시스템을 꼽는 사람들도 있다.

02 / 07 신용 카드
Credit Card
신용 카드는 어떻게 탄생했을까?

실패나 실수를 계기로 만들어진 발명품은 왠지 솔깃한 매력이 있다. 서류에 잉크가 튀는 바람에 중요한 계약을 망친 보험 외판원이 이를 발판 삼아 잉크가 흐르지 않는 만년필을 만들었다거나, 강력한 접착제를 만들려다 실패하는 바람에 포스트잇이 탄생했다는 등의 이야기는 발명품에 생명력을 불어넣는 요소다.

신용 카드의 발명에도 이런 이야기가 숨어 있다. 프랭크 맥나마라(Frank McNamara)라는 미국의 사업가가 뉴욕의 고급 레스토랑에서 식사한 뒤 계산하려다 깜빡하고 지갑을 갖고 오지 않은 것을 알아차렸다. 지인의 도움으로 위기는 넘겼지만 앞으로도 이런 일이 생기지 말라는 보장이 없었다. 주변에 수소문해 보니 비슷한 경험이 있는 사람이 꽤 많았다. 아이디어가 번뜩였다. 현금 없이 신용만으로 식당 대금을 결제할 수는 없을까?

1950년 맥나마라는 동료들과 함께 이런 아이디어를 현실화했다. 종이 카드를 보여 주면 당장 현금을 내지 않고 나중에 한꺼번에 지불할 수 있는 시스템을 만든 것이다. 뉴욕의 주요 레스토랑을 가맹점으로 출발한 다이너스클럽 카드(Diners' Club Card). 바로 신용 카드의 원조다. 레스토랑의 식대 지불용으로 만들어진 카드다운 이름이다.

고객의 신용으로 구매 대금을 나중에 지불하는 형태의 신용 카드를 처음 고안한 프랭크 맥나마라

이 이야기가 실제로 있었던 사건인지, 아니면 꾸며 낸 허구인지에 대해서는 의견이 분분하다. 하지만 자칫 무미건조할 수도 있는 신용 카드의 탄생 과정에 달짝지근한 스토리를 입힌 것은 분명하다. 여하튼 출범 당시 200명이던 다이너스클럽 카드 회원은 1년 만에 2만 명으로 늘었다.

그런데 신용 카드라는 용어를 쓴 것은 사실 다이너스클럽 카드가 처음이 아니다. 미국 소설가 에드워드 벨러미(Edward Bellamy, 1850~1898)가 1888년에 쓴 공상 과학 소설 『뒤를 돌아보며 : 2000~1887(Looking Backward : 2000~1887)』에서 신용 카드(credit card)라는 단어를 사용했다. 작가는 소설에서 국가가 개인에게 발급한 신용 카드로 공공 창고에서 무엇이든 살 수 있는 시대를 묘사했다.

다이너스클럽 카드가 나오기 이전인 20세기 초부터 미국의 일부 소매점이나 호텔 등은 단골손님들에게 외상으로 물건을 살 수 있는 카드를 발급했다. 범용(汎用)은 아니지만 초기 형태의 신용 카드로 볼 수 있다. 이런 사회적·경제적 배경이 없었다면 다이너스클럽 카드가 정착하지 못했을지도 모른다.

다이너스클럽 카드가 성공을 거둔 이후 신용 카드 산업은 급성장한다. 1958년 뱅크오브아메리카(BANK OF AMERICA)가 식당뿐 아니라 다양한 목적으로 사용할 수 있는 '리볼빙 카드'를 처음 선보였다. 같은 해 아메리칸 익스프레스(AMERICAN EXPRESS)가 여행과 여가 생활에 특화된 카드를 발급했다.

1971년 처음 도입된 마그네틱 선은 신용 카드 역사상 가장 큰 혁신 중 하나로 기록된다. IBM이 개발한 마그네틱 조회 방식은 신용 카드 조회·결제 시간을 크게 줄였고 회원 수를 늘리는 기폭제가 되었다. 이후 1976년 비자(VISA), 1979년 마스터카드(mastercard) 브랜드가 등장해 지금까지도 신용 카드 업계를 장악하고 있다.

한국에는 1969년 백화점 카드로 신용 카드가 도입되었지만 어디서나 쓸 수 있는 범용 카드는 아니었다. 1969년 신세계백화점이 가장 먼저 신용 카드를 발행했고, 1974년 미도파백화점, 1979년 롯데쇼핑 등으로 발급 백화점이 늘어갔다.

범용 카드는 1978년 외환은행이 비자와 제휴해 신용 카드 업무를 개설하면서 시작되었다. 1980년에는 아메리칸 익스프레스와 국민카드가 한국 시장에 선보였다. 뒤이어 1982년 은행신용카드협회가 주도한

BC카드가 만들어졌다. 1987년 신용 카드업 법이 개정되면서 신용 카드 산업이 금융 당국의 규제 안에 놓이게 되었다.

늦게 출발했다고 성장이 더딘 것은 아니다. 한국은 현재 아시아에서 가장 높은 신용 카드 보급률을 기록할 만큼 신용 카드 사용이 활성화되어 있다. 1990년대 후반 정부가 탈세 방지와 소비 진작을 위해 신용 카드 발급 규제를 완화했던 것이 신용 카드 산업 성장의 밑거름이 되었다.

하지만 무엇이든 지나치면 부작용이 생기는 법. 2003년 신용 불량자가 양산돼 나라 경제 전체가 휘청거리는 '신용 카드 대란' 홍역을 치렀다. 이후 신용 카드 시장은 자정(自淨)의 시기를 갖고 어느 정도 안정을 찾았지만, 이때 정착된 소비 행태, 즉 '미래의 빚을 현재에 끌어와 쓰는' 신용 카드 선호는 아직까지도 이어지고 있다.

02
08 브래지어
Brassiere
중세에도 브래지어가 있었다고?

한 지상파 방송의 여성 아나운서가 생방송에서 스스로 '노브라' 상태라는 사실을 밝혀 화제가 된 일이 있었다. 그는 여성들이 브래지어 없이 하루를 보내는 방송 프로그램 제작에 참여하는 중이었다. 이런 사실이 화제가 된 이유는 현대 사회에서 브래지어가 단순히 여성 속옷의 범주를 넘어 다양한 의미를 내포하고 있기 때문이다. 일부 여성들은 브래지어를 '현대판 코르셋'이라고 부르며 억압과 구속의 상징이라고 주장하고 있다. 또 일부 여성들은 '원더 브라'처럼 가슴을 아름답게 보이게 하는 브래지어의 기능성에 주목해 이를 선호하기도 한다. 어쨌든 오늘날 브래지어는 대부분의 성인 여성이 매일 착용하는 속옷이다. 그러면 여성들은 언제부터 브래지어를 착용한 것일까?

브래지어(brassiere)는 프랑스어 브라시에르(bracière)에서 비롯된 단어다. 군인이 가슴에 착용하는 갑옷을 의미한다. 브래지어라는 단어가 지금과 같은 속옷의 의미로 처음 등장한 것은 1907년 패션 잡지 《보그(VOGUE)》에서다. 이를 통해 유추하면 브래지어는 19세기에 이미 널리 쓰이고 있었던 것으로 볼 수 있다.

브래지어를 누가 처음 발명했는지에 대해 의견이 분분하다. 19세기 말 프랑스와 미국, 독일 등에서 '가슴 부분에만 입을 수 있는' 코르셋 종류가 속속 등장했다. 하지만 누가 '현대적인' 브래지어를 만들어 유행시켰는지에 대해서는 대체로 의견이 일치한다. 메리 펠프스 제이콥(Mary Phelps Jacob, 1891~1971)이라는 여성이 등이 드러나는 브래지어를 발명해 1914년 특허를 받았다. 비록 그녀는 두 번째 결혼 후 개명한 이름인 커레스 크로스비(Caresse Crosby)로 더 유명하기는 하지만, 어쨌든 브래지어를 발명한 것은 미혼이었던 메리 펠프스 제이콥 시절의 일이다.

이야기를 잠깐 곁가지로 돌리자면, 커레스 크로스비는 남편 해리 크로스비와 함께 파리에서 블랙 선(Black Sun Press)이라는 출판사를 설립해 출판인으로 활동했다. 당시 파리를 중심으로 활동했던 미국 작가들, 이른바 '잃어버린 세대(Lost Generation, 제1차 세계 대전을 겪은 뒤 세상에 환멸을 느낀 청년 지식인들을 일컫는다)' 작가들의 작품을 출간했다. 어니스트 헤밍웨이, 아치볼드 맥클리시, 헨리 밀러, 하트 크레인 등이 잃어버린 세대에 속한다. 이런 이유로 크로스비는 '잃어버린 세대의 문학적 대모'라는 별명도 갖고 있다.

다시 브래지어 이야기로 돌아가자. 19살 메리는 파티에서 입을 실크 드레스가 너무 얇아 안에 입은 코르셋이 밖으로 다 드러난다는 것을 알아차렸다. 파티에 참석하기 직전, 그는 하녀들과 함께 손수건과 끈으로 등은 드러나면서 유방은 가리는 속옷을 만들어 냈다. 남성은 물론 여성 참석자들의 시선을 사로잡은 그는 그날 이후 파티의 주인공이 되었다. 이 과정을 지켜본 주변 여성들은 너도나도 그에게 같은 속옷을 만들어 달라고 부탁했고, 메리는 이를 사업으로 성장시켰다. 브래지어 특허를 받은 것은 4년 뒤다.

브래지어는 빠르게 인기를 얻었다. 1916년에는 브래지어에 컵(cup)이라는 단어가 처음 쓰이기 시작했다. 1935년에는 지금처럼 컵 사이즈가 A·B·C·D별로 분류된 브래지어가 개발되었다.

이탈리아 시칠리아에서 발견된 4세기경의 고대 로마 유물에서 브래지어 형태의 의복을 착용한 여성들의 모습을 확인할 수 있다.

이렇게만 보면 브래지어를 근대 이후의 발명품으로 여길 수도 있겠다. 그러나 그 '뿌리'는 생각보다 오래되었다. 이미 기원전 1200년경 제작된 고대 그리스 유물에서 천 조각으로 가슴을 감싼 여성들의 그림을 발견할 수 있다. 그때는 단순히 천 조각으로 가슴을 감쌌을 뿐이라고? 그럼 이건 어떤가? 오스트리아 렌베르크성은 12세기에 세워진 유서 깊은 건축물이다. 이 성의 유적에서는 1440년에서 1485년 사이에 만들어진 것으로 추정되는 여성 속옷이 출토되었는데, 어깨 끈과 가슴을 감싸는 컵 모양의 주머니가 확실하게 남아 있다. 이른바 '렌베르크 브라'로 불리는 중세의 유물이다. 적어도 15세기에 브래지어가 존재했다는 증거다. 그만큼 짧지 않은 역사를 가지고 있는 속옷이 브래지어다.

02/09 향수
Perfume
향기 뒤에 숨은 끔찍한 중세 유럽의 일상

파트리크 쥐스킨트(Patrick Süskind, 1949~)의 소설 『향수 : 어느 살인자의 이야기』(국내 출간 2009)에는 체취가 없는 장 바티스트 그루누이라는 주인공이 등장한다. 그 자신에게는 체취가 없지만 냄새에 관한 한 탁월한 능력을 가진 청년이다. 다른 사람의 체취에 유난히 집착하고, 좋은 체취를 얻기 위해서라면 살인까지도 불사한다. 이 소설의 배경은 18세기 프랑스다.

그런데 역사가 말해 주는 실제는 소설과는 많이 다르다. 그루누이는 '좋은 체취'에 집착하지만, 그 시절 그루누이가 좋은 체취를 가진 사람을 그리 자주 만날 수 있었을지부터가 의문이다. 16세기부터 18세기 초까지의 유럽 사회는 개인위생, 즉 목욕에 관한 한 암흑기로 불리는 시기였기 때문이다. 몸을 씻는 것에 대한 거부감이 귀족과 서민을 막론하고 널리 퍼져 있었다. '태양왕' 루이 14세(재위 1643~1715)는 평생 목욕을 한 번밖에 하지 않았다고 하니까. 한 번이 아니라 두세 번 정도 목욕을 했다는 설도 있지만, 그게 무슨 차이가 있는가.

고대 로마의 화려한 목욕 문화를 이어받은 유럽인들이 왜 이 시기에는 목욕을 기피했을까? 15세기 유럽을 황폐화시킨 흑사병, 16세기 신대륙에서 건너온 (것으로 보이는) 매독을 그 이유로 든다. 엄밀하게는 당시 사람들이 감염병의 원인을 잘못 짚은 탓이다.

역사 저술가 캐서린 애쉔버그(Katherine Ashenburg)에 따르면 18세기 초 프랑스 의사들은 '몸에 낀 때가 모공을 막아 병균이 침투하지 못하게 한다'는 근거를 들어 감염병을 예방하기 위해서는 몸을 씻지 말라고 권고했다.[05] 속옷을 빨아 입는 것이 건강에 좋지 않다는 소문도 있었다고 한다.[06] 그나마 앞서 언급한 소설의 배경인 18세기 후반에는 목욕이 서서히 '금기'에서 풀릴 시기였다.

목욕을 기피하는 사람들과 열악한 화장실 사정이 겹쳐 유럽의 거리는 악취로 가득했다. 열악한 사정이랄 것도 없는 것이, 집에 아예 화장실이 없는 경우가 많았다. 요강에 처리한 분뇨와 오물을 창문으로 쏟아 버리는 일이 다반사였고, 화장실이 없으니 하천이나 뒷골목을 배설 장소로 이용하는 사람들도 많았다. 유명한 베르사유 궁전 구석구석도 오물로 가득했다고 하니 더 말할 것이 없다. 그나마 영국은 화장실 보급 상황이 프랑스보다는 나았다고 하는데, 프랑스에서 향수가 발전한 것도 이런 상황에서 몸에 밴 악취를 감추기 위한 것이었다.

쥐스킨트의 소설에서 주인공이 파리를 떠나 향하는 곳이 프랑스 남부 그라스(Grasse)라는 도시다. 그라스는 '향수의 도시'로 불릴 정도로 향수 산업이 발전한 곳이다. 이곳에

프랑스 화가 루돌프 에른스트의 〈향수 가게(The Perfume Market)〉

서 향수 문화가 발전한 것도 따지고 보면 악취 때문이다. 원래 그라스는 가죽 공업이 발달한 도시였는데 여름철 진동하는 가죽 냄새를 감추기 위해 향수 산업을 일으켰다는 것이다. 그나마 가죽 냄새라니, 오물 냄새보다는 나으려나.

고대 향수의 기원은 제사(祭祀)에서 찾는다. 기원전 2000년경 신에게 제물을 드리면서 향료를 태웠다. 향이 강한 유황과 몰약은 소독제로도 쓰였다.[07]

향료가 향수로 바뀌면서 '치장'의 의미가 더해졌다. 인류의 첫 화장품이 향수다. 향수는 이집트에서 시작되어 그리스, 로마로 전해졌다는 것이 일반적인 설이다. 기원전 1세기 이집트의 공동 파라오였던 클레오파트라는 온몸에 다양한 종류의 향수를 바른 것으로 알려졌다.

1370년경 현재 향수의 시초라 볼 수 있는 향수가 개발되었다. 수도사들이 헝가리 여왕 엘리자베스를 위해 만들었다는 '헝가리 워터'다. 전설인지 사실인지는 알 수 없으나 헝가리 워터 덕에 엘리자베스 여왕은 72세의 나이에 폴란드 왕으로부터 청혼을 받았다고도 한다.

중세의 암울한 역사를 거쳐 18세기부터 향수는 다시 화장품이라는 본연의 역할로 돌아갔다. 19세기 중반 합성 향료가 개발되면서 향수의 대중화가 시작되었다. 하지만 20세기 들어 유럽과 미국에서는 오히려 향수가 홀대받는 분위기가 형성되었는데. 강한 향이 하류 계층을 상징한다는 인식이 퍼졌기 때문이다.

이런 분위기를 단번에 뒤집고 다시 향수의 인기에 불을 지핀 것은 여

기원전 4세기경의 것으로 추정되는 석판에 백합 향수를 만드는 과정이 묘사되어 있다.

배우 마릴린 먼로(Marilyn Monroe, 1926~1962)의 말 한마디였다. 1952
년 진행된 인터뷰에서 그는 "잘 때 무엇을 입느냐"는 질문에 "샤넬
No.5 다섯 방울 외에는 아무것도"라는 유명한 대답을 남겼다. 이후 지
금까지도 샤넬 No.5는 세계에서 가장 널리 알려진 향수로 남아 있다.

02 / 10 미니스커트
Miniskirt
개성에서 저항으로, 저항에서 개성으로

"나는 항상 젊은이들에게 그들만의 패션이 있기를 바랐다."

영국 디자이너 메리 퀸트(Mary Quant, 1934~)는 젊은이들을 위한 '스트리트 패션' 분야를 개척한 인물이다. 하지만 그가 패션계에 남긴 수많은 다른 업적보다 그를 대변하는 것은 '미니스커트의 창시자'라는 칭호다. 1960년대 그가 유행시킨 미니스커트는 이제 여성복에서 빼놓을 수 없는 패션 아이템이 되었다.

하지만 미니스커트가 과연 퀸트의 '단독' 발명품인지에 대해서는 의견이 분분하다. 미니스커트 또는 미니드레스는 유럽 패션계에서 이미 그 이전부터 존재했고, 퀸트는 '발명'이 아니라 미니스커트를 주류 패션계에 소개한 공로를 인정받아야 한다는 것이다.

패션 연구가들은 미니스커트를 보급한 공로자로 퀸트와 함께 프랑스 디자이너 앙드레 쿠레주(Andre Courreges, 1923~2016)를 인정하기도 한다. 1960년대에는 프랑스의 이브 생 로랑(Yves Saint-Laurent, 1936~2008)이나 피에르 가르뎅(Pierre Cardin, 1922~2020) 등도 독특한 미니스커트를 선보였다.[08]

어쨌든 '공식적으로는' 퀸트 덕에 영국에서 시작된 것으로 알려진 미니스커트가 세계 패션의 흐름을 주도하는 데에는 그리 오랜 시간이 걸리지 않았다. 미니스커트는 젊은 여성들이 스스로의 개성을 표현하는 방식이자 재미있는 놀이였다.

그런데 미니스커트가 한국에 상륙하면서 의미가 약간 바뀌었다. 저항 또는 반항이라는 '상징성'이 형성된 것인데, 이는 1960~70년대 젊은이들의 자유를 억압했던 정부 기조와 관련이 있다.

한국에 미니스커트가 선보인 것은 1967년 가수 윤복희(尹福姬, 1946~)를 통해서다. 윤복희가 실제로 한국에서 처음으로 미니스커트를 입은 인물인지는 확실하지 않지만, 그가 미니스커트를 입은 사진 때문에 젊은이들 사이에 미니스커트 광풍이 분 것은 사실이다. 윤복희 주연의 〈미니 아가씨〉(1968)라는 영화가 제작되기도 했다.

하지만 허벅지를 드러낸 젊은 여성들의 모습에 이내 정부와 기성세대는 거부감을 가졌고, 당시 엄혹했던 사회 분위기와 맞물려 결국 경찰이 치마 길이를 단속하는 웃지 못할 상황에까지 이르렀다. 1970년대 경범죄처벌법에 따르면 무릎 위 20cm가 단속 기준이었다. 미니스커트와 함께 남성들의 장발도 단속 대상이었다.

억압적 분위기에 짓눌렸던 젊은이들은 오히려 이런 단속을 저항의 수단으로 삼았다. 단속에 걸려 머리카락이 잘릴 줄 알면서도 장발족들은 거리에 나섰고, 즉결 재판에 넘겨질 위험에도 불구하고 미니스커트의 인기는 그칠 줄 몰랐다. 미니스커트 유행은 치마 끝이 무릎까지 오는 미디스커트(midi skirt), 발목까지 오는 맥시스커트(maxi skirt)가 관심을 받기 시작한 1980년대에 들어서야 주춤해졌다.[09]

영국 런던의 첼시에 있는 메리 퀀트의 디자이너 숍. 2013년의 모습이다. ⓒ Padmayogini

미니스커트는 2000년대 이후 되돌아왔다. 달라진 점이 있다면 사회가 바뀌면서 더 이상 치마 길이 단속이 없어졌다는 것. 과거 반항적으로 미니스커트를 입은 주역이었던 '현재의 어르신'이 주는 눈총도 상대적으로 덜해졌다. 이제는 젊은이들이 개성과 재미를 위해 미니스커트를 입는 시대가 되었다. 미니스커트가 한국에 상륙한 지 50년 가까이 되어서야 비로소 그 '본연의 기능'에 충실하게 된 것이다.

레깅스
Leggings
과학이 만들고 셀럽이 전파한 '일상복'

원래 운동복으로 만들어졌으나 요즘은 일상복의 하나가 된 레깅스. 몇 년 전까지만 해도 우리나라에서는 몸에 딱 붙는 스타일을 민망해하는 여성이 많았지만, 지금은 레깅스 차림으로 거리낌 없이 돌아다니는 여성을 심심치 않게 볼 수 있다. 짧은 반바지 안에 레깅스를 받쳐 입고 다니는 남성도 많다. 레깅스 덕에 '애슬레저(Atheletic+Leisure) 룩'이라는 신조어도 생겼다.

레깅스는 언제 만들어져, 어떻게 유행하게 되었을까? 사실 '쫄쫄이 패션'은 인류가 매우 오랜 기간 동안 착용해온 스타일이고, 여성들의 전유물이라고 볼 수도 없다. 멀리는 14세기 스코틀랜드 귀족, 가깝게는 20세기 '슈퍼맨'으로 거슬러 올라가 보기만 해도 쉽게 알 수 있다. 중세 유럽에서는 귀족 남성들이 몸에 딱 붙는 하의를 입고, 중요 부위를 가리는 코드피스(codpiece)라는 주머니를 차는 것이 유행이었다.

몸에 딱 붙는 옷의 전통은 19세기 공중 곡예

신성 로마 제국의 카를 5세가 코드피스를 착용한 모습

프랑스 곡예사 쥘 레오타르가 레오타드를 착용한 모습. 레오타드는 상의와 하의가 하나로 된 일체형 옷으로, 훗날 발레리나들이 즐겨 입었다.

사들의 무대 의상으로 이어졌다. 프랑스 남성 곡예사인 쥘 레오타르(Jules Léotard, 1838~1870)의 이름을 영어식으로 따 '레오타드(leotard)'로 불린 이 옷은 지금도 발레나 체조 의상에서 볼 수 있다.[10] 레오타드 역시 여성들의 몸매 곡선을 강조한다기보다는 남성들의 근육질 몸매를 드러내기 위한 옷이었다.

지금과 같은 개념의 레깅스가 나타난 기원은 1950년대로 본다. 오드리 헵번(Audrey Hepburn, 1929~1993)이 영화 〈사브리나(Sabrina)〉(1954)에 몸에 붙는 카프리 팬츠(Capri pants, 발목에서 약간 올라간 정도의 길이로 바지 끝이 바깥쪽으로 튀어나와 있다. 이탈리아의 카프리섬 사람들이 많이 입어서 이런 이름이 붙었다)를 입고 나오면서 여성복의 흐름이 단번에 바뀌었다. 이전에는 통이 넓고 편한 여성 바지가 인기를 끌었다. 그러나 헵번의 영화를 본 여성들은 너도나도 몸에 딱 붙는 바지를 찾기 시작했다. 때맞추어 1958년 발명된 신축성 높은 스판덱스 섬유가 이런 유행을 가속화했다. 듀폰(DUPONT)에서 라이크라(Lycra)라는 상품명으로 출시한 스판덱스 섬유는 폴리우레탄 섬유라고도 불리는데, 이 섬유의 발명 덕에 몸에 딱 붙으면서도 편안한 옷을 만들 수 있게 되

었다. 미니스커트를 유행시킨 디
자이너 매리 퀀트는 레깅스 스타
일을 부각시키는 데도 일조했다.

미국 가수 올리비아 뉴튼존(Olivia
Newton-John, 1948~)이 1981년 발표한 싱글 〈피지컬
(Physical)〉은 여러 측면에서 기념비적인 노래다. 곡 자체
가 10주 연속 빌보드 싱글 차트 1위를 했다는 음악 본질적인 측면 외
에도 이 싱글의 뮤직비디오 때문에 전 세계적으로 에어로빅 패션이 유
행하는 등의 부가적인 측면의 반향도 컸다. 이듬해 영화배우 제인 폰
다(Jane Seymour Fonda, 1937~)가 출시한 워크아웃 비디오가 크게 히트
하면서 에어로빅 패션의 불길은 더욱 거세게 타올랐다. 길거리와 체육
관의 경계가 무너졌다.

에어로빅 패션의 영향을 받은 레깅스는 1990년대 캐나다 브랜드 룰
루레몬(lululemon)에 의해 요가복 영역으로 진출했다. 그러나 이 시기
자체는 레깅스가 거리의 유행에서 잠시 물러났던 때다.

2000년대 패리스 힐튼(Paris Hilton), 린지 로한(Lindsay Lohan) 같은
셀럽들이 일상복으로 레깅스를 입은 모습이 카메라에 포착되면서 레
깅스 패션은 다시 유행 궤도에 올랐다. 지금은 헤일리 볼드윈(Hailey
Baldwin), 켄달 제너(Kendall Jenner) 같은 스타 모델들이 '일상복 레깅
스' 스타일을 이끌고 있다.

이처럼 레깅스가 에어로빅과 피트니스 또는 요가의 한계를 벗어난

것이 아주 최근의 일은 아니다. 그러나 레깅스의 기능성과 디자인의 발전이 없었다면 지금처럼 편안하고 실용적인 스타일이라는 명성을 얻지는 못했을지도 모른다. 단지 몸에 붙기만 하는 타이즈나 스타킹과 달리 요즘의 레깅스는 몸매를 보정하는 역할까지 하기 때문에 대중의 사랑을 받게 되었다. 여기에 멋진 스타일의 스타들이 일상복으로 레깅스를 소화하면서 '워너비 패션'의 하나로 자리를 굳혔다. 레깅스의 산파가 스판덱스라면 셀럽은 그 보모라고나 할까.

02 / 타투
12 / Tattoo
개성 표현과 금기 사이의 외줄타기

요즘은 운동선수나 연예인뿐 아니라 일반인 사이에도 몸에 문신(文身)을 새긴 모습을 드물지 않게 찾아볼 수 있다. 문신, 즉 몸에 바늘로 상처를 내고 잉크로 글이나 그림을 새겨 넣는 행위는 오랜 기간 우리나라에서는 암묵적 금기(禁忌) 중 하나였다. 우리뿐 아니라 중국과 일본 등 동아시아권에서 전통적으로 문신은 금기로 취급되었다. 여전히 나이 든 세대 중에서는 문신을 못마땅하게 여기는 사람들이 있다. 그래서일까? 지금은 젊은이들 사이에서 문신 대신 영어 단어인 타투(tattoo)라는 말이 더 많이 쓰인다. 반면 서양에서는 문신에 대해 비교적 관대한 편이다. 개성 표현의 한 방법일 뿐이다. 이런 동서양의 관점 차이는 어디에서 비롯된 것일까?

문신은 아주 오랜 옛날부터 전 세계적으로 지역을 구분하지 않고 존재해 온 관습이다. 1991년 오스트리아와 이탈리아 국경 근처에서 발견된 5,000년 전 냉동 인간 시신의 몸에 여러 개의 문신 흔적이 남아 있었다. 고고학자들은 이 문신이 치료 목적이었던 것으로 보고 있다. 고대 이집트에서도 미용을 위한 문신이 성행했던 것으로 추정된다.

그렇다고 현대의 문신이 이런 전통을 계승한 것은 아니다. 현재와 같은 문신 문화가 유럽에서 유행한 것은 18세기 이후다. 타투(tattoo)라

제임스 쿡 선장 일행이 폴리네시아를 항해하던 중
만난 마오리족 추장을 묘사한 1769년경의 그림

는 영어 단어는 남태평양 타히티 언어 인 타타우(tatau, tattow, tattaow)에서 온 것으로 보는데, 제임스 쿡(James Cook, 1728~1779) 선장과 함께 폴리네시아 원 정을 떠났던 영국 선원들이 귀국해 남태 평양 지역의 문신 문화를 유럽에 퍼뜨린 데서 비롯한다.

지금도 일부 전통이 남아 있지만 남태 평양 원주민의 문신은 얼굴을 포함한 온 몸을 뒤엎을 정도로 화려하다. 남태평 양 원주민의 문신을 처음 접한 선원들 은 깊은 인상을 받았고 이를 유럽에 전파했다. 당시 유럽의 문신은 선 원들이 주도한 유행이었는데 주로 안전한 항해를 기원하는 부적이나 항해 경력을 과시하는 의미로 쓰였다.

선원뿐 아니라 서커스를 통해서도 화려한 문신이 선보였고, 일부 일 반인 사이에서도 문신을 하는 사람들이 늘어났다. 이런 추세를 타고 19세기 후반에는 전문 문신 예술가들이 등장했다. 미국에서 전기 문신 기계가 발명된 것도 이즈음이다. 1920~30년대 얼굴과 온몸을 얼룩말 문양으로 새긴 '위대한 오미(The Great Omi)'는 별다른 재주 없이 문신 만으로 관객을 공연장으로 끌어들인 서커스 문신의 대표적 인물이다.

반면 동아시아의 문신 문화는 20세기 초반까지도 '부모로부터 받은 몸을 훼손해서는 안 된다'는 유교적 관념에 갇혀 부정적으로 받아들여졌다. 여기에 문신이 형벌의 수단으로 사용되었던 과거의 전통이 더해져 문신에 대한 인식이 더욱 나쁠 수밖에 없었다. 일본에서 문신이 야쿠자 같은 범죄 집단의 행위로 자리 잡은 점도 문신에 대한 부정적인 이미지를 가중시켰다.

호레이스 리들러(Horace Leonard Ridler)는 1920~30년대에 유행했던 '변종 인간' 서커스에서 온몸을 뒤덮은 문신으로 관객을 끌어들였다. '위대한 오미(The Great Omi)' 또는 '얼룩말 인간(The Zebra Man)' 등으로 불렸다.

동양에 비해 관대했다고는 해도 서양의 문신 역시 상류층의 유행과는 거리가 멀었다. 주로 하위 계층의 문화로 취급되었다. 이런 문신이 '개성의 상징'으로 승화된 계기는 1950년대 TV의 보급과 대중문화의 발전이다. 특히 기성세대에 대한 젊은이들의 저항 정신이 주로 문신으로 표현되었는데, 이러한 전통은 지금도 힙합과 록 뮤지션 등에게서 흔히 볼 수 있다.

동서양의 대중문화 경계가 사라지면서 서구의 문신 문화가 자연스럽게 동아시아의 젊은이들 사이에 파고들었다. 부정적인 인식이 점차 희석되면서 우리나라에서도 과감한 문신을 하는 사람들이 늘어나고 있다.

하지만 여전히 한국에서의 문신 문화는 '음지'에 놓여 있는 것이 현실이다. 의료법상 의료 면허가 없는 사람, 즉 의사가 아닌 사람이 문신을 시술하는 것은 불법이기 때문이다. 눈썹 문신 같은 간단한 시술도 이에 포함된다. 수많은 '타투이스트'들이 불법 영업을 하고 있다는 이야기인데, 이에 대해서는 논란이 진행 중이다. 별도의 자격증을 발급해 문신 시술을 법의 테두리 안에 두는 해외 사례를 벤치마킹해야 한다는 의견과 문신 시술 과정에서 감염 우려가 높은 만큼 의료 면허가 필요하다는 의견이 맞서고 있다.

Chapter 3

활동적인 **여가 생활**

Sports & Leisure

03. 영구 결번
01 Retired number
'영구 결번' 전통은 언제 시작되었나?

2020년 1월, 미국 프로 농구(NBA) 슈퍼스타 코비 브라이언트(Kobe Bean Bryant, 1978~2020)가 헬기 사고로 갑작스럽게 세상을 떠났다. 미국 농구계는 물론 전 세계의 스포츠팬이 한마음으로 그를 추모했다. 스스로를 '블랙 맘바(독사의 일종)'라는 별명으로 불렀던 브라이언트는 LA 레이커스에서만 20시즌(1996~2016)을 뛴 '원 클럽 맨'으로도 유명하다. 브라이언트를 제외하고 2020년 현재까지 한 팀에서 20시즌 이상 뛴 NBA 선수는 댈러스 매버릭스의 포워드였던 더크 노비츠키(Dirk Werner Nowitzki, 1978~)가 유일하다. 독일 출신인 그는 1998년부터 2019년까지 21시즌을 뛰었다.

브라이언트는 NBA에서 유일하게 2개의 등번호가 영구 결번된 선수이기도 하다. 첫 10년 동안 8번을 달았던 브라이언트는 남은 10년은 24번을 달고 뛰었다. 브라이언트는 고등학교 때 처음 달고 뛰었던 24번을 프로에서도 달고 싶었지만, 데뷔할 때는 이미 다른 선수가 선점하고 있었다. 결국 8번을 달고 뛰다가 10년이 지나서야 24번을 손에 넣었다.

브라이언트가 은퇴할 당시 팬들은 그의 등번호가 당연히 영구 결번이 될 것이라고 예상했다. 관심은 영구 결번 등번호가 8번이 될 것이

미국 할리우드의 TCL 차이니즈 극장 주변은 스타들이 남긴 손자국과 발자국으로 유명하다. 코비 브라이언트는 운동선수로는 최초로 이곳에 손자국과 발자국을 남겼다.

냐, 24번이 될 것이냐에 있었다. 분분한 의견이 오가는 가운데 구단은 매우 현명한 판단을 내렸다. 20년 프로 선수 생활 동안 5번의 챔피언 트로피를 들어 올린 선수에 대한 예우로 LA 레이커스 구단은 2017년 2개의 번호를 모두 영구 결번으로 지정했다.

프로 스포츠 선수가 받을 수 있는 최고의 영예로 꼽히는 영구 결번. 이 영구 결번의 전통은 언제, 어느 종목부터 시작된 것일까? 답부터 말하자면 1935년 미식축구다. 프로 미식축구(NFL)의 뉴욕 자이언츠가 1935년 은퇴한 팀의 스타플레이어 레이 플래허티(Ray Flaherty, 1903~1994)의 1번 유니폼을 '절판'하면서 영구 결번의 역사를 만들었다. 메이저리그(MLB)의 첫 영구 결번은 뉴욕 양키스의 1루수 루 게릭

최초의 흑인 메이저리거 재키 로빈슨. 그는 1947년부터 56년까지 현 LA 다저스의 전신인 브루클린 다저스에서 뛰었다. 은퇴 이후에는 흑인의 인권을 위해 활동했다.

(Henry Louis 'Lou' Gehrig, 1903~1941) 이 달았던 4번이다. 1920~30년대 베이브 루스(George Herman 'Babe' Ruth, 1895~1948)와 함께 양키스의 전성기를 이끌었던 강타자 게릭은 운동 신경이 마비되고 근육이 위축되는 '근위축성 측색 경화증(ALS)'에 걸려 1939년 갑자기 은퇴했다. 이 희귀병을 '루게릭병'이라고 하는 데는 이런 사연이 있다. 게릭의 은퇴식에서 양키스는 그의 업적을 기려 4번을 영구 결번으로 지정했다. 게릭은 은퇴 2년 뒤 사망했다.

한국 프로 야구의 첫 영구 결번은 1986년 사망한 전 OB 베어스 포수 김영신의 54번이다. 입단 2년째 되던 해 물에 빠져 숨진 유망주에 대한 애도의 뜻으로 OB 구단이 영구 결번으로 지정했다.

리그 전체에서 영구 결번이 된 번호도 있다. 메이저리그와 북미 아이스하키 리그(NHL) 두 리그에서 전체 영구 결번이 나왔다. 야구에서는 인종 차별을 극복한 상징적 인물인 흑인 최초의 메이저리거 재키 로빈슨(Jack Roosevelt 'Jackie' Robinson, 1919~1972)이 달았던 42번이 영구 결번이다. 로빈슨이 첫 경기를 치른 4월 15일에는 메이저리그 모든 선수가 42번을 달고 경기를 뛰며 로빈슨을 추모한다.

메이저리그 사무국은 1997년 42번을 메이저리그 전 구단 영구 결번으로 지정했지만, 그 이전까지 42번을 달았던 선수들에게만은 은퇴할 때까지 42번을 쓸 수 있게 해 주었다. 2013년 은퇴한 뉴욕 양키스의 마무리 투수 마리아노 리베라(Mariano Rivera, 1969~)가 42번을 달고 뛴 마지막 선수다. 양키스는 '마리아노 리베라의 42번'도 영구 결번으로 지정했다.

NHL의 전설 웨인 그레츠키(Wayne Douglas Gretzky, 1961~)의 99번도 전 구단 영구 결번이다. 1980년부터 1987년까지 8회 연속 정규 리그 최우수 선수(MVP)에 오른 그레츠키는 아이스하키 역사상 가장 위대한 선수로 평가받는다. 1989년에 다시 한 번 MVP를 차지했고, 플레이오프 MVP에도 2차례(1985년, 1988년)나 선정돼 보유한 MVP 타이틀만 11개다. 이러니 그레츠키 이후 누가 99번을 달아도 '번호가 아깝다'는 이야기가 나올 것이 빤하다. 영구 결번이 아니었더라도 선수들이 달기 부담스런 번호였을 것이다. 99번을 달고 메이저리그에서 활약 중인 류현진처럼 종목이라도 다르다면 모를까.

03

02 더비
Derby
지역 라이벌 경기를 왜 '더비'라고 부를까?

스포츠에서 '더비(derby)'라는 단어는 대략 다음 두 가지 뜻으로 쓰인다.

첫 번째가 경마. 미국의 '켄터키 더비(Kentucky Derby)'나 영국의 '엡섬 다운스 더비(Epsom Downs Derby)' 같은 유서 깊은 경마 대회를 더비라고 부른다. 엄밀하게는 세 살이 된 경주마만 출전할 수 있는 경마 대회를 더비라고 한다. '코리안 더비' 역시 3세마 한정 대회다. '홍콩 더비'나 '싱가포르 더비', '인디안 더비'처럼 출전하는 말의 연령이 4세인 경우도 있지만, 대개는 3세마를 기준으로 한다. 더비라는 이름은 1780년 영국 엡섬 다운스에서 경마 대회를 주최한 더비 백작(에드워드 스미스-스탠리, Edward Smith-Stanley, 1799~1869)의 이름에서 유래했다.

두 번째 뜻은 지역 간의 라이벌 경기. 더비라는 말은 처음 럭비 경기와 축구 경기에서 시작했지만, 요즘은 다른 스포츠에도 많이 쓰인다.

라이벌전이 더비라고 불리는 이유에 대해서는 몇 가지로 의견이 갈린다. 우선 경마 대회 더비에서 따왔다는 설이 있다. 처음 큰 경마 대회를 지칭하던 더비가 경마 이외의 종목에서도 화제의 경기를 이야기할 때 쓰이기 시작했다는 것. 영국 럭비 리그의 세인트헬렌스(St. Helens)와 위건(Wigan)의 경기에 처음 더비라는 단어가 붙었다는 주장

영국 더비셔주의 소도시 애쉬본에서 열리는 슈로브타이드 풋볼 축제. 수많은 사람이 공을 좇아다니는 이 축제는 현대 럭비의 원형이다.

이 있다. 이 두 팀 간의 경기는 지금도 영국 럭비에서 최고의 라이벌전으로 통한다.

영국 더비셔(Derbyshire)주 애쉬본(Ashbourne)에서 12세기 초 시작된 '슈로브타이드 풋볼(Royal Shrovetide Football)'에서 비롯되었다는 설도 있다. 말이 풋볼이지 군중들이 규칙 없이 공을 좇아 몰려다니며 난투극을 벌이던 경기였다. 선수 수의 제한도 없었다. 그야말로 난장판 축제였다. 슈로브타이드라는 이름은 '재의 수요일(Ash Wednesday, 기독교에서 사순절을 알리는 날)' 직전 사흘간 벌이던 축제의 이름에서 따왔다. 이 경기가 현대 럭비와 축구의 기원이 되었다.

또 다른 설은 애쉬본에서 남동쪽으로 21킬로미터쯤 떨어진 더비

(Derby)라는 작은 도시에서 유래했다는 것이다. 이 설을 지지하는 이들은 19세기 중반 이 도시의 성 베드로(St. Peters) 팀과 올 세인트(All Saints) 팀이 벌인 축구 경기에서 더비라는 단어가 생겼다는 주장을 펼친다. 이 이론대로라면 더비는 럭비가 아닌 축구에서 처음 생긴 용어가 된다.

이렇듯 이론은 많아도 확실한 것은 더비가 영국에서 나온 단어라는 것. 19세기에 이미 더비라는 단어가 영어사전에 등재되었다고 한다.

잉글랜드 프로 축구에서 가장 오래된 더비는 머지사이드주 리버풀을 연고로 한 리버풀 FC(Liverpool FC)와 에버튼 FC(Everton FC)의 '머지사이드 더비'를 꼽는다. 1894년 첫 경기가 열렸으니 120년 이상의 역사를 가졌다.

영국 축구에서 시작된 더비는 전 세계로 퍼지면서 적용되는 종목과 의미가 다양해졌다. 같은 지역 라이벌뿐 아니라 리그의 라이벌전을 통칭하는 의미로 쓰이기도 한다. 이벤트에도 더비라는 단어가 쓰인다. 메이저리그 야구에서 1985년 시작된 '홈런 더비'가 대표적이다.

03 축구
03
Soccer
영국은 왜 축구 종주국으로 인정받나?

중국 송(宋)을 배경으로 한 고전『수호지(水滸誌)』에는 '고구(高俅)'라는 인물이 등장한다. 건달 출신이지만 축국(蹴鞠)을 잘해 훗날 휘종이 되는 단왕의 눈에 들어 고위직인 태위까지 올라간다. 소설 속에서 악역으로 등장하는데, 실존 인물이기도 하다. 고구가 잘했다는 축국은 지금으로 따지면 축구의 원조 격인 공차기 놀이다.

송나라 때 이미 축구 비슷한 놀이가 있었다는 사실보다 당시에 이미 축국이 1,000년 이상의 역사를 가진 놀이였다는 사실이 더 놀랍다. 사마천(司馬遷, BC 145?~BC 85?)의『사기(史記)』에는 이미 기원전 5세기경의 전국 시대에 시작된 발로 차는 공놀이가 유행했다는 기록이 있다.[01] 우리 민족도 삼국 시대부터 축국을 즐겼다.

이런 이유로 국제 축구 연맹(FIFA)은 가장 오래된 축구의 형태로 축국을 꼽는다. 물론 서양의 축구 역사도 만만치 않다. 기원전 400년경 것으로 추정되는 그리스 묘지석 유물에는 허벅지로 공을 다루는 청년의 모습이 새겨져 있다.

역사적 증거만 살펴봐도 축구가 가장 오래된 구기 종목이라는 데는 이견이 없다. 동서양 각국에는 축구의 뿌리라고 주장할 만한 고대 스포츠가 존재했다. 그럼에도 불구하고 현대 축구가 시작된 종주국을

축국을 하는 장면을 묘사한 송 태조 시절의 그림(위)과 공놀이하는 모습을 담은 기원전 400년경의 고대 그리스 유적의 묘지석(아래).

영국으로 보는 것은 세계 최초의 축구 협회(Football Association, FA)가 영국 잉글랜드에서 설립되었기 때문이다. 1863년의 일이다.

축구 협회가 설립되지 않았다면 축구는 '가장 오래된' 구기로 만족해야 했을지도 모른다. 축구가 세계적인 스포츠로 알려진 배경에는 '규칙(rule)의 명문화'가 자리 잡고 있다.

19세기 초반만 해도 통일된 축구 규칙이 없었다. 경기를 두 부분으로 나눠 각각 상대 팀의 규칙에 맞춰 경기를 치르기도 했다. 전·후반전이 생긴 연원이다. 1848년 케임브리지대학교에서 여러 학교들의 규칙을 모아 '케임브리지 규칙(Cambridge rules)'을 만들면서 규칙이 통일될 기미가 보였다.

규칙 통일의 열망을 해결한 것이 축구 협회다. 클럽과 학교 대표들이 모여 설립한 축구 협회에서 13개 조항의 축구 규칙을 처음 만든 것이다. 축구 협회는 이를 '축구 협회 규정집'이라는 책자로 만들어 명문화했다.

이 규정은 곧 세계로 퍼졌다. 영국에서 시작된 축구 규칙이 세계 각국으로 퍼져나간 데는 해외 각지를 무대로 활동한 영국 선원들의 공로가 크다. 축구 협회가 설립된 지 60년이 되지 않아 축구는 올림픽 정식 종목이 된다. 1920년의 일이다. 그리고 10년 뒤 우루과이에서 첫 월드컵 축구 대회가 개최되었다. 4년에 한 번 세계를 열광시키는 스포츠 이벤트가 이때 출범한 것이다. 축구는 규칙이 만들어지자마자 세계화의 길로 들어섰다. 다만 콧대 높은 영국만은 자국 대회에 너무 열중한 나머지 1950년 대회 이전까지는 월드컵에 참가하지 않았다.

이런 이유로 영국이 현대 축구의 종가(宗家)로 인정받는 점은 확실하다. 하지만, 월드컵에서 명성에 걸맞은 성적을 올리지 못한 것은 아이러니다. 영국의 4개 축구 협회(잉글랜드, 스코틀랜드, 웨일스, 북아일랜드) 중 우승 경력이 있는 것은 잉글랜드뿐이다. 그것도 1966년 잉글랜드가 개최한 제8회 월드컵에서의 일이다. 홈 어드밴티지 없이 우승한 경험이 없다. 우승을 제외하면 잉글랜드가 4강에 오른 것도 두 차례뿐이다. 자타 공인 축구 종주국이라는 영국으로서는 자존심이 상할 만한 일이다.

03/04 월드컵
FIFA World Cup
월드컵에 영국만 4개 팀이 출전하는 건 특혜일까?

4년마다 열리는 월드컵. 축구를 통한 각국의 대리전이라는 말이 나올 만큼 인기를 얻고 있는 대회다. 그런데 월드컵을 볼 때마다 불공정하다고 생각되는 부분이 있다. 영국(UK, United Kingdom) 때문이다.

월드컵은 국가 대항전인데, 왜 '영국(UK)'이 아니라 '잉글랜드(England)'가 출전하는 것일까. 물론 본선에 자주 오르는 팀이 잉글랜드여서 잉글랜드가 익숙할 뿐이지, 영국은 월드컵에 잉글랜드 외에 스코틀랜드(Scotland), 웨일스(Wales), 북아일랜드(Northern Ireland) 등 4개 팀이 예선부터 출전한다. 한 나라에서 4개 팀 출전이라니. 영국이 축구 종주국이어서 '특혜'를 받고 있는 것일까? 오히려 4개 팀이 연합하면 더 좋은 성적을 거둘 수 있지 않을까?

영국이 월드컵에 4개 팀이나 출전시키는 이유를 알아보려면 그 전에 축구, 즉 사커(soccer)라는 단어의 기원을 살펴볼 필요가 있다. 사커는 협회 축구(Association Football)에서 나온 단어다. 19세기 영국에서 럭비 풋볼(rugby football)과 축구(손을 쓰지 않는 현대의 축구)를 구분하기 위해 만든 말이다. 협회(association)가 주관하는 축구라는 뜻인데, 어원만 봐도 당연히 축구 협회(Football Association)에서 그 규칙이 유래했다는 것을 알 수 있다.

세계 최초의 축구 협회는 1863년 설립된 잉글랜드 축구 협회다. 외국에서 부를 때는 잉글랜드 축구 협회라고 부르지만 실제로 영국 사람들은 지금까지도 그냥 축구 협회(The Football Association, FA)라고 부른다. 가장 처음 생긴 협회인 만큼 굳이 앞에 지명을 붙일 이유가 없었다. 그 뒤를 이어 1873년 스코틀랜드 축구 협회, 1876년 웨일스 축구 협회, 1880년 북아일랜드 축구 협회가 차례로 설립되었다. 초기 축구 협회가 설립된 이들 4개 지역을 '홈 네이션(Home Nations)'이라고 부른다. 반면 프랑스를 중심으로 만들어진 각국 축구 협회의 모임, 즉 국제 축구 연맹(Federation Internationale de Football Association, FIFA)이 설립된 것은 1904년의 일이다.

여기서 또 하나 알아야 할 사실. 월드컵은 사실 국가 대항전이 아니라 축구 협회 간의 대결이라는 점이다. FIFA가 대부분 국가에서 1개의 축구 협회만을 인정하기 때문에 국가 대항전이라는 인식이 굳어졌을 뿐이다. 한 국가에 여러 개의 축구 협회가 있는 사례가 몇몇 있는데, 우선 중국에 속한 홍콩과 마카오도 자체 축구 협회 자격으로 월드컵 예선에 출전하고 있다. 덴마크 자치령인 포레오 군도, 네덜란드령인 앤틸러스 열도, 미국령인 사모아 등도 자체 축구 협회 자격으로 국제 축구 대회에 출전한다. 이들 축구 협회 대표팀이 월드컵 본선에서 뛰는 모습을 보기는 어렵겠지만. 이런 이유로 FIFA 회원은 국제 연합(UN) 가입국보다 많다.

어쨌든 FIFA보다 먼저 설립된 홈 네이션 축구 협회들에게 FIFA 주관

1964년 제8회 월드컵에서 영국 여왕인 엘리자베스 2세가 잉글랜드 팀의 주장 보비 무어에게 우승 트로피를 수여하는 장면. 잉글랜드는 축구 종주국임을 자부하지만, 자국에서 열린 대회 이외에는 우승 경력이 없다.

대회에 참가하기 위해 협회를 통합하라거나 팀을 하나로 꾸리라고 요구하는 것은 처음부터 앞뒤가 맞지 않는다. 게다가 영국이 어떤 나라인가. 잉글랜드와 스코틀랜드, 북아일랜드, 웨일스라는, 전혀 다른 역사적 배경을 가진 지역이 어쩔 수 없이 한 울타리 안에 살고 있는 곳 아닌가. 왕권을 가진 잉글랜드가 다른 지역을 통치하는 형국인데, 원래 영국에 속했던 아일랜드는 1937년 독립했고, 스코틀랜드도 걸핏하면 독립을 외치고 있다. 북아일랜드에서도 최근 영국을 떠나 아일랜드와 통일하자는 목소리가 만만치 않게 높아지고 있다.

역사적 배경으로 보면 영국이 월드컵에 4개 팀을 출전시키는 것은 자신들의 권리를 주장하는 것에 가깝다. 정치적 배경을 고려한다면 앞으로도 영국이 단일팀으로 월드컵에 출전할 가능성은 크지 않아 보인다.

영국은 올림픽에서도 1964년 이후로는 단 한 차례를 제외하고는 단일팀으로 출전한 적이 없다. 각 축구 협회의 갈등이 커지면서 국가 차원의 단일팀 구성이 되지 않았기 때문인데, 1964년 이후 유일하게 단일팀(비록 잉글랜드와 웨일스 선수들로만 구성되었지만)으로 출전한 대회는 자국에서 열린 2012년 런던 올림픽이다.

승강제
Promotion and Relegation

프로 야구에는 왜 프로 축구처럼 '승강제'가 없을까?

한국 프로 축구는 1부 리그(K리그 1)에서 성적이 나쁘면 이듬해에는 2부 리그(K리그 2)에서 뛰어야 한다. 반대로 2부 리그에서 1부 리그로 올라오는 팀도 있다. 승강제(昇降制) 때문이다. 반면 프로 야구에서는 10개 구단 가운데 꼴찌를 해도 다음해 여전히 같은 리그에서 우승 경쟁을 펼칠 수 있다. 야구에는 퓨처스 리그라는 2군 리그가 있지만 이는 각 구단이 운영하는 2군 팀들 간의 리그일 뿐 승강제와는 상관없다. 프로 농구, 프로 배구도 마찬가지다.

승강제는 미국을 제외한 대부분 국가의 프로 축구 리그에 도입된 제도다. 유럽에서는 축구뿐 아니라 농구나 야구에도 승강제를 도입한 리그가 있다. 이에 반해 미국에서는 프로 야구뿐 아니라 프로 농구(NHL)나 프로 풋볼(NFL), 아이스하키(NHL), 축구(MLS)에서 승강제가 없는 프랜차이즈 시스템으로 운영된다.

양쪽 모두 나름대로 잘 운영되고 있는 것을 보면, 어느 쪽이 맞고 어느 쪽이 틀린 문제는 아니다. 선택의 문제일 뿐. 이런 차이는 어떻게 생겼을까?

승강제가 생긴 이유는 비교적 간단하고 명확하다. 너무 많은 팀들이 한 리그에서 뛸 수 없었기 때문이다. 승강제의 기원이 된 잉글랜

2018/19 FA컵에서 맞붙은 밀월 FC(Millwall FC)와 에버턴 FC(Everton FC)의 경기. 잉글랜드 FA컵은 FA에 속한 12개 리그의 프로와 아마추어 클럽들이 토너먼트 방식으로 경기를 치르며 우승자를 가리는 대회다. ⓒ Cosmin Iftode

드 프로 축구는 이미 1889년에 12개 팀씩 2개의 클래스(class)를 두기로 합의했다.[02]

애당초 프로 팀이 아니라 클럽을 중심으로 발전한 축구에서 팀을 새로 만드는 것을 제한할 수 없었고, 그렇다고 이렇게 생긴 팀들을 하나의 리그에 몰아넣을 수는 없었으므로 승강제라는 제도가 고안된 것이다. 잉글랜드 축구 리그가 아마추어와 프로가 혼재하는 축구 협회(FA)라는 거대 조직에서 발전해 나간 점도 승강제 정착에 한몫을 했다. 무엇보다 팀이 리그를 옮기는 데 거부감이 없었다.

미국에서 태동한 프로 야구는 폐쇄적인 프랜차이즈 시스템이 기본 운영 방침이다. 1869년 조직된 미국 최초의 프로 야구팀 신시내티 레드스타킹스(Cincinnati Red Stockings)가 폭발적인 인기를 얻으면서 그 뒤를 이어 프로 팀들이 앞다퉈 창단되었다. 이들이 모여 1875년 내셔널 리그라는 프로 리그를 만들었다. 이즈음 내셔널리그를 제외하고도 많은 군소 리그들이 탄생했지만 결국은 내셔널 리그에 평정되었다. 1901년 출범한 아메리칸 리그만이 내셔널리그의 팬을 빼앗으며 경쟁자로 성장했다. 각각 8개 팀으로 시작한 내셔널 리그와 아메리칸 리그, 이 양대 리그는 메이저리그(MLB)를 구성하며 자신들의 '밥그릇'을 공고히 했다.

진입 장벽이 높다 보니 폐쇄적인 리그 운영이 보장되었다. 굳이 승강제 따위를 도입할 이유가 없다. NFL, NBA 등 다른 프로 스포츠의 발전 과정도 비슷하다. '그들만의 리그'를 벌이기 때문에 박진감이 떨어진다는 지적도 있었지만, 드래프트를 통해 팀 전력의 평준화를 꾀하고 플레이오프(Play Off) 제도를 도입해 이런 단점을 상쇄하면서 리그의 경쟁력을 유지하고 있다.

03 / 06 프로 야구
Professional Baseball
돈을 내고 하는 경기에서 돈을 받고 하는 경기로

친선 경기로 치러지는 스포츠 이벤트가 많지만, 과열 양상으로 들어가면 더 이상 친선이라는 의미를 잃게 된다. 이벤트에 돈이라도 걸린다면 확실히 친선이라고 말하기 어렵다. 프로 스포츠도 이런 과정에서 탄생했다.

미국에서는 19세기부터 야구의 인기가 높아지고 있었다. 지역별로 수많은 클럽들이 경기를 벌였다. 1842년 뉴욕에서 알렉산더 카트라이트(Alexander Joy Cartwright, 1820~1892)가 설립한 '니커보커 야구 클럽(Knickerbocker Baseball Club)'이 처음으로 규칙을 명문화하고 이를 주변 클럽과 통일하면서 야구는 전국구 스포츠로 발돋움했다. 니커보커 야구 클럽은 유니폼을 입은 첫 클럽으로 기록되어 있기도 하다.[03]

초창기 야구 클럽은 상업성을 배제하고 친목을 도모한 일종의 사교 단체였다. 재정적 자립을 위해 선수는 돈을 내고 클럽에 가입해야 했

뉴욕을 연고지로 하는 니커보커 클럽이 결성되면서 야구 클럽 창설이 잇따랐다. 사진은 니커보커 클럽 멤버들이며, 뒷줄 가운데가 설립자인 알렉산더 카트라이트다. 니커보커(Knickerbocker)는 '뉴욕에 정착한 네덜란드인의 자손' 또는 '뉴욕 시민'을 일컫는다.

다. 니커보커 야구 클럽의 경우 2달러의 가입비와 연 5달러의 회비를 내야 회원이 될 수 있었다. 경기에서도 품위 유지가 우선 조항이었는데, 1846년 열린 한 경기에서는 욕설을 했다는 이유로 참가 선수가 6센트의 벌금을 부과당하기도 했다. 야구는 점점 더 큰 인기를 끌어 19세기 중반 뉴욕에서는 50개의 성인 야구 클럽이 경기를 벌일 정도였다.

인기는 곧 돈이다. 1858년 설립된 전미 야구 선수 협회(National Association of Base Ball Player, NABBP)의 규칙에는 '선수들은 정직하게 행동해야 하며, 선수들에게 금전적 보상을 할 수 없다'는 조항이 들어 있었지만 이 조항은 몇 년 안에 현실적으로 의미 없는 것이 되어 버렸다.

당시에도 야구 경기에 1만 명 이상의 관중이 몰려드는 것은 흔한 일이었다. 야구장 소유주들은 관중들에게 10센트에서 50센트 정도의 입장료를 받았고, 야구 클럽들은 그 수익의 일부를 요구했다. 클럽의 수익은 얼마 지나지 않아 선수들에게도 배분되었다. 1860년 브루클린 엑셀시어(Brooklyn Excelsiors) 야구 클럽의 제임스 클레이튼(James Creighton, Jr. 1841~1862)이라는 투수가 처음으로 경기를 하고 돈을 받았다.

1867년 시카고 엑셀시어 야구 클럽의 투수 앨버트 스팰딩(Albert Spalding, 1849~1915)은 주급 40달러를 보수로 받았다. 이때부터 경기를 하면서 정기적으로 보수를 받는, 말하자면 프로 선수의 시대가 열렸다. 하지만 그 당시만 해도 모든 선수들이 돈을 받은 것은 아니다. 팀 전체 인원에게 공공연하게, 그리고 정기적으로 보수를 지급했다는 점에서 1869년 창설된 신시내티 레드스타킹스는 최초의 프로 야구팀이라는 의미를 부여할 만하다. 지금도 메이저리그(MLB)의 신시내티 레즈(Cincinnati Reds)는 레드스타킹스의 전통을 이어받은 최초의 프로 야구팀이라는 점을 내세우고 있다.

프로 야구가 생길 조짐은 이미 몇 년 전부터 싹트고 있었다. 승부 조작이 그것이다. 인기는 있지만 돈을 받지 못하는 선수들을 도박사들은 검은 돈으로 유혹했다. 선수들이 경기에 따른 금전적인 보상을 받지 못한다는 조항이 있었던 만큼 유혹은 더 컸다.

야구사에 기록된 최초의 부정 경기는 1865년 9월 28일에 치러졌다.

MLB 최악의 승부 조작 사건인 '블랙 삭스 사건'에 연루되어 영구 제명된 시카고 화이트삭스 선수들. 상단의 '이들의 얼굴을 반드시 기억하라(Fix these face in your memory)'라는 문구가 대중의 분노를 대변한다. 이들의 이야기는 영화 〈에잇맨 아웃〉(1988)과 〈꿈의 구장〉(1989) 등에 나온다.

케인 맥라린이라는 도박사가 뉴욕 뮤추얼스(New York Mutuals) 팀 포수 윌리엄 웬슬리를 100달러에 매수했던 것. 웬슬리는 2명의 다른 선수와 돈을 나눠 가진 뒤 경기 중 일부러 실수를 범해 팀이 브루클린 에크퍼드에게 패하는 데 빌미를 제공했다.

우여곡절 끝에 프로 야구가 탄생했지만 승부 조작의 검은 유혹을 뿌리칠 만큼 선수들의 보수가 후한 것은 아니었다. 프로 야구까지 이어진 승부 조작은 1919년 시카고 화이트삭스가 월드시리즈에서 신시내티 레즈에 고의로 패배하는 사건으로 정점을 찍는다. 훗날 일부러 경기를 망친 사실이 밝혀지면서 화이트삭스 선수 8명이 야구계에서 영구 제명된 사건이 일어났다. 이른바 '블랙 삭스 스캔들(Black Sox Scandal)'이다.

03 / 07 농구
Basketball
한국과 미국 프로 농구의 경기 시간은 왜 다를까?

축구나 야구, 럭비 등은 오랫동안 계승된 전통 놀이에 뒤늦게 규칙을 덧붙여 만든 스포츠인 반면 농구는 '창안자'가 명확하다. 배구와의 공통점이다.

현재 전 세계적으로 인기를 누리고 있는 농구의 역사는 그리 길지 않다. 불과 140년쯤 전인 1891년 미국에서 캐나다 출신 체육 교육자가 고안했다. 미국 매사추세츠주 스프링필드 YMCA 부설 체육 교실의 교사 제임스 네이스미스(James Naismith, 1861~1939)가 겨울철 운동용으로 만든 스포츠다. 경기 규칙은 축구공을 체육관 양쪽 난간에 붙여

1891년 농구가 창안되던 당시의 농구 바스켓

놓은 복숭아 상자에 던져 넣는 것. 지금 농구의 바스켓 높이가 10피트(3.05m)인 것은 당시 체육관 난간 높이가 10피트였기 때문이다. 최초의 농구 경기는 1892년에 열렸다.

농구는 엄청나게 빠른 속도로 전파되었다. 겨울 스포츠로 시작됐지만 꼭 겨울에만 하는 스포츠는 아니었다.

경기가 창안된 지 7년 만인 1898년에 이미 돈을 받고 순회하면서 지역 팀들과 경기를 벌이는 '프로 팀'이 생길 만큼 인기가 높았다. 그러나 당시의 프로 팀은 주로 순회 경기가 목적이었고, 실제 농구는 대학을 중심으로 발전해 갔다. 농구가 처음 시작되었던 때 전후반 15분씩이었던 경기 시간이 전후반 20분씩으로 늘어난 것은 20세기 초의 일이다. 1932년 출범한 국제 농구 연맹(FIBA) 규칙도 전후반 20분씩이었다.

1937년 NBL(National Basketball League)이라는 프로 리그가 출범하면서 미국 농구는 본격적인 프로화의 길로 들어섰다. 하지만 경기 시간에 중대한 변화가 생긴 것은 그로부터 9년 뒤, 새로운 프로 리그 BAA(Basketball Association of America)가 시작되면서부터다. 전후반 20분씩이던 경기를 4쿼터로 나누고 각각의 쿼터를 12분씩으로 배정해 전체 경기 시간을 8분 늘렸다. 관중들에게 긴 시간의 볼거리를 제공하겠다는 의미였다. 프로 팀으로서도 경기 시간이 길면 길수록 경기장의 식음료 판매가 늘어나기 때문에 나쁠 것이 없었다. BAA는 1949년 NBL을 흡수 통합해 현재의 NBA(National Basketball Association)로 발전했다.

1954년, 농구 역사에 획을 그은 규칙이 하나 더 도입되었다. 공격권을 가진 팀은 24초 안에 슛을 해야 한다는 '24초 룰', 이른바 '샷 클락(shot clock) 제도'가 적용된 것이다. 당시 NBA는 선수들의 느린 플레이와 적은 스코어 때문에 점차 관중들로부터 외면당하고 있었다. 경기에 앞서고 있는 팀은 공격권을 돌리면서 시간을 보냈다. 섣불리 슛을 던

농구를 창시한 제임스 네이스미스의 동상. 그의 고향인 캐나다 온타리오주 알몬테에 있다.

졌다가 공격권을 빼앗기느니 확실히 승리를 지키자는 작전이었다. 양 팀이 100득점 이상 올리는 경기가 속출하는 지금의 NBA를 보면 이해하기 어렵지만, 1950년 11월 22일, 포트웨인 피스톨스가 미니애폴리스 레이커스를 이겼을 때의 최종 스코어가 19 대 18이었다.

추락하던 NBA의 인기를 되살린 인물이 시러큐스 내셔널스의 구단주 대니얼 바이어손(Daniel Biasone, 1909~1992)이다. 그는 한 경기에서 팀별 평균 60개의 슛을 던진다는 통계에 착안해 한 경기 48분(2,880초)을 120으로 나눠 공격 시간을 강제했다. 공격권을 가지면 무조건 24초 안에 슛을 던지도록 한 것이다. 팀당 '평균 슛 개수'를 '최소 슛 개수'로 만들면서 경기 흐름이 빨라지고 스코어가 늘어났다. 경기가 박진감 있게 바뀌면서 NBA는 극적으로 기사회생하게 된다.

2년 뒤 FIBA(Fédération Internationale de Basket-ball, 국제 농구 연맹)도 이를 본떠 30초 샷 클락 제도를 운영하기 시작했다. FIBA는 2000년부터 샷 클락을 NBA와 같은 24초로 줄였다.

'농구 종주국'의 자존심일까. 경기 시간뿐 아니라 다른 몇몇 규칙에서도 미국은 국제 규칙과는 다른, 자기들만의 규칙을 고집한다. NBA에서는 5파울이 아니라 6파울이 퇴장 조건이다. 3점 슛 라인 거리도 국제 규격(6.75m)보다 긴 7.24m다.

대학 농구만의 독특한 규칙도 있다. 몇 차례 변화를 겪은 끝에 자리 잡은 FIBA의 국제 규칙은 경기 시간이 10분 4쿼터지만, 미국 대학 농구는 아직도 전후반 20분씩의 경기 시간을 고수하고 있다. 1951~52 시즌에 4쿼터제를 도입한 적이 있었으나 3시즌 만인 1954~55 시즌부터 전후반제로 되돌아갔다. 샷 클락 역시 남자는 35초, 여자는 30초로 국제 규칙보다 길다. 대학 경기에서 득점이 상대적으로 적은 이유다.

대부분의 규칙을 국제 규칙에 따라간 한국 프로 농구도 10분 4쿼터의 경기 시간을 지키고 있다. NBA처럼 48분 경기를 벌이는 리그도 있다. 중국 농구 리그(CBA)는 한 쿼터 12분씩 4쿼터 경기를 치른다. 필리핀 농구 리그(PBA)도 48분 경기를 한다. 반면 유럽에서는 12분 4쿼터 경기를 하는 나라는 거의 없다.

03 / 08 미식축구
American Football
대통령이 나서서 '폭력 자제'를 중재한 거친 스포츠

우리나라에서 미식축구 경기는 주로 대학 팀을 중심으로 펼쳐지기 때문에 관전할 기회가 많지 않다. 그런데도 의외로 팬이 많은 스포츠 종목이다. 한국 대학 팀의 팬이라기보다는 주로 미국의 프로 미식축구(National Football League, NFL)를 좋아하는 팬들이다. 지역별로 촘촘한 라이벌 구도가 형성된 미국 대학 축구에 관심을 가지는 팬들도 제법 있다.

미식축구의 뿌리는 축구와 럭비다. 미국 이외의 나라에서는 미식축구라고 하지만, 미국인들은 그냥 축구, 풋볼(football)이라고 부른다. 한 뿌리에서 나왔다고는 해도 경기장에서 뛰는 한 팀 선수가 11명이라는 점을 제외하고는 축구(Soccer)와 닮은 점이 거의 없다. 공을 발로 차는 경우도 제한적이다.

미식축구는 미국만의 전통을 가진, 가장 미국적인 스포츠로 통한다. 캐나다에도 비슷한 스타일의 스포츠가 있지만, 한 팀에 11명이 아니라 12명이 출전하는 등 규칙에서 미묘한 차이가 있어 캐나디언 풋볼(Canadian football)이라는 다른 이름으로 불린다. 오지 룰(Aussi rule)로도 불리는 호주 풋볼(Australian rules football)은 풋볼이라기보다 럭비에 더 가깝다.

미식축구의 규칙과 경기 방식은 복잡하기로 유명하다. 선수 교체 시기와 인원에 제한이 없어서 공격과 수비, 심지어 킥오프 때의 출전 멤버가 다 다르다. 패스를 주거나 받는 포지션과 상대 수비를 블로킹하는 포지션이 나누어져 있을 만큼 역할 분담도 철저하다.

오랜 기간 진화한 스포츠인 것처럼 보이지만 알고 보면 미식축구의 역사는 의외로 짧다. 1860~70년대 미국 대

미식축구의 규칙을 정립한 월터 캠프. 사진은 예일대 미식축구 팀의 주장이던 1878년에 찍은 것이다.

학들에서 럭비를 변형해 새로운 경기를 만들어 즐기던 것이 시초다. 초기에는 규칙이 통일되지 않았기 때문에 홈팀이 정한 규칙에 따라 경기를 펼쳤다.

19세기 후반 예일대 미식축구 팀의 주장이자 훗날 코치를 지낸 월터 캠프(Walter Camp, 1859~1925)가 오늘날과 비슷한 미식축구 규칙을 만들었다. 미식축구 보급에 속도가 붙은 것도 이즈음이다. 캠프는 '미식축구의 아버지'로 불린다.[04]

몸을 사리지 않는 거친 태클은 미식축구에서 빼놓을 수 없는 요소다. 지금도 미식축구 중계를 보다 보면 과격한 플레이에 혀를 내두를 때가 있다. 보호 장구를 했다고 해도 늘 부상의 위험이 도사리고 있다.

하지만 이런 플레이도 초기 미식축구에 비하면 장난 수준이다. 20세

미식축구의 위험성을 묘사한 1908년의 카툰

기 초 미식축구는 더 거칠었다. 당시에는 스크럼을 짠 상태로 상대 선수를 짓뭉개는 행위도 예사롭게 벌어졌고, 경기와 상관없이 상대를 몰아붙이는 플레이로 부상을 유발하기도 했다. 때문에 대학 팀 간 경기에서 부상자와 사망자가 속출했다. 1905년 한 해에만 미식축구를 하다 죽은 선수가 18명, 다친 선수가 150명이나 되었다.

지나치게 폭력적인 경기가 문제가 되자, 1905년 시오도어 루스벨트 (Theodore Roosevelt, Jr., 1858~1919) 대통령이 미국의 주요 대학 팀 대표들을 백악관으로 초청했다. 자타 공인 미식축구 팬이었던 그는 대학 팀 대표들에게 과격한 플레이를 자제해 줄 것을 요청했다.[05] 이를 계기로 미식축구 플레이는 점차 순화되었다.

미국에서 APFL(American Professional Football League)이라는 프로 리그가 처음 결성된 것은 1920년이다. 2년 뒤 APFL은 NFL로 이름을 바꾸었다.

미식축구는 천문학적인 돈을 벌어들이는 프로 선수들로도 유명하다. 프로 리그 출범은 20세기의 일이지만, 프로 선수는 19세기에 탄생했다. 1892년 피츠버그의 미식축구 팀인 앨리게니 경기 협회(Allegheny Athletic Association)가 당대 최고 선수로 평가받던 윌리엄 헤펠핑거(William Heffelfinger, 1867~1954)에게 500달러를 주고 라이벌 팀인 피츠버그 경기 클럽(Pittsburgh Athletic Club)과의 경기에 뛰어 줄 것을 요청한 것. 이 경기로 헤펠핑거는 최초의 프로 미식축구 선수로 기록되었다.

100여 년 전에 500달러라는 돈이 적지 않은 금액이었겠지만, 요즘 NFL 쿼터백 평균 연봉이 600만 달러를 웃도는 것과는 비교할 바가 못 된다. 하기야 뭐든 창대한 끝의 시작은 미미한 것이긴 하지만.

03 / 09 배구
Volleyball
자유가 없는 '자유인' 리베로

농구에서 '24초 룰'이 경기의 흐름을 바꾸었다면, 배구에는 '리베로 (libero)' 포지션의 도입이 비슷한 역할을 했다. 차이가 있다면 '24초 룰'은 공격을 강제하기 위한 규칙인 반면, 리베로는 수비를 강화하기 위해 만들어진 포지션이라는 점이다. 전광석화에 비견되는 강 스파이크를 몸을 던져 '디그(dig, 배구에서 스파이크나 백어택을 수비하는 행위)'해 내는 리베로의 플레이를 보면 경이로운 느낌마저 든다.

농구와 마찬가지로 배구도 미국에서 태어났다. 하지만 미국에 세계 최고의 프로 리그를 두고 있는 농구와 달리 프로 배구는 미국 이외 지역에서 더 많은 인기를 끌고 있다. 그렇다고 미국 배구의 수준이 떨어진다는 말은 아니다. 미국 배구 대표 팀은 남녀 모두 항상 올림픽 메

배구를 창안한 윌리엄 모건

달 후보로 거론될 만큼 최상급의 실력을 인정받고 있다.

배구가 19세기 말 YMCA에서 시작되었다는 점은 농구와 동일하다. 창안자는 윌리엄 모건(William George Morgan, 1870~1942). 매사추세츠주 홀리오크의 YMCA 소속이었다. 1895년 모건의 아이디어로 시작된 배구는

20세기 초 제1차 세계 대전을 계기로 유럽을 비롯한 세계에 전파되었다. 한국에는 YMCA 운동부 고문이었던 미국인 선교사 바이런 반하트(Byron P. Bahnhart)가 1916년 소개했다.

재미있는 사실은 초창기 배구가 야구처럼 '이닝제'로 진행되었다는 점이다. 한 팀당 3차례의 서브를 하는 9이닝 경기였다. 특히 처음에는 팀당 경기 인원의 제한이 없어 1 대 1 대결도 가능했다. 그러다 보니 당연히 더블 터치를 포함한 '에어 드리블'도 허용되었다. 팀원이 3명 이하인 경우는 팀원 수만큼의 서브가 허용되었다. 테니스처럼 세컨드 서브가 있었던 점도 지금과는 다르다.

이닝제 경기 방식은 곧 21점제(1900년), 15점제(1916년) 등 점수제로 바뀌었고 세컨드 서브도 사라졌다. 이 시기 6인제 경기가 도입되었다.

이후 계속 변화한 배구 규칙은 주로 박진감 넘치는 경기 스타일을 구현하는 데 초점이 맞추어졌다. 빠르고 공격적인 플레이가 강조되었다. 특히 1968년 후위 선수가 공을 넘길 때 공격 라인 뒤에서 점프하기만 하면 착지할 때는 라인을 넘어도 상관없다는 규칙이 생기면서 경기 스타일에 큰 변화가 생겼다. 전·후위를 가리지 않고 스파이크를 때리는 전천후 공격수들이 등장한 것.

1988년 기존의 15점 사이드 아웃(side out, 서브한 팀이 득점해야 1점을 얻는 방식, 득점을 못하면 서브권이 넘어간다)을 대체한 25점 랠리 포인트 시스템 역시 경기가 늘어지는 것을 방지하기 위해 나온 고심의 결과물이다. 서브 블로킹이 폐지된 이후 등장한 스파이크 서브는 공격 배구의 정점을 찍었다.

하지만 무조건 공격 측면만 강조한다고 해서 경기가 흥미로워지는 것은 아니다. 공격수의 기량이 향상되다 보니 배구 특유의 아기자기한 랠리가 사라졌다. 여자 경기는 그나마 랠리가 진행되지만, 남자 경기에서는 스파이크 한 번, 서브 한 번으로 득점이 올라가는 경우가 많았다. 이때 구원병으로 등장한 포지션이 1997년 등장한 수비 전담 선수, 리베로다.

리베로는 이탈리아어로 '자유'를 뜻한다. 세트당 6번으로 제한된 선수 교체 횟수에 상관없이 후위 공격수와 자유롭게 교체할 수 있다는 의미에서 이런 이름이 붙었다. 하지만 그것을 제외하고는 오히려 자유와는 거리가 먼 포지션이다. 서브나 블로킹도 할 수 없고 공격 라인 앞쪽에서 오버 핸드 패스, 즉 토스를 해 줄 수도 없다. 팀의 주장을 맡을 수도 없는 포지션이다.

리베로의 역할은 수비 전담. 주로 리시브나 디그가 약한 장신의 센터 선수를 대신해 수비를 하는 것이 임무다. 다른 포지션의 선수들이 공격이나 수비에 제약이 없는 것과는 달리, 리베로는 수비에 특화된 '전문직'이다. 위치 선정과 반사 신경이 뛰어난 선수가 리베로를 맡는다. 공격은 하지 않기 때문에 신장은 그다지 중요하지 않다.

리베로 제도가 도입되면서 배구의 흐름이 다시 바뀌었다. 랠리가 길어진 만큼 관중들에게 주는 재미도 늘었다. 스파이커의 화끈한 공격만큼이나 화려한 것이 코트를 뒹굴며 공을 받아내는 리베로의 '디그 쇼'다.

　선수의 '가능성'을 넓혔다는 점에서도 의미가 크다. 어린 시절 배구를 시작한 선수들 중에는 자라면서 키가 생각만큼 자라지 않아 배구를 포기하는 경우가 있었다. 세터 포지션이 아니면 키 작은 선

배구에서 수비 전문 플레이어인 리베로는 다른 포지션의 선수와 구별하기 위해 경기 중에 다른 색깔의 유니폼을 입는다. 리베로의 등장으로 랠리가 다소 길어지면서 배구 흥행에 큰 역할을 했다.

수는 찾아보기 어려웠다. 그러나 리베로가 생기면서 신장이 작은 선수도 얼마든지 배구를 계속할 수 있는 기회가 열렸다. 공격수를 할 때보다 리베로로 전향해 더 좋은 활약을 펼치는 선수들도 많다. 다른 배구 포지션에 비해 역사가 짧지만, 이제 리베로 없는 배구는 상상할 수 없을 정도로 중요한 포지션이 되었다.

03/10 당구
Billiards
당구공을 만들다 발명한 플라스틱

옛날 한국 영화를 보면 담배 연기 가득한 당구장에서 '아저씨'들이 내기 당구를 치며 시간을 보내는 장면이 간혹 나온다. 과거에는 당구가 주로 성인 남자들이 즐기는 스포츠였다. 유해 업소라는 꼬리표가 붙어 있던 당구장은 청소년의 출입이 금지되었다. 1993년 당구장을 미성년자 출입 제한 업소로 규정한 법은 위헌이라는 판결이 나오기 전까지는 여성 당구 동호인을 찾기도 어려웠다. 남녀는 물론 노소를 가리지 않고 즐기는 건전한 실내 스포츠로 자리 잡은 지금의 상황과 비교하면 격세지감이다. 당구 경기를 전문적으로 중계하는 케이블TV 채널이 생길 정도로 저변이 확대되었다. 거액의 상금을 내건 프로 리그도 출범했다.

사실 스포츠 측면으로만 보면 당구에서 유해 요소를 찾기 어렵다. 오히려 과거 '청소년 출입 금지'라는 규제 때문에 성인들만 모이다 보니 흡연이나 내기 같은 불건전한 요인이 따라붙었다. 규제가 악습을 불러온 일례다. 어쨌든 이런 배경을 가진 한국과 달리 국제적으로는 당구가 일찌감치 실내 스포츠로서의 위상을 굳혔다. 아시아 경기 대회 정식 종목이기도 하다.

당구를 언제, 누가 발명했는지 또는 어디서 처음 시작되었는지에 대

당구의 초기 형태는 잔디밭에서 공을 맞히고 게이트에 넣는, 일명 로운 게임(lawn game) 게임을 실내로 옮겨온 것이었다. 그림은 1620년대에 귀족들이 초기의 당구를 즐기는 모습니다.

해서는 명확히 알려져 있지 않다. 다만 유럽에서 지금처럼 사각형 테이블에서 공을 맞히는 경기가 생긴 것은 15~16세기경으로 보고 있다. 19세기 들어 대중적인 레저 스포츠로 자리 잡았다.

4구 종목이건, 3구 종목이건, 아니면 포켓볼이건 당구의 묘미는 공에 회전을 주면서 플레이어가 공의 움직임을 조정할 수 있다는 데 있다. 묘기를 방불케 하는 예술구도 회전을 주는 당구의 기교 때문에 가능한 일이다.

당구공에 회전을 줄 수 있게 된 것은 19세기 초 영국에서 발명된 당구용 '초크(chalk, 백묵)' 덕이다. 사실 초크는 당구와 상관없이 그 이전부터 있었던 것이니 발명이라는 말이 어울리지 않을지도 모른다. 사용하는 방법을 '발견'해 낸 것일 뿐. 어쨌든 이 초크를 큐 끝에 바르면 마찰을 높일 수 있어 공에 회전을 줄 수 있다. 그 후 얼마 지나지 않아 프랑스에서 큐 끝에 가죽 조각을 붙이는 방법이 개발되어 회전력을 더 높일 수 있게 되었다. 돌려치기, 끌어치기, 밀어치기 같은 당구 기술이 발전하는 밑거름이 되었다.

큐가 당구의 기술 발전에 이바지했다면 당구공은 당구의 대중화에 기여했다. 처음 돌이나 나무로 만들었던 당구공은 17세기부터는 상아로 만들었다. 상아 당구공은 19세기까지 사용되었는데, 코끼리 남획으로 개체수가 줄어 상아 값이 폭등하면서 도저히 당구공을 만들 수 없는 지경까지 이르렀다.

이 때문에 미국의 한 당구 용품 회사에서 '상아를 대체할 재료의 발명'에 1만 달러의 상금을 내걸었고, 이에 자극받은 사람들이 잇따라 당구공 신소재 개발에 나섰다.

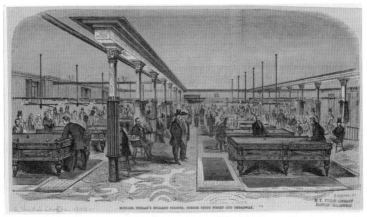

당구공 소재 개발에 1만 달러의 상금을 내건 마이클 펠란(Michael Phelan)이 운영한 당구 살롱을 묘사한 그림. 맨해튼 브로드웨이에 있었다. 미국의 발명가 하이엇이 소재 개발에 도전했고, 그 부산물로 탄생한 것이 플라스틱이다.

이 과정에서 뜻밖의 부산물이 생겼다. 존 웨슬리 하이엇(John Wesley Hyatt, 1837~1920)이라는 발명가가 1869년 니트로셀룰로오스라는 소재를 이용해 '셀룰로이드'라는 단단한 새 물질을 발명했다. 하이엇은 이 소재로 당구공 제작에 도전했지만 치명적인 단점이 있었다. 단단하기는 했지만 강하게 부딪칠 때 간혹 폭발이 일어났던 것. 충격이 주목적인 당구공 재료로서는 부적합했다. 하지만 이 소재는 단단한 데다가공까지 쉬워 주사위나 단추 같은 제품을 만들기에는 최적이었다. 이 셀룰로이드가 최초의 플라스틱이다.

상아를 대신할 플라스틱은 1907년 벨기에 출신 미국 화학자 리오 헨드릭 베이클랜드(Leo Hendrik Baekeland, 1863~1944)가 처음 만들었다. 자신의 이름을 따 베이클라이트라고 이름 붙였다가 훗날 플라스틱으로 이름을 바꾸었다. '성형하기 쉽다'는 뜻의 그리스어 '플라스티코스(plastikos)'에서 따온 이름이다. 이때부터 본격적으로 값싼 플라스틱 당구공 시대가 열렸고, 당구의 대중화가 급격하게 진행되었다. 물론 당구공을 만들기 위해 개발된 플라스틱이 비단 당구의 역사만 바꾼 것은 아니다.

03
11
올림픽
Olympic Games
역사 뒤에 감춰진 4번의 아테네 올림픽

잘 알려진 대로 제1회 근대 올림픽은 1896년 그리스 아테네에서 개최되었다. 프랑스 귀족 피에르 드 쿠베르탱(Pierre de Coubertin, 1863~1937) 남작의 열정이 고대 그리스 체육 축제인 올림픽의 부활을 성사시켰다. 고대 올림픽은 기원전 776년 그리스에서 시작되어 서기 393년까지 계속되었다. 그리스가 로마에 정복된 이후에도 올림픽이 이어졌던 것이다. 고대 그리스인의 축제였던 올림픽은 15세기 뒤인 1896년 아테네에서 되살아나 인류 전체의 축제로 의미가 확대되었다.

아테네는 1896년에 이어 2004년에도 올림픽을 개최했다. 하지만 실상을 들여다보면 아테네에서 개최된 올림픽은 이 두 차례가 전부가 아니다. 1906년 한 차례 '비공인' 올림픽이 열렸다. 게다가 제1회 올림픽 이전에도 3차례나 아테네에서 올림픽이 열렸다. 널리 알려지지 않은 올림픽의 역사다.

1906년의 아테네 올림픽은 1904년 세인트루이스 올림픽과 1908년 런던 올림픽 사이에 열린 '중간 올림픽(Intercalated Games)'이다. 당시이 대회에 18개국이 참가하는 등 나름대로 성황을 이루었지만 국제 올림픽 위원회(IOC)의 공인 대회로 인정받지는 못하고 올림픽 개최 10주

1906년 '중간 올림픽'의 주경기장 모습. 유럽과 북아메리카, 오세아니아의 주요 국가들이 참가한 당시 대회에서는 프랑스와 미국, 그리스가 각각 1·2·3위를 차지했다

년을 기념하는 일종의 특별 행사 취급을 받고 있다. 하지만 이 대회가 지닌 중요성은 정식 대회 못지않다.

올림픽 개최는 쿠베르탱 남작이 주도했지만, 사실 쿠베르탱 남작이 본격적으로 활동하기 전에도 유럽에서는 고대 올림픽의 부활이 공공연하게 거론되고 있었다. 특히 올림픽 발상지인 그리스에서 이 논의가 활발했는데, 그리스 시인(詩人) 파나요티스 수초스(Panagiotis Soutsos, 1806~1868)는 1835년 그리스 정부에 올림픽의 부활을 제안해 당시 오톤 그리스 국왕(Otto of Greece)의 승인을 받기도 했다. 수초스가 주창한 올림픽 부활 운동은 확실한 지지자를 확보하지 못해 진전이 더뎠으나, 1850년대 그리스 사업가 에방겔리스 자파스(Evangelis Zappas, 1800~1865)가 수초스의 재정적 후원자를 자임하고 나서면서 급물살을 탔다.

자파스의 후원으로 1859년과 1870년, 1875년 3차례의 올림픽이 아테네에서 열렸다. 이 때문에 이 3번의 대회를 '자파스 올림픽'으로 부르기도 한다. 올림픽이라는 이름이 붙었지만 그리스 국내 스포츠 대회 성격이 짙었다.

당시 올림픽 부활의 목소리가 그리스에서만 있었던 것은 아니다. 독일과 영국에서도 올림픽이 재현되어야 한다는 주장이 있었고, 실제로 영국 웬록(Wenlock) 지역에서는, 비록 작은 규모이기는 하지만 윌리엄 브룩스(William Penny Brookes, 1809~1895) 박사의 주도로 1859년 7월 올림픽이라는 이름의 스포츠 대회가 열리기도 했다. 아테네에서 올림픽을 준비한다는 소식이 유럽 전역으로 알려지면서 생긴 일이다.

이렇듯 자파스 올림픽이 스포츠 역사에 미친 영향은 명백하다. 올

영국 슈롭셔(Shropshire)주의 작은 마을 웬록(머치웬록)에서는 4년마다 '올림픽(Wenlock Olympian Games)'이 열린다. 비록 마을 주민들의 건강 증진을 위한 소규모 대회이지만, 역사만큼은 IOC 올림픽보다 더 오래되었다. 안타깝게도 2020년 대회는 코로나19 영향으로 인해 취소되었다. 웬록 올림픽을 주도한 브룩스 박사.

림픽 재건 논의가 계속되면서 1894년 쿠베르탱 남작이 주도해 IOC를 설립했다. 1896년 아테네에서 열린 첫 올림픽에는 14개국에서 선수단을 보냈다.

순조롭게 출발할 것 같았던 올림픽은 두 번째와 세 번째 대회에서 난관에 부닥쳤다. 1900년 제2회 파리 대회는 파리 박람회의 열기에 묻혀 버렸고, 1904년 시카고로 예정되었던 제3회 대회는 개최지가 세인트루이스로 바뀌었다. 주최국 미국이 올림픽을 세인트루이스에서 열리는 만국 박람회의 일환으로 기획했기 때문이다. 이런 이유로 파리 올림픽과 세인트루이스 올림픽은 역사상 가장 '초라한' 올림픽 대회로 불린다.

두 번의 흥행 실패를 겪은 올림픽이 다시 제 위상을 찾은 것이 1906년의 '중간 올림픽'이다. 그리스는 1회 대회의 성공에 힘입어 4년 주기의 올림픽을 계속 아테네에서 개최하자고 주장했다. 올림픽이라는 행사가 원래 그리스의 전통 행사였으니 근대 올림픽 역시 그리스에서 주기적으로 열려야 한다는 논지다. 그러나 이 주장은 전 세계 도시를 돌아가면서 올림픽을 개최하자는 쿠베르탱 남작의 반대에 부딪혔다. 결국 뜻을 이루지 못한 그리스가 독자적으로 연 것이 아테네 중간 올림픽이다.

비록 공인 대회는 아니지만 이 대회에서는 처음으로 각국 선수단이 국기를 들고 입장하는 등 지금의 올림픽과 비슷한 형식이 도입되었다. 더구나 이전 두 차례 올림픽에 보였던 각국의 무관심을 각성시키는 계기가 되었으니, 올림픽을 기사회생시킨 공로도 무시할 수 없다. 이런 이유로 중간 올림픽의 역사적 의미를 재조명해야 한다는 주장도 나오고 있다. IOC로서는 그다지 인정하고 싶은 과거일 수도 있겠지만.

Chapter 4

식탁위의 즐거움

Food & Dining

04 / 01 배추김치
Kimchi
배추김치는 언제부터 먹기 시작했을까?

김치는 묘한 음식이다. 배추나 무, 파 따위를 소금물에 절이고, 젓갈과 고춧가루 등 온갖 양념을 더해 며칠 동안 내버려 둔 다음에야 먹기 시작한다. 싱싱한 채소를 '덜 싱싱하게' 만들어야 보관도 오래 할 수 있고 맛도 좋아진다. 발효 음식의 지혜다.

김치에는 각종 무기질, 비타민, 유산균이 함유된 것은 물론 항균 성분까지 포함하고 있다고 하니 효능 측면에서 어느 음식에 뒤지지 않는다. 《타임스》가 선정한 세계 10대 건강식품이기도 하다. 한국의 김장 문화는 2013년 유네스코 인류 무형 문화유산에 등재되었다.

한국인이 먹는 김치는 재료와 만드는 방식에 따라 100종류가 넘는다. 배추김치, 총각김치, 깍두기, 동치미, 상추겉절이, 오이소박이, 백김치 등 금세 떠오르는 이름만 해도 여럿이다. 이런 김치를 한국을 대표하는 음식으로 꼽는 것은 어쩌면 당연한 일이다. 그중에서도 우리가 가장 많이 먹는 배추김치는 단연 '국가 대표'라고 할 만하다. 수출하는 품목도 대부분 배추김치다.

그렇다면 '국가 대표 한식'이라고 할 수 있는 배추김치를 한국 사람들은 언제부터 먹기 시작했을까? 단순한 질문 같지만 '국가 대표 김치'의 정의를 어떻게 내리느냐에 따라 답은 1,000년이 넘을 수도, 100년

이 안 될 수도 있다.

한반도에서 김치를 먹어 온 역사는 유구하다. 대략 1,500년 정도로 본다. 삼국 시대부터는 채소를 절여 먹는 것이 보편적이었을 것으로 본다. 『삼국지』「위지」동이전에는 '고구려인은 채소를 먹고, 소금을 멀리서 날라다 이용하였으며, 초목이 중국과 비슷하여 술 빚기, 장 담기에 능하다'는 기록이 있다. 구체적으로 절인 채소, 즉 김치에 관한 첫 기록은 고려 시대 이규보(李奎報, 1168~1241)가 쓴 『동국이상국집』에 '염지(鹽漬, 소금에 절임)'라는 단어로 등장한다. 조선 시대에 들어 김치 문화가 만개하게 되는데 1766년 영조(재위 1724~1776) 때 유중림(柳重臨, 1705~1771)이 편찬한 『증보산림경제』에는 무려 41종의 김치가 소개된다. 이 책이 편찬되고 십여 년 뒤 다산 정약용(丁若鏞, 1762~1836)이 쓴 시에 '길게 당겨 뽑은 냉면에 배추김치가 푸르다(拉條冷麪菘菹碧)'라는 구절이 있는 것을 보면 당시에도 냉면에 배추김치는 잘 어울리는 조합이었을 것으로 추측된다. 어쩌면 냉면 육수가 김칫국이었을 수도 있다.

하지만 다산이 언급한 배추김치는 현재 우리가 먹는 배추김치와는 전혀 다른 것이었다. 고려 시대에 중국으로부터 전해진 당시의 배추는 잎이 푸르고 물러 소금물에 절이기 어려운 것이었다. 이 때문에 주로 김장 김치가 아니라 겉절이로 무쳐 먹었다. 19세기 초 보급된 개량형 배추도 잎이 아삭하고 속이 달콤한 현재의 배추에 비교할 바는 아니었다.

우리나라의 배추김치에 쓰이는 결구배추. 결구(結球)란 채소 잎이 여러 겹 겹쳐서 속을 채운 것을 말한다.

요즘 우리가 김치를 담가 먹는 배추, 이른바 결구배추는 '한국 육종학의 아버지' 우장춘(禹長春, 1898~1959) 박사가 1950년대에 만든 개량종이다. 중국 배추와 양배추를 교배해 양쪽의 장점을 모두 갖춘 배추를 만들었다. 배추김치를 본격적으로 김장으로 담그기 시작한 것도 결구배추가 세상에 나온 뒤의 일이다. 한국에서 김치를 먹어 온 것은 오래된 일이지만, 우장춘 박사의 노력이 없었다면 김치가 이처럼 세계적으로 유명해지기는 어려웠을지도 모른다.

04 / 02 육개장
Yukgaejang
육개장? 육계장?

  육개장 전문 프랜차이즈가 유행하기 전까지는 '육개장'을 '육계장'으로 잘못 표기한 식당을 심심치 않게 찾아볼 수 있었다. 잘못 표기된 사례가 많다 보니 국어사전에서 육계장 항목을 찾아보면 '육개장의 비표준어'라고 나와 있기도 하다. 삼계탕과 혼동해 육계장으로 잘못 쓴 것으로 짐작된다. '찌개'를 '찌게'로 쓰는 것과 함께 오류가 가장 많은 한국 음식 표기가 아닐까 싶다.

  하지만 처음엔 헷갈려 하던 사람들도 어원을 설명해 주면 금세 이해하는 것이 육개장이라는 이름이다. 개고기로 만든 개장국(이른바 보신탕) 대신 소고기(육, 肉)를 넣어 만들었다는 뜻이다. 그러니 계장이 아니라 개장이 맞다. 실제로 고사리와 숙주, 토란대, 대파 따위를 매운 양념과 함께 넣고 끓이는 방식은 고기의 종류만 다를 뿐 개장국과 비슷하다. 결국 개장국이 '오리지널'이었다는 점을 감안하면 과거에는 개고기가 보편적인 식재료였다는 사실을 유추할 수 있다.

  정확한 사실은 알 수 없지만, 음식 이름이 등장한 문헌으로 따져 보면 대략 이런 유추가 맞을 것도 같다. 육개장 만드는 법이 처음 나온 문헌은 『규곤요람(閨壼要覽)』인데 현재 남아 있는 책은 19세기 말 고종 때의 필사본이다. 개장국 만드는 법에 관한 기록은 이보다 훨씬 앞선 17

세기 헌종 때 안동 장 씨가 쓴 『음식디미방(飮食知味方)』에 자세히 적혀 있다. 『산림경제(山林經濟)』(숙종), 『규합총서(閨閤叢書)』(순조) 등 『규곤요람』보다 앞서 발간된 책들에서도 개장국 조리법을 찾을 수 있다. 개고기를 먹었다는 기록은 이보다 앞선 문헌에도 여러 차례 나온다.

그런 개장국에 비하면 육개장이 문헌에 등장한 것은 앞서 언급한 것처럼 19세기 말이고, 시중에서 본격적으로 유행한 것은 1920년대 들어와서다. 당시에는 육개장을 대구탕반(大邱湯飯)이라고 불렀는데, 대구에서 많이 먹던 음식이 서울로 올라오면서 붙은 별칭이다.

1926년 창간한 대중잡지 《별건곤(別乾坤)》 24호(1929년 12월 1일 발행)는 '대구의 자랑, 대구탕반'이라는 제목으로 육개장을 소개하는 기사가 나온다. 기사에서는 당시 개고기에 대한 인식도 알 수 있는데, 그 일부를 '요즘 말'로 옮기면 다음과 같다.

> 대구탕반(大邱湯飯)은 본명이 육개장이다. 대체로 개고기를 별미로, 보신지재(保身之材)로 좋아하는 것이 일부 조선 사람들의 통성(通性)이지만 남도 지방 시골에서는 '사돈 양반이 오시면 개를 잡는다'고 개장이 여간 큰 대접이 아니다. 이 개장 기호성(嗜好性)과 개를 먹지 못하는 사람들의 사정까지 살피고 또 점점 개가 귀해지는 기미 때문에 생긴 것이 육개장이다. 말하자면 소고기로 개장처럼 만든 것인데 지금은 큰 발전을 해서 본토인 대구에서 서울까지 진출했다.[01]

한때 귀한 음식 대접을 받던 개장국이었지만, 개를 반려동물로 받아들이면서 지금은 찾아보기 어렵게 되었다. 개장국의 대체재로 출발한 육개장이 이제 오히려 주인공 자리를 차지하고 앉았다. 시대의 흐름이다. 수십 년 뒤 미래의 후손들이 육개장의 어원을 알게 되면 아연실색하게 될지도 모르겠다.

04 / 03 냉면
Naengmyeon
서민에게서 너무 멀어진 서민 외식

평양면옥 노동조합 직공들이 열두 가지 요구 조건을 결의하여 주인 측에게 제출하였던 바, 주인 측에서는 다섯 가지밖에 승낙하지 않아 형세가 사뭇 불온하다 함은 이미 보도한 바 있지만, 지난 30일 오전 10시에 조합원 208명이 노동조합에 모여 협의한 결과 일제히 동맹 파업을 단행하였는데…… (중략) ……냉면집에서는 그 가족 활동으로 폐업은 하지 않았지만 배달은 전혀 못하더라.[02]

날씨가 차차 더워짐에 따라 일반 음식 중 냉면이 환영받고 있는데, 소다를 섞어 부정 판매한 냉면업자가 적발돼 냉면당이 전전긍긍하고 있다.[03]

1925년과 1939년의 신문 기사 일부를 현대식으로 고친 내용이다. 1925년 평양의 냉면집 노동조합원들이 파업했다는 내용 그리고 그 파업 때문에 배달을 못했다는 내용을 보면 이미 1920년대에 냉면이 배달 음식이었고 크게 성업했던 외식업이었다는 사실을 알 수 있다. 평양에 냉면 노동조합이 결성된 것은 1923년의 일이다.

또 하나 주목할 만한 것은 '냉면당(冷麪黨)'이라는 표현이다. 지금으로 따지면 '냉면 마니아'나 '냉면 동호인' 정도로 해석되는데, 지금은 물론이고 100년 가까운 과거에도 냉면 마니아를 자처하는 사람들이 적지 않았던 모양이다. 냉면당이라는 표현은 1970년대까지 사용되었다.

사실 지금도 '냉면집 품평'은 웬만해서는 도전하기 어려운 영역이다. 평양냉면, 함흥냉면을 막론하고 전국에 맛집도 많거니와 어느 정도 이름을 알릴 정도면 제각각 개성과 장점을 가지고 있어서 애호가들 사이에서 서로 어느 집 냉면이 최고라고 주장하다 싸움이 나기 일쑤다.

오랜 시간 쇠고기와 각종 재료를 삶아 육수를 내고 잘 담근 동치미 국물을 섞어 맛을 맞춘 냉면은 보통 가정에서는 좀처럼 만들어 먹기 어려운 음식이다. 면발 역시 메밀 반죽을 틀에서 내려 만들어야 하기 때문에 쉽사리 만들어 먹을 엄두가 안 난다. 이러니 냉면을 대량 생산하는 냉면집들이 도처에 등장했고, 이로 인해 냉면은 오래전부터 외식 음식의 대표 주자가 되었다.

조선 제23대 왕인 순조(재위 1800~1834)가 즉위 원년에 궐 밖에서 냉면을 사다 먹었다는 기록이 있는 것을 보면 외식업으로서의 냉면의 역사는 200년이 넘는다. 냉면이라는 단어가 문헌에 처음 등장한 것이 17세기 초다. 조선 중기 문신인 장유(張維, 1588~1638)의 시 「자장냉면(紫漿冷麵)」에 나온다. [04]

조선 후기 홍석모(洪錫謨, 1781~1857)가 쓴 『동국세시기』에는 냉면을 소개하면서 '관서의 면이 최고다(關西之麵最良, 관서지면최량)' [05]라고 적었다. 관서 지방은 지금의 평안도 지역이니 그때부터 평양냉면의 명성이 자자했던 것을 알 수 있다. 외식으로서의 지위도 확립되어 있었

다. 조선 후기 평양성 지도인 '기성전도(箕城全圖)'에 '냉면가(냉면집)'라는 표기가 또렷하다.[06]

　냉장 기술이 발달하지 않았던 조선 시대에 냉면은 겨울 음식이었다. 그러다 조선 후기와 일제 강점기를 거치면서 사철 음식, 배달 음식으로 발전한다. 《별건곤》1929년 12월호에는 〈사철 명물 평양냉면〉이라는 기사가 나온다. 계절별로 먹는 냉면에 관한 감상이다.

　'여름 한철 더군다나 각 관청 회사의 점심시간이면 냉면집 전화통에서 불이 날 지경'(매일신보 1936년 7월 23일자)[07]이라는 기사는 여름철 냉면 맛집에 줄을 서서 차례를 기다리는 요즘 직장인의 모습과 오버랩된다. 냉면 배달하는 집이 거의 없어 뙤약볕 아래 줄을 설 수밖에 없는 요즘 냉면의 맛이 상대적으로 더 좋을는지도 모르겠다.

　어쨌든 냉면이 이처럼 오랜 기간 대표적인 외식 메뉴로 군림할 수 있었던 것은 대중의 음식, 서민의 음식이라는 인식 때문이었다. 일제 강점기 시절 한반도에 상륙한 조미료 '아지노모토(味の素)' 덕에 비싼 고기를 많이 쓰지 않아도 싼 값에 감칠맛 나는 육수를 낼 수 있었던 점도 냉면이 서민 음식으로 자리 잡는 데 한몫을 했을 것이다.

　그러나 요즘 유명하다는 냉면집에 가보면 서민 음식이라는 말이 무색하다. 분식집 두 끼 식사분은 내야 냉면 한 그릇을 먹을 수 있다. 수육까지 한 접시 곁들이려고 하면 얇은 지갑으로는 엄두가 나지 않는다.

　'한 촌사람 하루는 성내 와서 구경을 하는데 / 이 골목 저 골목 다니면서 / 별별것 보았네 / 맛 좋은 냉면이 여기 있소 / 값싸고 달콤한 냉면이오 / 냉면 국물 더 주시오 아이구나 맛 좋다'

작곡가 박태준(朴泰俊, 1900~1986)이 미국 곡을 편곡해 가사를 붙였다는 가곡 '냉면'이다. 대구 출신이지만 평양에서 유학하며 청년기를 보낸 인물답게 냉면에 대한 애정이 듬뿍 묻어난다. 그런데 요즘은 이 노래 가사 중 '맛 좋은 냉면'은 남아 있을지 몰라도 '값싸고 달콤한 냉면'은 사라진 듯해 다소 안타깝다.

04 / 라면
04
Ramen
라면의 원산지는 일본? 중국?

믿거나 말거나, 하지만 실제로 있었던 이야기. 일본 대학에 유학 중이던 한 타이완 출신 학생과 일본인 학생들 사이에 '라면의 원산지'를 두고 언쟁이 붙었다. 라면은 일본 음식인가, 중국 음식인가? 인스턴트 라면이 아니라 엄밀하게는 라멘(ラーメン)이라고 불리는 일본식 라면을 두고 붙은 말싸움이다. 라멘이라고 하면 당연히 일본이 원산지라고 생각할 수 있겠지만 일본에서는 주로 '중화요리(中華料理)'라는 간판을 단 집에서 교자(餃子, 납작한 만두)와 함께 파는 음식이 라멘인 점을 감안하면 그런 다툼이 생길 여지가 충분하다.

이 이야기는 잠시 뒤로. 이 라멘 논쟁과 별개로, 우리가 흔히 집에서 끓여 먹는 라면, 즉 인스턴트 라면은 일본에서 태어난 것이 확실하다. 발명자도 분명하다. 닛신(日淸)식품 설립자인 안도 모모후쿠(安藤百福, 1910~2007) 회장이 개발해 1958년 출시한 '치킨라면'이 원조다. 안도 회장은 밀가루 면을 기름에 한 번 튀겨 내 보존성을 높인 새로운 면을 발명했다. 이렇게 라면을 만드는 방법이 '순간 유열 건조법(瞬間油熱乾燥法)'이다. 면의 보존 기간이 획기적으로 늘어나고 조리 방법이 간편해지면서 중화요리 식당에 가서야 먹을 수 있었던 라멘을 가정에서도 먹을 수 있게 되었다.

라면 스프로는 돈코츠(豚骨, 돼지 뼈를 고아 만든 국물)처럼 깊은 맛을 낼 수 없었지만, 제2차 세계대전 패전으로 궁핍했던 일본인들에게는 이 정도라도 훌륭한 한 끼였다. 닛신식품의 라면은 일본인의 영양을 책임진다는 모토를 내세우며 큰 성공을 거두었다. 실제로 당시 일본은 식량이 부족

인스턴트 라면을 개발한 안도 모모후쿠의 동상과 라면 박물관에 전시된 일본의 인스턴트 라면 제품들

해 미국에서 들여온 밀가루를 활용하는 방안을 고민하던 시기였다. 이런 상황에서 일본인의 입맛에 잘 맞지 않는 빵보다는 그들에게 익숙한 면을 개발한 것이 성공의 비결이었다.

안도 회장은 1971년 최초의 컵라면인 '컵누들(Cup Noodle)'을 내놓으며 다시 한 번 라면 혁명을 이끌었다. 냄비가 필요 없는 컵라면의 탄생으로 라면은 일본과 아시아를 넘어 세계인이 즐기는 음식으로 한 단계 더 뛰어올랐다.

라면이 한국에 들어온 것은 1963년이다. 삼양식품이 일본 기술을 들여와 출시한 '삼양라면'이 첫 제품이었다. 삼양식품은 닭고기 국물 맛의 이 라면을 광고하면서 '즉석 국수'라는 표현을 쓰기도 했다.

이제 다시 앞선 이야기로 돌아가 보자. 다른 음식에 비해 역사가 짧고 그 유래도 명백한 라면에 왜 국적 논쟁이 붙었을까. 바로 인스턴트

라면의 원형인 라멘 때문이다. 라면이라는 이름부터가 중국의 납면(拉麵, 라미엔)에서 온 것이다. 이것이 일본에서 라멘으로 불리다가 한국에 들어와서는 멘이라는 부분만 면(麵)으로 바꾸어 부르게 된 것이다.

납은 '끌어당기다'라는 뜻인데, 칼로 자르거나 눌러 뽑지 않고 손으로 당겨 뽑은 면이라는 의미다. 말하자면 수타면이 '납면(라멘)'인 셈이다. 중국에서 시작된 납면은 19세기 후반 일본으로 건너갔다. 청일전쟁 직후 일본으로 이주한 중국인들이 만들어 먹기 시작해 일본식으로 발전했다.

라면 개발자인 안도 회장조차도 라멘의 원조를 중국의 푸산(福山)이라고 주장한 바 있다. 푸산은 산둥(山東)성 옌타이(煙臺)의 한 지역이다.[08] 일본에서 라멘을 중화요리 집에서 파는 데는 이런 이유가 있다.

그렇다고는 해도 누가 봐도 일본 음식인 라멘을 중국 음식이라고 우기는 것은 무리가 있어 보인다. 그럼에도 불구하고 앞서 언급한 타이완 유학생이 '라멘은 중국 음식'이라고 강변했던 것은 아마도 그 유래만큼은 알고 먹으라는 일종의 자존심 싸움이었을 것이다. 라면 개발자인 안도 회장이 타이완에서 태어난 화교(타이완계 일본인)라는 점도 라멘의 원조를 생각하게 한 배경이 되었을 것이다.

논쟁의 결론. 역시 믿거나 말거나지만, 예의 그 타이완 학생은 일본 학생들과의 격론 끝에 마지막으로 '쿨하게' 한마디를 던졌다고 한다. "그냥 너희 걸로 해. 우린 그거 말고도 요리가 많아."

04 / 짜장면

05 Jajangmyeon
짜장면과 라면이 친척?

짜장면(자장면)과 라면이 '친척 관계'라고 한다면 믿기지 않을지도 모르겠다. 일요일이면 누구나 요리사가 될 수 있다는 짜장 라면을 이야기하는 것이 아니다. 밀가루로 만든 면(麵)이라는 공통점을 제외하면 그다지 비슷한 면(面)은 없어 보인다. 짜장면은 짜장 소스에 비벼 먹고 라면은 끓인 국물에 먹는 것 아니던가.

굳이 짜장면과 라면을 친척 관계라고 표현한 것은 그들의 '뿌리'를 두고 한 이야기다. 한국의 짜장면이 중국 산둥반도에서 한반도로 넘어와 귀화한 음식이라고 하면, 라면은 비슷한 지역에서 일본으로 넘어가 라멘이 되고 다시 인스턴트 라면으로까지 진화한 음식이다. 라면을 발명한 안도 모모후쿠 닛신식품 전 회장이 라면(라멘)의 원산지가 중국 산둥성 푸산이라고 주장했다는 이야기는 이미 앞서 했다.

짜장면과 라면의 관계를 살펴보기 위해서는 먼저 중국의 면 제조법을 살펴볼 필요가 있다. 중국에서는 밀가루로 만든 국수를 면(麵)이라고 한다. 냉면처럼 반죽을 통에서 눌러 뽑는 면을 압면(押麵)이라고 하고 반죽을 칼로 썰어 길게 만드는 면을 절면(切麵)이라고 한다. 반죽을 길게 늘여 막대기에 감아 당겨 가며 만드는 면은 소면(素麵)이다. 손으로 당겨 여러 가닥으로 뽑는 면을 납면이라고 하는데, 짜장면과 라면은 만드는 방식에서 모두 납면에 속한다. 중국 여러 지방에서 납면이 발전했는데, 특히 란저우(蘭州) 지방의 납면이 유명하다. 같은 방식으로 만들었다고 해도 동쪽에 뿌리를 둔 라면과 짜장면은, 란저우 지방의 납면과는 구분 지어진다.

여하튼 두 음식을 동아시아로 전파한 이들이 바로 화교(華僑)다. 세계 속의 중국을 이야기할 때 빼놓을 수 없는 존재다. 짜장면 역시 화교 음식에서 출발했는데, 19세기 말 산둥성 출신 쿨리(苦力, 중국인 노동자)들이 인천항에 모여 살기 시작한 것이 한국에 짜장면이 들어온 계기다. 짜장면은 쿨리들을 겨냥한 '고향 음식'이었다. 음식을 만드는 화교들이 부둣가에서 산둥성의 작장면(炸醬麵), 즉 짜장면을 만들어 판 것이다. 흔히 1905년경 인천에서 개업한 공화춘을 짜장면의 원조라고 부르는 사람도 있지만, 공화춘 이전에도 짜장면을 파는 집이 많았다고 한다.

하지만 한국의 짜장면은 산둥식 작장면이나 베이징식 작장면과는

짜장면과 라면의 면은 원래 밀가루 반죽을 길게 늘여서 만드는 납면(拉麵)이다.
납면을 우리식으로는 '수타면'이라고 부를 수 있다.

모양새가 다르다. 물론 처음부터 지금의 형태였던 것은 아니다. 한국의 짜장면이 지금과 같은 모양으로 굳어진 것은 1960년대다. 식품 위생법이 생기면서 중국집들이 각자 가업 승계 방식으로 만들던 장(醬)을 재료로 쓸 수 없게 되면서부터다. 자가 제조를 할 수 없게 되자 시중에 판매되는 춘장이 대안으로 떠올랐다. 여기에 캐러멜 색소와 녹말이 들어가면서 지금처럼 검은색의 걸쭉한 짜장 소스가 만들어지게 되었다.

짜장면이든 라멘이든 원산지는 중국 산둥성이고 면은 납면이다. 제면 방식이 수타에서 기계로 바뀐 것도 비슷하다. 둘 다 한국과 일본의 중국집에서 팔리지만 중국 음식이 아니라는 것도 공통점이다.

중국 웨이하이(威海) 등에서는 한국식 짜장면을 파는 집들도 많다. 일종의 역수출이다. 누구나 라멘을 일본 음식으로 생각하는 것처럼, 짜장면 역시 중국 음식이 아닌 당당한 한국 음식이다.

04
06
짬뽕
Jjamppong
중국에서 태어나 일본과 한국에서 서로 다른 꽃을 피우다

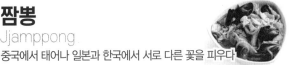

짬뽕의 정체가 궁금하다. 이름은 일본에서 왔다. 우리나라에도 잘 알려진 나가사키(長崎) 짬뽕이 유명하다. 일본어 표기법으로는 참퐁(ちゃんぽん)으로 불리지만 짬뽕으로 불러도 발음에 큰 차이는 없다. 나가사키 지방 향토 음식으로 불리기도 한다.

그런데 이상하다. 나가사키 짬뽕을 먹어 본 사람은 알겠지만, 우리나라 중국집에서 파는 짬뽕과는 다르다. 면발의 굵기도 다르거니와 채소와 해산물이 주재료라는 것만 제외하면 만드는 방식과 맛도 전혀 다르다. 일본의 '참퐁'은 국물 색깔부터가 흰색이다. 우리나라 중국집에서 나오는 '굴짬뽕'과 비슷하다. 하지만 색은 비슷해도 맛은 전혀 다르다. 나가사키 짬뽕에는 굴짬뽕의 칼칼한 맛이 없다. 맵지 않고 깔끔하다. 빨간색 얼큰한 국물의 우리나라 짬뽕과 비교한다면 모양도 맛도 전혀 다른 딴 세상 음식이다.

이름을 제외하고 일본 짬뽕과 한국 짬뽕이 가진 하나의 공통점이라면 중화요리점, 즉 중국집에서 파는 음식이라는 점이다. 그러면 짬뽕은 중국 음식인가?

그렇게 생각하자니 이상한 점이 또 있다. 한국의 중국집에서는 우동(うどん)도 팔고 있지 않은가. 우동 역시 짬뽕과 비슷한 경우다. 일식

집에서 파는 우동과 한국의 중국집에서 파는 우동은 전혀 다른 음식이다. 맵지 않은 짬뽕이라고나 할까. 그러고 보면 나가사키 짬뽕과 더 닮은 것은 중국집의 우동일 수도 있겠다.

중국집에서 팔지만 중국 음식이 아니라는 것은, 중국에서는 짬뽕을 사 먹을 수 없다는 점을 보면 확실하다. 그런데 왜 중국집에서 파는 것일까?

일본 나가사키에 사는 화교(華僑)가 처음 만들어 팔기 시작했기 때문이라는 것이 일반적으로 알려진 통설이다. 좀 더 구체적으로는 나가사키에서 여관 겸 식당을 운영하던 천핑순(陳平順)이라는 이름의, 푸젠(福建)성 출신 화교가 1899년 처음 만든 것으로 알려졌다. 중국인 유학생에게 여러 재료를 섞어 우려낸 국물에 면을 말아 팔았던 것이 유명해지면서 일본 전역에 퍼졌다는 것이다.

음식 자체의 유래가 비교적 뚜렷하다는 사실과 달리 짬뽕이라는 명칭의 기원에 대해서는 설이 분분하다. 푸젠성 방언으로 '식사했느냐(喰飯)'는 말의 발음이 '샤뽕'이어서 짬뽕이 되었다는 설, 이런저런 재료를 섞어 만든 요리의 나가사키 방언이 '참퐁'이었다는 설 등이다.[09] 각종 채소와 두부를 뒤섞어 볶는 오키나와의 '참푸루'라는 음식 이름에서 유래했다는 설도 있다.

그렇다면 짬뽕은 중국 푸젠성에서 일본 나가사키를 거쳐 한국으로 들어온 것인가? 이 대목에서 또 다시 고개가 갸웃거려진다. 한국식 짬뽕은 화교가 많이 살았던 인천을 기점으로 퍼져 나간 것으로 추정되는데, 인천은 푸젠이 아니라 가까운 산둥(山東)의 영향을 더 많이 받은 곳이다. 그래서 산둥성의 차오마몐(炒馬麵)을 짬뽕의 원형으로 보는 견해도 있다. 실제로 고기와 해물, 야채를 볶아 국물을 내는 방식은 짬뽕과 비슷하다.

처음엔 후춧가루만 넣어 먹던 것을 한국 입맛에 맞게 고춧가루를 넣어 국물을 빨갛고 얼큰하게 만들었다는 것이 또 다른 짬뽕의 기원설이다. 같은 매운 음식이라도 한국의 짬뽕은 중국의 마라(麻辣)탕과는 다른 종류의 매운 맛을 준다. 향신료 풍미가 적은 대신 고춧가루와 양파가 어울린 칼칼하고 달짝지근한 매운 맛이 짬뽕의 특징이다. 간단하게 정리하자면 '짬뽕은 중국에서 태어났지만 일본과 한국에서 각각 다른 꽃을 피운 음식' 정도로 정의할 수 있지 않을까.

스파게티
Spaghetti
스파게티는 마르코 폴로가 유럽에 전한 것일까?

요즘은 우리나라에서도 스파게티 외에 펜네(penne), 푸실리(fusilli), 마카로니(macaroni), 라자냐(lasagne) 같은 다양한 종류의 파스타를 맛볼 수 있다. 하지만 파스타가 흔하지 않던 시절에는 스파게티가 곧 파스타의 대명사이자 이탈리아 음식의 대명사였다. 너무 유명해서 설명이 필요 없기는 하지만, 굳이 간단히 정의하자면 밀가루로 만든 다양한 모양의 이탈리아 국수 종류(파스타) 가운데 가늘고 긴, 우리로 따졌을 때 진짜 국수 모양의 파스타를 스파게티라고 부른다.

스파게티에 얽힌 '전설' 중 하나가 『동방견문록(Il Milione / Book of the Marvels of the World)』의 저자 마르코 폴로(Marco Polo, 1254~1324)가 중국에서 먹은 국수를 제조법과 함께 고향인 이탈리아 베네치아로 가져왔다는 것. 1270년대 또는 1290년대라는 구체적인 시기까지 등장하면 영락없는 사실(史實)로 받아들여진다. 스파게티라는 단어가 처음 쓰인 것이 1800년대 이후의 일이므로, 마르코 폴로가 들여온 '국수'도 스파게티가 아니라 다른 이름으로 불렸을 것이 틀림없겠지만 말이다. 스파게티라는 단어가 이탈리아어 사전에 등장한 것은 19세기 후반의 일이다.

하지만 스파게티의 '중국 전래설'을 들으면 이탈리아 사람들은 경기

이슬람 의학자 이븐 불탄(Ibn Bultan)이 15세기에 지은 의학 서적에 있는 그림. 유럽인 여성이 스파게티 형태의 물체를 만드는 장면을 묘사하고 있다.

를 일으킨다. 이미 12세기에 시칠리아에서 '실 모양의 파스타'를 생산했다는 기록이 있다는 점을 근거로 들며 '이탈리아 자생설'에 힘을 싣는다. 게다가 생산뿐 아니라 수출까지 했다고 주장한다. 실제로 그보다 앞서 튀니지에서 발간된 책에도 '밀가루 반죽을 딱딱하게 말려 길고 가느다랗게 만든 뒤 끓는 물에 익혀 먹는 음식'이라는 기록이 있는 것을 보면, 스파게티 또는 면 모양 파스타가 13세기 말에 중국에서 수입되었다는 가설은 사실일 가능성이 희박해 보인다.[10]

이탈리아의 역사학자 알렉산드로 마르초 마뇨(Alessandro Marzo Magno, 1962~)는 스파게티가 중국에서 이탈리아로 건너왔다는 가설에 대해 '미국인들이 꾸며낸 이야기'라고 일축한다. 구체적인 근거로 1929년 10월 미국에서 발간된 《마카로니 저널》의 기사를 들고 있는데, 미국 파스타 생산조합에서 발간한 이 책에는 '마르코 폴로가 탔던

배의 선원 중 한 명의 이름이 스파게티였는데, 그가 중국에서 실 모양의 파스타 만드는 방법을 전수받았다'는 내용의 기사가 실려 있다. 기사에 '전설'이라는 꼬리표가 달려 있기는 하지만 이 이야기가 퍼져나가면서 마치 사실인 양 굳어졌다는 것이다. 게리 쿠퍼 주연의 영화 〈마르코 폴로의 모험〉(1938)에 비슷한 이야기가 나오면

『동방견문록』을 들고 있는 마르코 폴로를 묘사한 그림. 하지만 그가 책에 기록한 내용에 대해 진위 여부가 논란이 되고 있다.

서 스파게티의 '중국 기원설'이 대중의 뇌리에 각인되었다.

지중해 음식 역사학자인 클리포드 라이트(Clifford A. Wright, 1951~)도 마르코 폴로가 스파게티를 들여왔다는 설을 부정한다. 그는 스파게티의 기원을 중세 시칠리아 지방에서 찾는다. 애초부터 마르코 폴로가 실제로 중국을 방문했는지에 대해서도 역사학자들의 의견이 엇갈리고 있다.

사실이야 어찌됐건 이탈리아 사람들이 스파게티에 대해 갖고 있는 자부심은 대단하다. 르네상스 시대의 천재 레오나르도 다빈치(Leonardo da Vinci, 1452?~1519)가 스파게티 제면기를 설계하기도 했던 것을 보면 그 유래도 제법 오래되었다.

한편 다빈치는 산드로 보티첼리(Sandro Botticelli, 1444~1510, 〈비너스의 탄생〉을 그린 바로 그 보티첼리)와 동업해 피렌체에서 음식점을 열기도

했다. 안타깝게도 그들이 만든 스파게티(실제로 스파게티 요리를 만들었는지는 모르겠으나)가 얼마나 맛이 있었는지 알 수는 없지만, 그들이 연 음식점이 그다지 오래가지 않았다는 점을 감안한다면 고객들에게 강한 인상을 주지는 못했을 것으로 보인다. 하기야 다빈치가 요리에까지 천재성을 보여 식당이 문전성시를 이루었다면, 지금 우리는 〈모나리자〉를 감상하지 못할지도 모를 일이다.

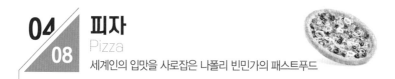

04 / 08 피자
Pizza
세계인의 입맛을 사로잡은 나폴리 빈민가의 패스트푸드

피자만큼 '변종'이 많은 음식도 드물다. 세계 각국에 독특한 전통을 반영한 피자 종류가 퍼져 있다. 우리나라의 불고기 피자나 떡갈비 피자를 이탈리아에서 찾아볼 수 있을 것 같지는 않지만, 그렇다고 피자가 아닌 것은 아니다. 비슷한 예로 중동에서 만든 피자에는 꼬치로 구운 쇠고기나 닭고기 토핑이 올라가는 것도 있다. 러시아에 가면 생선 피자를, 브라질에서는 완두콩 피자를 맛볼 수 있다.

피자의 변주를 살펴보다 보면 과연 '정통' 피자라는 것이 존재하기는 할까 싶다. 애당초 피자 자체가 이탈리아에서 밀가루 반죽 위에 이런저런 재료를 올려 구워 먹는 빵에서 비롯되었으니 정통이라는 말 자체가 어울리지 않아 보인다. 그렇다고 피자에 그 나름의 역사가 없다고 할 수는 없다.

피자(pizza)라는 단어가 1,000년 넘는 문헌에 나온 것과 비교하면 피자가 대중화된 역사는 무척 짧다. 특히 현대 피자의 가장 중요한 요소로 꼽히는 토마토소스가 도우 위에 올라간 것은 빨라야 18세기 초다. 토마토가 아메리카 대륙에서 이탈리아로 건너간 것은 16세기의 일이지만 그 즉시 피자에 영향을 주지는 못했던 것 같다.

피자가 이탈리아 나폴리에서 시작되었다는 데에는 역사학자들의 견해가 대부분 일치한다. 토마토소스가 올라간 마리나라(marinara) 피자가 시작된 것도 나폴리다. 나폴리에는 18세기에 이미 여러 개의 피자 가게들이 들어서 있었다. 19세기까지 나폴리에서 피자는 주로 서민, 엄밀하게는 빈민들의 주식이었다. 노점에서 산 피자를 그대로 반으로 접어 길거리에서 먹는 사람들의 모습은 나폴리의 흔한 풍경이었다. 지금의 패스트푸드와 다를 바 없다.

초기의 나폴리 피자는 외국인 또는 이탈리아 다른 지역의 사람들에게 좋은 평가를 받지 못했다. 이탈리아를 여행했던 미국인 새뮤얼 모스(Samuel Morse, 1791~1872)는 1831년 피자를 두고 '최고로 매스꺼운 케이크(most nauseating cake)'라고 표현하기도 했다. 전신기를 발명한 그 모스다. 오븐에서 새까맣게 탄 빵에 정체를 알 수 없는 토핑을 올려 손으로 집어먹는 모습이 그의 눈에 그리 위생적으로 보이지는 않았던 모양이다.[11]

서민의 음식이었던 나폴리 피자가 이탈리아의 대표 음식으로 도약한 데는 극적인 한 사건이 계기가 되었다. 1861년 통일된 이탈리아의 두 번째 국왕 움베르토 1세(Umberto I of Italy, 재위 1878~1900)와 왕비 마르게리타가 1889년 나폴리를 방문했을 때의 일이다. 프랑스식 고급 음식에 질려 있던 왕과 왕비는 나폴리에서 다양한 피자를 맛보았고, 그 가운데 토마토, 모차렐라, 바질을 얹은 피자를 가장 마음에 들어 했다. 공교롭게도 적색(토마토), 백색(모차렐라), 녹색(바질)의 토핑은 이탈리아 국기 색깔과도 일치했다. 이 피자는 왕비의 이름을 따 마르게리타 피자로 명명되었다. 요즘도 메뉴판에 있는 바로 그 마르게리타 피자(margherita pizza)다. 피자의 지위가 일약 급상승했다.

이런 일이 있었다고 해서 나폴리 피자가 곧바로 '전국구 스타'가 된 것은 아니지만 피자에 대한 경계심을 허무는 데는 한몫을 했다. 제2차 세계 대전 이후 이탈리아를 찾는 관광객이 늘어나고 이탈리아 내에서 이주가 활발해지면서 피자는 이탈리아 전역으로 퍼졌다.

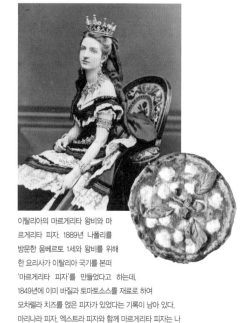

이탈리아의 마르게리타 왕비와 마르게리타 피자. 1889년 나폴리를 방문한 움베르토 1세와 왕비를 위해 한 요리사가 이탈리아 국기를 본떠 '마르게리타 피자'를 만들었다고 하는데, 1849년에 이미 바질과 토마토소스를 재료로 하여 모차렐라 치즈를 얹은 피자가 있었다는 기록이 남아 있다. 마리나라 피자, 엑스트라 피자와 함께 마르게리타 피자는 나폴리 3대 피자로 지정되어 있다.

피자가 이탈리아의 대표 요리로 승격하는 데 마르게리타 왕비의 역할이 있었다면, 전 세계인에게 피자를 알린 것은 미국 프랜차이즈 체인의 공이 크다. 피자는 19세기 이탈리아 이민자들과 함께 미국으로 건너갔다. 1905년 젠나로 롬바르디(Gennaro Lombardi)라는 이탈리아 이민자가 뉴욕에 첫 피자 레스토랑을 연 이후 이탈리아 이민 사회를 중심으로 피자 레스토랑 개업이 줄을 이었다.

피자가 미국에서 인기를 끌면서 이탈리아 피자와는 약간 다른 형태의 피자도 등장했다. 프라이팬에서 구운 두터운 크러스트에 푸짐한 토핑이 올라간 딥디쉬 피자(deep dish pizza)를 처음 선보인 가게는 1943

년 시카고의 '피체리아 우노(Pizzeria Uno)'다. 뉴욕식, 디트로이트식, 세인트루이스식 등 다양한 피자를 선보이면서 피자는 미국인의 음식으로 뿌리내렸다.

이런 인기에 편승해 1950~60년대 피자헛(Pizza Hut), 도미노피자(Domino's Pizza) 같은 피자 프랜차이즈들이 속속 등장했다. 규격화한 메뉴와 신속 배달을 모토로 급성장한 이들 체인점은 점차 미국 밖으로 영역을 넓혀 가면서 피자를 이탈리아 음식이라기보다는 미국 음식으로 각인시켰다.

한국에는 1960년대부터 일부 호텔에서 피자를 판매했고 1980년을 전후해서는 피자를 파는 이탈리안 레스토랑도 여럿 생겼다. 대중에게 친근한 메뉴가 된 것은 1980년대 중반 피자헛, 피자인(Pizza Inn) 같은 미국계 체인이 잇따라 상륙한 이후다. 현재는 외국계와 한국계를 막론하고 수많은 피자 프랜차이즈 업체들이 성업하면서 한국적 식문화를 가미한 독특한 피자를 개발해 선보이고 있다.

밀가루 반죽(도우) 위에 토핑으로 어떤 재료를 올리든 간에 오븐에 구워 나오면 모두 피자로 인정받는 것이 피자의 본질이다. 피자의 토핑을 두고 이탈리아 요리사들이 까다로운 반론을 제기했다는 말은 들어 본 적이 없다. 그만큼 피자는 '열린' 음식이다.

04
09 돈가스
Tonkastu / Pork Cutlet
열등감에서 출발해 서양을 포용한 신(新) 메뉴

돈가스는 우리와 가장 친숙한 일본 요리 중 하나다. 돈가스라는 이름이 돼지를 뜻하는 한자 돈(豚)과 커틀릿(cutlet)이라는 서양 요리 이름이 합쳐져 만들어졌다는 사실은 이제는 대중에게도 잘 알려져 있다.

그런데 여기에 잘 알려지지 않은 사실이 있다. 돼지를 뜻하는 '돈'은 일본어로도 우리말과 발음이 거의 같다. 그런데 커틀릿은 원래 영어를 읽는 일본식 발음으로는 '캇토렛토(カットレット)'가 되어야 한다. 그러나 실제로는 '가스레스(カツレツ)'라고 읽는다. 돈가스의 영향이 워낙 커서 발음도 캇토렛토에서 가스레스로 읽는 것으로 변형된 것이다.

커틀릿은 불어의 '코틀레트(côtellette)'에서 유래한 음식이다. 19세기 후반 일본에서는 코틀레트를 가스레스로 읽었다. '吉列' '勝烈' 등의 한자로 표기한 기록도 있다.[12] 코틀레트는 송아지 고기나 양고기에 소금, 후추로 밑간을 하고 밀가루와 계란 노른자, 빵가루 따위를 입혀 프라이팬에 구운 요리다. 코틀레트에서 유래했다고는 하나 돼지고기에 밀가루 반죽과 빵가루를 묻혀 기름에 튀겨 내는 돈가스와 코틀레트는 재료와 조리법에서 차이가 있다.

그렇다면 돈가스는 어떻게 세상에 나온 것인가? 그 배경에는 서양인에 대한 일본인의 열등감이 자리 잡고 있다. 원래 일본은 7세기 후반 불교의 영향을 받은 덴무(天武) 왕(재위 673~686)이 '살생과 육식'을 금지한 이후 고기를 잘 먹지 않는 전통이 생겼다. 이 전통을 깬 것이 1872년 메이지(明治) 왕(재위 1867~1912)의 '육식 해금'이다. 서양에 문호를 개방하면서 일본의 정치 지도자들은 서구인들의 큰 체구에 위압감과 열등감 그리고 부러움을 느꼈다. 서양인의 체구를 따라잡기 위한 방안으로 육식을 통한 체질 개선을 시도한 것이다.

물론 메이지 이전에도 고기를 먹는 일본인이 없었던 것은 아니지만 '공식 해금' 이후 고기, 특히 돼지고기 수요가 서민 계층을 중심으로 폭발적으로 늘어났다. 돼지 사육도 늘었다. 새로운 돼지고기 요리법이 개발되는 것은 시간문제였다.

서양의 코틀레트는 팬에 굽는 방식이지만, 일본의 돈가스는 기름에 튀기는 방식이다. 일본식 튀김인 덴푸라(てんぷら)와 서양 요리의 절묘한 만남인 셈이다. 1895년 도쿄 양식 레스토랑 렌가테이(煉瓦亭)

일본 도쿄 긴자에 있는 음식점 렌가테이. 1895년 최초로 돈가스 메뉴를 내놓았다.

에서 선보인 '양배추에 곁들인 돼지고기 가쓰레스'가 오늘날 돈가스의 원형이다.

이렇게 태어난 돈가스는 자생력을 가지고 성장과 진화를 거듭했다. 1918년 처음으로 '돈가스 카레'가 판매되었고 1921년에는 '돈가스 덮밥'이 모습을 드러냈다. 도톰한 두께에 칼로 미리 썰어 내오는 일본식 돈가스와 달리 넓적하고 얇은 돼지고기 튀김을 나이프로 썩썩 썰어 먹는 '한국식 왕 돈가스' 역시 진화의 한 형태가 아닐까 싶다.

04 / 시리얼
10
Cereal
'건강한 아침 식사' 인가, '간편한 아침 식사' 인가?

● '건강한 아침 식사', '간편한 아침 식사'

시리얼 광고의 전형처럼 느껴지는 이런 문구가 정말 사실일까? 가벼운 시리얼 한 그릇만으로 정말 하루를 시작할 만큼의 영양까지 챙길 수 있을까? 사실이든 아니든 시리얼로 아침 식사를 대신하는 사람들은 시리얼의 본고장 미국을 비롯해 전 세계에 넘쳐난다. '건강함' 때문일까, 아니면 '간편함' 때문일까?

시리얼의 탄생 배경에는 건강에 대한 강박 관념이 한 자리를 차지한다. 시리얼 자체가 요양원에서 환자들의 건강식으로 처음 만들어진 음식이다. 1863년 미국 뉴욕주 댄스빌(Dansville)의 잭슨 요양소 소장이었던 제임스 케일럽 잭슨(James Caleb Jackson, 1811~1895)은 곡물 가루 반죽을 굳힌 환자식을 만들었다. 그러나 이 시리얼은 지금의 간편식과는 거리가 멀었다. 몇 시간 동안이나 물에 불려야 먹을 수 있었기 때문이다.

간편식으로 진화한 시리얼 역시 요양소의 환자식에서 출발했다. 미국 미시간주 배틀크리크(Battle Creek) 요양원 진료 부장이었던 존 하비 켈로그(John Harvey Kellogg, 1852~1943) 박사는 엄격한 제한식이 환자들의 '동물적인 욕정'을 눌러 건강 회복을 돕는다는 지론을 가지고 있었다.[13] 채식주의자였던 그는 환자들에게 말린 곡물 식사를 권장했다. 켈로그 박사의 동생인 윌 키스 켈로그(Will Keith Kellogg, 1860~1951)도 같은 요양원에 근무하고 있었는데, 그는 옥수수 따위의 곡물을 끓여 곤죽을 만든 뒤 말리면 먹기 좋은 형태의 '플레이크(flake)'가 만들어진다는 사실을 발견했다. 1890년대 들어 시리얼의 시대가 열린 것이다. 형제는 1906년 '배틀크리크 토스티드 콘플레이크(Battle Creek Toasted Corn Flake Company)'라는 회사를 설립했다. 훗날 이 회사는 이름을 켈로그(Kellogg's)로 바꾸었다.

켈로그의 시리얼 제품을 선전하는 1910년대의 광고. 존 하비 켈로그는 시리얼이 건강식이 되기를 바랐지만, 켈로그는 포스트와의 경쟁에서 대중의 입맛을 외면할 수 없었던 동생의 방침에 따라 자사 제품에 설탕을 첨가함으로써 간편식으로 의미가 변질되었다.

한편 이 요양원에 입원했던 사업가 찰스 윌리엄 포스트(Charles William Post, 1854~1914)는 켈로그 형제의 시리얼에서 영감을 얻어 포스트(Post)라는 회사를 세우고 시리얼 사업을 시작했다. 시리얼에 설탕을 넣어 대중들의 입맛을 사로잡은 것이 포스트 시리얼의 특징.[14] 포스트의 확장에 위협을 느낀 켈로그 역시 시리얼에 당분을 첨가하지 않을 수 없었다. 동생 윌의 적극적인 주장이 반영되었다. 건강식이라던 시리얼의 개발 취지가 무색해졌다.

설탕 첨가를 반대한 형과 설탕 첨가를 옹호한 동생의 사이가 이때 멀어졌다. 형제의 우애가 깨진 것과 동시에 '건강한 아침 식사'라는 개념도 사실상 이때 소멸되었다. 이후 100년 이상 계속된 광고와 마케팅 그리고 각종 영양소를 첨가하는 기술의 발달에 힘입어 시리얼이 건강식이라는 이미지만큼은 계속 유지하게 되었지만 말이다.

그럼에도 불구하고 간편식이라는 장점은 시리얼 시장의 폭발적인 성장을 주도했다. 제1차 세계 대전 당시 미국 주부들은 직장 생활을 하면서 전시 지원 인력으로 동원되는 등 바쁜 일과를 보내야 했다.[15] 이런 주부들의 필요를 파고든 것이 시리얼이다. 게다가 '설탕이 듬뿍 들어간' 달콤한 맛은 아이들의 입맛을 사로잡는 데도 한몫했다. 1920년대에는 어린이 혼자 시리얼로 아침을 챙겨 먹는다는 내용의 광고가 등장하기도 했다.[16] 이후 등장한 다양한 종류와 모양의 시리얼은 소비자 선택의 폭까지 넓혔다. 시리얼이 아침 식탁을 점령하는 것은 시간문제였다. 건강식으로 출발해 간편식으로 완성된 음식, 시리얼의 역사다.

Chapter 5

차 한 잔의 여유

Beverage & Dessert

05 카페
01 Cafe
보험 협회 직원이 웨이터(waiter)로 불리는 까닭

요즘 커피 전문점에서는 혼자 노트북 컴퓨터를 펼치거나 책을 읽으며 공부하는 젊은이들을 드물지 않게 볼 수 있다. 바쁜 시간을 쪼개 쓰느라 그런 것인지, 아니면 적당한 일상 소음이 집중하는 데 도움이 되기 때문인지 모르지만, 언제부터인가 커피 테이블에 앉아서 공부하는 것이 하나의 유행이 되었다. 아예 '혼공족'을 위해 마주 보는 자리가 없는 1인용 테이블을 구비해 놓은 곳도 있다.

커피 전문점을 찾는 목적을 휴식이나 대화 또는 음료를 마시는 것으로만 한정한다면 의아할 수 있겠지만, 원래 커피 전문점이 학문은 물론 경제와 정치의 폭넓은 가능성을 발견해 온 공간이라는 점을 생각한다면 그리 놀랍지만도 않은 일이다. 과거에는 커피 전문점이 혼자서 공부하는 곳이 아니라 여러 사람들의 토론과 교류가 이루어지던 곳이었다는 점에서 차이는 있지만.

커피의 원산지는 동아프리카로 본다. 이어 이슬람 문화권으로 전파되어 발전하고 터키를 거쳐 유럽으로 전해졌다는 것이 통설이다. 이미 16세기에 터키, 시리아 등에서 카페가 영업하고 있었을 정도로 아랍권의 커피 문화는 일찌감치 꽃을 피웠다. 그러나 당시의 커피 전문점이 어떤 형태였는지는 잘 알려지지 않았다. 17세기 유럽에 커피 전문점이 생기면서 본격적으로 '지성의 전당' 기능을 수행하기 시작했다. 이때는 커피 전문점이라는 표현보다는 '카페'라는 표현이 어울리는 시기였다.

지금까지 알려진 유럽 최초의 커피 전문점, 즉 카페는 1645년 이탈리아 베네치아에서 문을 열었다. 이후 1650년 영국의 대학 도시 옥스퍼드에, 1652년에는 런던에 카페(커피 하우스)가 생겨났다.

당시 영국의 커피 하우스는 지식인들이 모여 정치와 경제, 학문에 관한 토론을 펼치는 곳이었다. 누구라도 커피 한 잔 값인 1페니만 내면 이들의 토론을 하루 종일 들으며 지식을 넓힐 수 있었기 때문에 '1페니 대학(one penny university)'이라는 별명이 붙기도 했다.

1675년 12월 영국 국왕 찰스 2세(Charles II of England, 재위 1660~1685)가 "1676년 1월부터 커피 하우스를 폐쇄하라"는 칙령을 내린 것도 "정부에 불만을 품은 사람들이 불온한 정치 토론을 하면서 사회를 혼란에 빠뜨린다"는 이유에서였다. 하지만 찰스 2세의 '도발'은 시행되기도 전에 대중의 '반발'에 부딪혀 무산되었다. 커피 하우스 폐쇄 계획에 대한 항의 시위가 이어지자 찰스 2세는 칙령을 철회했다.[01]

프랑스 최초의 카페인 '르 프로코프(Le Procope)'가 파리에서 문을 연 것은 1686년이다. 르 프로코프는 1751년 초판본이 발간된 『백과전서(Encyclopédie)』가 태동한 곳으로 유명하다. 『백과전서』의 편집자 장 르 롱 달랑베르(Jean Le Rond d'Alembert, 1717~1783)가 철학자 드니 디드로(Denis Diderot, 1713~1784)와 함께 이곳에서 아이디어를 모으고 책

파리에서 가장 오래된 카페인 '르 프로코프'와 이곳을 찾던 지식인들이 중심이 되어 편찬한 『백과전서』

을 기획했다. 볼테르, 몽테스키외, 루소, 케네 등이 집필에 참여한 『백과전서』는 유럽에서 계몽주의 철학을 전파하는 데 혁혁한 공로를 세운 역작이다. 말 그대로 카페는 근대의 지성이 탄생한 공간이다.

카페는 현대식 금융 체계가 싹을 틔운 곳이기도 하다. 1801년 개장한 런던 증권 거래소의 전신은 바로 그 자리에서 영업하던 조나단 커피 하우스(Jonathan's Coffee house)다. 이곳에서 18세기 투자자와 브로커들이 주식 거래를 했다.

보험업도 카페에서 발전했다. 세계 최대의 보험업자 협회인 런던 로이즈(Lloyd's of London)는 1686년 에드워드 로이드(Edward Lloyd, 1648?~1713)가 문을 연 커피 하우스에서 출발했다. 테임즈 강변에 있었던 로이드 커피 하우스의 웨이터들은 선착장을 돌아다니며 해운과 무역, 해외 사정에 관한 소식을 듣고 이를 손님들에게 전했다. 이를 기반으로 1692년경 로이드는 주간지를 발행하기 시작했고 1713년 로이드가 죽은 뒤 그 후손들이 1734년 《로이즈 리스트(Lloyd's List)》를 창간해 2013년까지 발간했다. 이후에는 온라인으로 발행되고 있다.

이런 이유로 로이드 커피 하우스는 해운, 무역 정보의 집결지가 되었고, 로이드 사후에 해운 보험 분야 재력가들이 1771년 로이즈 협회(Lloyd's Society)를 결성했다. 현재 세계 최대 보험자 협회인 런던 로이즈의 전신이다. 이런 전통을 이어 받아 지금도 로이즈 리스트 기자들과 런던 로이즈 직원들은 '웨이터'라고 불린다.

05/02 커피
Coffee
'더러운 물' 카페 아메리카노는 어쩌다 커피의 대명사가 됐을까?

맥주를 좋아하는 사람이라면 '새뮤얼 애덤스(Samuel Adams)'라는 이름을 한 번쯤 들어 본 적이 있을 것이다. 물론 미국 역사에 관심이 있는 사람도 마찬가지일 테고.

흔히 '보스턴 라거(Boston Lager)'로도 불리는 새뮤얼 애덤스는 보스턴을 중심으로 한 미국 동북부 뉴잉글랜드 지역의 대표적인 맥주 브랜드다. 미국뿐 아니라 세계 여러 나라에서 인기가 있다. 이 맥주병에 그

미국 맥주 브랜드인 새뮤얼 애덤스

려진 인물이 애덤스다. 맥주 제조 회사와는 상관없는, 미국의 독립운동가다. '미국 건국의 아버지' 중 한 사람으로 매사추세츠 주지사를 지내기도 했다. 애덤스를 기념하는 뜻에서 맥주 제조사가 1985년 처음 출시된 맥주에 그의 이름을 붙였다.

'카페 아메리카노' 이야기에 웬 맥주냐고? 맥주가 아니라 맥주병에 그려진 새뮤얼 애덤스(1722~1803) 이야기를 하려는 것이다. 애덤스가 카페 아메리카노와 직접적인 관련이 있다고는 할 수 없지만, 적어도 커피를 미국인이 가장 좋아하는 기호음료로 만드는 데에는 공로가 있다.

애덤스는 미국 독립의 기폭제가 된 보스턴 차 사건(Boston Tea Party, 1773년 12월 16일)을 주도한 인물이다. 보스턴 차 사건이 독립운동의 일환인지, 아니면 홍차 밀수업자들의 불만(이 사건을 촉발한 '홍차법(Tea Act)'은 동인도 회사가 아닌 다른 루트로 홍차를 수입해 파는 밀수업자들을 규제하기 위한 법안이었다)에서 비롯된 폭동인지에 대해서는 후대의 의견이 분분하다. 그러나 이 사건의 파장이 미국 독립으로 이어진 것은 분명하다.

보스턴항에 정박한 동인도 회사 상선에 실려 있던 차를 상자째 바다에 던져 버린 이 사건을 계기로 미국에서는 커피 수요가 크게 늘었다. 영국 이주자들이 건국한 미국에서 홍차를 마시는 문화가 자리 잡은 것은 이상한 일도 아니다. 그런 미국에서 보스턴 차 사건 이후 찻값이 폭등했다. 이 사건 때문에 동인도 회사를 통하던 공식 홍차 수입이 막혔기 때문이다.

당시 미국인이 벌였던 홍차 불매 운동 때문에 커피가 등장했다고 알려져 있기도 하지만, 사실 홍차 불매 운동은 몇 년 못 가서 흐지부지되었기 때문에 커피 수요 폭증의 직접적인 이유로 보기는 어렵다. 불매 운동 때문이라기보다는 폭등한 가격 때문에 미국인들은 홍차의 대체 상품을 찾을 수밖에 없었다. 때마침 브라질 등 남미에서 수입해 온 커피가 미국 시장에 진출했다. 홍차는 가격 경쟁력에서 커피를 따라갈 수 없었다. 커피는 빠르게 홍차의 자리를 대신했다.

그런데 이런 일련의 사건이 '카페 아메리카노'와 어떤 관계가 있을까? 카페 아메리카노(Caffé Americano)라는 말은 '미국 스타일 커피'라는 뜻의 이탈리아어다. 용어의 기원은 제2차 세계 대전에서 찾는다. 북아프리카 전선을 거쳐 이탈리아에 진출한 미군들이 '유럽식 커피'에 물을 타 연하게 만들어 마시는 광경을 본 이탈리아 사람들이 붙인 것이다.

이탈리아가 어떤 나라인가. 에스프레소(espresso)의 본고장 아니던가. 데미타세(demitasse)라는 작은 잔에 진하고 풍부한 커피를 응축해 본연의 맛을 즐기는 것이 그들의 자존심이다. 하지만 집에서는 드립 커피를 마셨고, 전장에서는 인스턴트커피를 타 마시던 미군들에게 에스프레소는 커피라기보다는 생소하고 마시기 어려운 음료일 뿐이었다. 무엇보다 너무 썼다. 그래서 물로 희석해 마셨다. 이탈리아 사람들은 미군들이 마시는 희석한 커피를 두고 '더러운 물'이라고 부르며 무시했다. 그래도 미군들은 이에 아랑곳하지 않고 물을 탄 커피를 마셨다.

여기에서 새뮤얼 애덤스와 카페 아메리카노의 접점을 추론할 수 있다. 보스턴 차 사건 이후 커피가 홍차를 대체했다고는 하지만 이 둘은 엄연히 다른 종류의 음료다. 그래서 홍차에 익숙했던 당시 미국인들은 최대한 홍차와 가까운 풍미를 느끼려고 커피를 연하게 끓여 마셨다. 잡맛을 빼내고 진하게 끓여 낼 만큼 추출 기술이 발전하지도 않았다. 유럽에서도 아직 잡맛을 없애 주는 종이 필터나 에스프레소 머신이 발명되기 전이다. 이런 연한 커피의 전통이 서부 개척 시대를 거쳐 현대까지 이어진 것으로 본다.

약간의 추측이 포함된 이야기지만 보스턴 차 사건 이후 급격하게 늘어난 미국의 커피 소비와 기호는 오늘날 세계 커피 산업계를 좌지우지할 만큼 비중이 커져 버린 것이 사실이다. 더구나 스타벅스(STAR-BUCKS)라는 거대 커피 체인의 주력 상품이 되면서 카페 아메리카노

보스턴 차 사건을 묘사한 그림. 영국 의회가 미국 식민지의 대중적인 음료인 차에 높은 관세를 부과하자 이에 항의하기 위해 인디언으로 분장한 식민지 주민들이 동인도 회사의 선박에 적재되어 있던 차를 바다에 던져 버린 사건이다. 당시의 주동자가 새뮤얼 애덤스였고, 이 사건 이후 미국의 독립 움직임이 거세졌다.

는 드립 커피와 에스프레소를 넘어 전 세계 커피의 표준이 되어 버렸다. 더 이상 '더러운 물'이라고 폄하할 수 없는 수준이 된 것이다.

에스프레소에 물을 섞어 연하게 마시는 커피의 전통은 호주와 뉴질랜드에서도 찾아볼 수 있다. 이 지역에서는 에스프레소에 물을 섞은 커피를 '롱 블랙(long black)'이라고 부르는데, 카페 아메리카노와는 약간의 차이가 있다. 카페 아메리카노는 추출한 에스프레소에 뜨거운 물을 부어 만든다. 반면 롱 블랙은 뜨거운 물 위에 에스프레소나 리스트레토(ristretto, 빠른 시간에 소량만 추출한 에스프레소)를 붓는 방식이다. 보통 사람이 맛만 보고 이 둘의 차이를 구분할 수 있을지는 모르겠다.

에스프레소 vs 드립 커피
Espresso vs Coffee Filter
에스프레소 머신과 커피 필터, 어느 쪽이 먼저일까?

아메리카노, 카페 라테, 캐러멜마키아토 등 커피 전문점에서는 에스프레소를 베이스로 만든 다양한 종류의 커피를 판다. 에스프레소는 원두커피 분말에 뜨거운 물을 높은 압력으로 통과시켜 뽑아낸 커피다. 이탈리아어로 '빠르다'는 뜻. 이름에서 알 수 있듯 이탈리아에서 처음 만든 커피다. 데미타세에 담아 그대로 또는 설탕을 넣어 마시기도 하지만, 다양한 커피의 베이스로 쓰기도 한다.

요즘은 종이 필터를 사용한 드리퍼(dripper)로 추출한 핸드 드립 커피를 전문으로 하는 카페도 많아졌다. 에스프레소에서 볼 수 있는 '크레마(crema, 커피 위에 생기는 얇은 크림)'는 없지만 담백하고 깔끔한 향미로 많은 사람들에게 사랑받는 커피 추출 방식이다.

커피 추출 방식은 이외에도 다양하다. 오랜 시간에 걸쳐 차가운 물을 한 방울씩 떨어뜨려 추출하는 콜드 브루(cold brew) 방식, 원두 분말에 뜨거운 물을 넣고 기다린 뒤 걸러 마시는 프렌치 프레스(French press) 추출 방식 등. 그중 가장 많이 쓰이는 것이 에스프레소와 핸드 드립이다.

에스프레소와 종이 커피 필터는 어느 쪽이 먼저 생겼을까? 크고 복잡한 에스프레소 머신과 작고 간편한 드리퍼를 생각하면 언뜻 드립 방식이 먼저일 듯지만, 실은 그 반대다. 본격적인 에스프레소 머신이 등장한 것은 1901년, 종이 필터가 등장한 것은 1908년이다. 에스프레소 머신은 이탈리아, 종이 필터는 독일이 고향이다.

인류가 커피를 마시기 시작한 순간부터 더 맛좋은 커피를 뽑아내려는 방법을 연구하기 시작했다고 말해도 과언은 아닐 것이다. 지금도 새로운 커피 추출 방식이 도처에서 실험되고 있다.

옛날에는 주로 볶은 커피를 갈아 물과 함께 끓여 마셨다. 18세기 초가 되어서야 천주머니에 커피를 넣고 뜨거운 물에 우려내는 방법이 프랑스에서 개발되었다. 19세기에는 끓는 물의 압력을 이용한 사이폰(syphon) 추출법이 유행하기도 했다.

그러다가 수증기의 압력으로 짧은 시간에 커피를 추출하는 방법, 즉 에스프레소 머신이 발명되었다. 당시 유행하던 커피 하우스의 필요에 걸맞은 발명품이었다. 많은 손님을 받기 위해서 빠른 시간에 커피를 내려야 했기 때문이다. 1855년 파리 만국 박람회에 에드워드 로이젤(Edward Loysel)이라는 사람이 에스프레소 기계를 만들어 출품한 일도 있지만, 상업용 에스프레소 기계는 1901년 이탈리아 출신 루이지 베제라(Luigi Bezzera)가 만든 원통형 머신을 그 효시로 친다. 에스프레소 머신이라고 해서 지금처럼 크레마가 풍부하고 진한 커피를 생각하면 안 된다. 사람들이 커피의 크레마를 맛보게 된 것은 그로부터 반세기 이후의 일이니 말이다.

베제라의 에스프레소 기계는 빨리 커피를 내려 준다는 장점에도 불

구하고 치명적인 단점이 있었다. 보
일러 내부의 기압이 높아져 물의 끓
는점이 올라가면서 커피를 추출할
때 쓴맛 같은 잡맛이 함께 배어 나온
것. 1946년 아킬레 가지아(Giovanni
Achille Gaggia)가 증기압에 피스톤의
힘을 더해 커피를 뽑아내는 에스프레
소 머신을 발명해 이런 단점을 보완

체즈베(Cezve) 또는 이브릭(Ibrik)이라고 불리는 커피
추출 기구다. 곱게 빻은 커피 가루를 물과 함께 반복적으
로 끓이는 방식으로 커피를 추출하는데, 약재 달이는 방
식과 비슷하다. 터키와 아랍에서 유래한 이 방식은 커피
를 추출하는 가장 오래된 방식으로 알려져 있다.

했다. 더 놀라운 것은 이 방식으로 추출한 에스프레소에는 크레마가
생긴다는 사실이다.

비슷한 시기 독일에서는 다른 방식의 커피 추출 방법이 등장했다.
드레스덴의 평범한 주부 밀리타 벤츠(Melitta Bentz, 1873~1950)는 매일
아침 주전자 바닥에 가라앉은 커피 찌꺼기를 처리하는 것이 고민이었
다. 그러다 아들의 공책을 뜯어 필터를 만드는 방법을 고안해 냈다. 종
이 필터를 통과한 커피는 잡맛이 걸러져 향미가 부드러워진 데다 사
용한 커피 찌꺼기는 종이 필터에 남아 한꺼번에 버리면 그만이었다.
1908년 이 방식으로 특허를 받은 밀리타는 아예 커피 여과기와 필터
를 만드는 회사를 세워 이 추출법을 대량 보급했다. 이 회사 '밀리타
(Melitta)'는 훗날 세계적인 커피 용품 브랜드로 성장했다. 지금은 그녀
의 손자들이 경영하고 있다. 밀리타가 발명한 종이 필터는 일본으로
건너가 칼리타(Kailta), 하리오(Hario), 고노(Kono) 같은 다양한 필터 추

출 방식으로 발전했다.

처음 덩치 큰 기계였던 에스프레소 머신 역시 지금은 가정에서도 간편하게 쓸 수 있는 소형 제품으로 진화했다. 커피 맛을 연구한 선구자들 덕분에 지금은 가볍고 편하게 여러 종류의 커피를 즐길 수 있게 되었다. 지금도 더 나은 커피 맛을 향한 바리스타, 로스터들의 연구가 계속되고 있다. 앞으로 어떤 형태의 추출 방식이 새로 등장할지 아직 모른다.

05
04
핫초코
Hot Chocolate
'신들의 열매'에서 '어린이의 친구'로

핫초코 또는 코코아는 겨울에 잘 어울리는 음료다. 외출하고 집으로 돌아왔을 때, 친구나 연인을 만나려고 카페를 찾았을 때, 이 따뜻하고 달콤한 초콜릿 음료를 목으로 넘기다 보면 어느새 한기가 사라진다. 따뜻하게 데워 마시든, 아니면 혀끝에서 녹여 먹든 초콜릿을 싫어하는 사람은 거의 없다.

지금은 핫초코보다 초콜릿 바나 초콜릿 캔디가 더 널리 판매되지만 음료였던 초콜릿을 고형(固形)으로 만든 기술이 등장한 것은 200년도 채 되지 않는다. 초콜릿 원료인 카카오 원두에서 코코아버터를 빼내 가루로 만드는 기술은 1828년 네덜란드에서 처음 개발되었다. 1847년 영국에서 초콜릿 가루에 설탕, 코코아버터를 섞어 틀에 부어 굳힌 초콜릿이 만들어졌다. 1876년에는 다니엘 페터(Daniel Peter, 1836~1919)라는 스위스 사람이 분유를 넣은 밀크 초콜릿을 처음으로 만들었다.[02] 앙리 네슬레(Henri Nestlé, 1814~1890)가 분유를 발명했기에 가능했던 일이다. 지금 전 세계 커피와 초콜릿 시장을 주름잡는 바로 그 네슬레(Nestlé)가 분유를 발명한 사람의 이름이다.

현재 전 세계 카카오 생산량 1·2위를 다투는 나라는 서아프리카의 가나와 코트디부아르다. 우리나라의 초콜릿 상품명인 가나도 아프리카의 가나에서 따온 것이다. 그렇다고 카카오의 원산지가 아프리카인 것은 아니다. 카카오는 중남미에서 자생해 전 세계로 퍼져 나갔다.

기운을 북돋아 주고 기분을 좋게 만드는 카카오 열매의 효능을 처음으로 발견한 이들은 고대 페루 마야인들이었다. 7세기 처음 카카오 재배가 이루어졌다. 당시 카카오 열매는 돈 대신 유통되었을 만큼 귀한 상품이었다. 신들의 열매로 불리기도 했다.

14~16세기 멕시코 아즈텍인들도 카카오 열매를 갈아 마셨다. 이들이 마시던 카카오가 유럽에 전해진 것은 16세기 스페인을 통해서다. 초콜릿의 어원인 초콜라테(chocolate, 이 단어는 아즈텍인들이 카카오 음료를 부르는 '초코아틀(tchocoatl)'이라는 말에서 비롯되었다)라는 단어가 쓰이기 시작한 것도 이즈음이다. 유럽인들은 카카오 열매를 갈아 계피나 정향, 후추 같은 향신료를 섞어 마셨다. 말하자면 초기의 핫초코인 셈. 워낙 귀한 음료여서 처음에는 유럽에서도 왕실과 귀족, 성직자들만 마실 수 있었다. 1569년 교황 비오 5세(Saint Pius V, 재위 1566~1572)는 "카카오 음료를 마시는 것은 금식을 깨는 것이 아니다"라고 선언하기도 했다.

프랑스 화가 폴 가바니(Paul Gavarni)가 그린 〈초콜릿 행상인(Woman Chocolate Vendor)〉. 1800년대 중반의 작품이다.

마시면 기분이 좋아지는 음료라는데 인기를 얻지 못했을 리 없다. 초콜릿이 '만병통치약'이라는 소문까지 나면서 수요가 급증했다. 무역상들은 중남미산 카카오를 수입하기 바빴다.

18세기 들어 아프리카산 카카오가 유럽에 수입되면서 초콜릿의 대중화가 시작되었다. 중남미에서만 자라던 카카오나무를 기후가 비슷한 아프리카에 옮겨 심어 재배하기 시작한 것이다. 영국령 골드 코스트(Gold Coast, 현재의 서아프리카 연안)에 처음으로 카카오 농장이 들어섰고, 카카오 재배는 서아프리카의 중요한 산업이 되었다. 비슷한 시기 중남미의 카카오 농장은 재해로 생산량이 줄었다. 그 결과 아프리카가 카카오의 최대 산지가 된 것이다. 안타까운 사실은 대부분의 아프리카 카카오 농장에서 일하는 농민들은 노력에 상응하는 만큼의 대가를 받지 못하고 있다는 점이다.

초콜릿이 어린이들이 좋아하는 간식으로 발전한 데는 스위스의 공로를 빼놓을 수 없다. 앞서 언급한 것처럼 스위스는 밀크 초콜릿을 처음 만든 나라다. 페터와 네슬레 말고도 스위스에는 '초콜릿 선각자'들이 많았다. 로돌프 린트(Rodolphe Lindt, 1855~1909)는 1879년 콘칭(conching) 기법이라는 새로운 초콜릿 가공법을 개발해 초콜릿이 지금처럼 부드러운 식감을 갖는 데 일조했다. 린트(LINDT) 역시 여전히 초콜릿 제조사로 유명하다. 슈샤드(SUCHARD)의 창업자 필립 슈샤드(Philippe Suchard, 1797~1884)가 1901년 선보인 밀카(Milka)는 지금도 전 세계에서 인기리에 팔리고 있는 초콜릿계의 스테디셀러다.

카카오 농장에서 일하는 아프리카 노동자들. 이들 대부분이 제대로 된 대우를 받지 못한 채 열악한 환경에서 일하고 있다.

우리나라에서 제일 처음 초콜릿을 맛본 사람은 명성황후라고 전해 진다. 러시아 공사 부인으로부터 받은 선물에 초콜릿이 포함되어 있 었다고 한다. 초콜릿이 대중에게 알려진 것은 1945년 미군 주둔 이후 다. 6·25 전쟁에 참전한 미군을 통해 일반인들에게 널리 퍼지게 되었 다. 초콜릿은 달콤하지만 우리나라의 초콜릿 역사는 그리 달갑지 않 은 배경을 가지고 있다.

05. 홍차
Black Tea
귀족의 간식에서 노동자의 생산성을 높이는 도구로

이제 우리나라에서도 호텔이나 레스토랑에 가면 '애프터눈 티(after-noon tea)' 세트를 종종 맛볼 수 있다. 19세기에 시작되었다는 애프터눈 티는 오후 3시에서 5시 사이, 샌드위치와 마카롱, 스콘, 케이크 등과 홍차를 즐기는 영국의 독특한 간식 문화다. 지금은 영국뿐 아니라 많은 나라에서 맛볼 수 있는 디저트 메뉴의 하나가 되었다.

현재와 같은 애프터눈 티는 19세기 초 베드포드 7대 공작부인 안나 마리아(Anna Maria Russell, Duchess of Bedford, 1783~1857)가 처음 만들었다고 전해진다. 물론 이전에도 귀부인들이 오후의 티타임을 즐기지 않았던 것은 아니었다. 1763년의 한 기록에는 '귀부인들이 애프터눈 티와 커피를 마신다'는 기록이 있다.[03]

영국의 전통적인 애프터눈 티 세트

베드포드 공작부인의 공로는 이런 애프터눈 티에 샌드위치, 스콘 같은 먹을거리를 곁들여 간식으로 내놓은 것이다. 아침과 저녁 두 끼만을 먹었던 당시 영국인들의 식습관에서 오후의 허기를 달래는 애프터눈 티 문화는 큰 인기를 끌었다. 귀족에서 시작되어 중산층까지 이어지는 사회 현상으로 발전했다. 이어 영국을 벗어나 전 세계로 확산되었다. 각종 과자와 빵이 3단 트레이에 올려져 있는 애프터눈 티 세트를 보면 다과(茶菓) 치고는 지나칠 만큼 호사스럽다는 느낌마저 든다.

영국 사람들은 유난히 홍차를 즐겨 마신다. 유럽의 다른 나라들에서 홍차를 마시지 않는 것은 아니지만, 영국만큼 홍차에 대한 애정이 깊은 나라는 없다. 심지어 영국군은 제2차 세계 대전 중에도 티타임을 가졌다. 군 보급품에도 홍차가 포함되었다. 현재 전차를 비롯한 군 전투 차량에 장착된 전열 포트는 당시 영국군의 경험을 토대로 개발된 것이다.

1662년 영국 찰스 2세와 결혼한 포르투갈 왕녀 캐서린(Catherine of Bra-ganza, 1638~1705)이 결혼 선물로 홍차를 들여오면서 영국의 홍차 문화가 시작되었다고 한다. 18세기 들어 영국은 중국과 인도 등에서 대량으로 차를 수입했는데, 처음에는 녹차 수입량이 많았으나 점차 홍차를 많이 마시게 되었다. 수입 차 중 녹차와 홍차의 비율은 18세기 초 55 대 45 정도였으나 18세기 중엽에는 홍차의 비중이 60%를 넘어서게 되었다.

영국에 홍차를 들여온 찰스 2세의 왕비 캐서린. 당시 홍차는 귀족의 전유물이었고, 커피는 지식인과 서민이 즐겼다. 그녀의 남편 찰스 2세는 대중의 정치적 관심이 커지는 것을 방지하기 위해 커피 하우스를 폐쇄하는 조치를 내리기도 했다.

상류층에서 오후의 허기를 달래던 영국의 '티타임'은 산업 혁명을 거치면서 노동자 계급까지 확산된다. 이 시기 수에즈 운하 개통 등으로 수입 차 값이 떨어진 것이 직접적인 계기가 되었지만, 그보다는 더 확실한 수요가 있었다. 당시 하루 14시간에서 16시간까지 일하던 노동자들은 저녁이 되면 녹초가 되기 마련이었다. 공장에서는 오후 5시에서 7시 사이 우유와 설탕을 넣은 홍차를 노동자들에게 배급해 노동 생산성을 높이려고 했다. 귀족들의 애프터눈 티를 '로우 티(low tea)'로, 노동자의 티타임을 '하이 티(high tea)'로 구분해 부르기도 했다. 설탕과 우유의 열량에 카페인까지 더해진 홍차 덕에 실제로 생산성이 올라갔다. 귀족들의 오후 간식이 노동자의 생산성을 높이는 도구로 바뀐 셈이다.

지금은 티타임이 영국을 대표하는 하나의 문화로 인정받고 있지만, 그 발전 과정에 노동 착취의 역사가 숨어 있다는 점을 생각하면 약간은 씁쓸한 느낌이 든다.

05/06 콜라
Cola
만약 코카콜라가 펩시콜라를 인수했더라면?

'코카콜라(Coca-Cola)'와 '펩시콜라(Pepsi Cola)'. 탄산음료의 역사를 이야기할 때 빼놓을 수 없는 두 브랜드다. 수십 가지 브랜드가 난무하는 다른 탄산음료(물론 그중 상당수 브랜드가 이 두 회사의 소유이기는 하지만)와 달리 '콜라'라는 독특한 영역은 이 두 브랜드를 제외하고 설명하기 어렵다.

미국 조지아주 약사 존 펨버턴(John Stith Pemberton, 1831~1888)이 코카콜라를 처음 만든 것이 1886년, 노스캐롤라이나주의 약사 칼랩 브래드햄(Caleb Bradham, 1867~1934)이 펩시콜라를 만든 것이 1898년이다. 코카콜라는 주성분인 코카 잎과 콜라 열매에서, 펩시콜라는 소화 효소인 펩신(Pepsin)에서 이름을 따왔다. 두 제품 모두 약사가 개발했다는 데서 짐작할 수 있듯 처음에는 소화불량 같은 증상을 치료하는 약으로 출시되었다. 그러나 약보다는 청량음료로 판매하는 것이 효과적이라는 사실을 알게 되는 데는 오랜 시간이 걸리지 않았다.

19세기 이후 줄곧 유지되어 온 1인자와 2인자의 서열이 콜라 업계의 경쟁을 부추겼다. 콜라를 통해 탄산음료의 새로운 시장을 열어젖힌 쪽은 코카콜라다. 출시 초기에는 소다수 기계에서 뽑은 콜라를 컵에 담아 판매했던 코카콜라는 1899년 처음으로 유리병에 콜라를 담아 판매하기 시작했다.

사람들은 굳이 콜라를 마시러 소다수 판매점까지 갈 필요가 없어졌다. 소매점과 스포츠 경기장에서도 콜라를 사 마실 수 있게 되었고, 콜라병을 들고 피크닉을 떠날 수도 있게 되었다.[04] 코카콜라가 '보틀러(bottler)'라는 병입 제조업자와 계약해 대량 생산하는 체제는 이 시절 구축되었다.

펩시콜라 역시 초창기에는 잘나갔지만 1920년대 들어 경영난에 빠졌다. 도산 직전에 몰린 펩시콜라는 1934년 죽기 아니면 살기식의 '반값' 마케팅을 펼쳤다. 코카콜라 가격의 절반에 판매하는 작전이 먹혀들면서 펩시콜라는 기사회생했다.

그렇다고 코카콜라의 아성이 무너진 것은 아니다. 오히려 제2차 세계 대전을 통해 세계 각국으로 진출하는 계기를 마련했다. 코카콜라가 미군의 사기를 높여 주는 음료라는 인식이 강했던 데다 실제로 군대에서도 코카콜라의 안정적인 공급을 원했기 때문에 일부 미군 주둔지까지 코카콜라 공장이 들어섰다.

하지만 이렇게 형성된 코카콜라의 '미국적 이미지'는 냉전 시대에 도리어 역풍을 맞았다. 공산권으로 시장을 확장하고 싶었지만, 이미 옛 소련을 비롯한 동구권 국가에서는 코카콜라에 대한 반감이 형성되어 있었다.

세계 대전 때 상대적으로 움츠러들었던 펩시콜라는 이 틈을 파고들었다. 1959년 모스크바 특별 무역 박람회에서 당시 미국 부통령이던 리처드 닉슨(Richard Milhous Nixon, 1913~1994)과 소련 서기장 니키타 흐루쇼프(Nikita Khrushchev, 1894~1971)가 펩시콜라 부스 앞에서 나란히 음료를 마시는 것이 계기가 되었다. 동구권 사업에서 코카콜라가 속수무책인 사이 펩시콜라는 1965년 루마니아에 공장을 세우며 동구권 진출의 교두보를 삼았다. 오래지 않아 펩시콜라는 동구권에서 가장 인기 있는 음료가 되었다.

코카콜라와 펩시콜라의 1900년대 초 광고. 두 회사가 치열한 경쟁을 펼치며 글로벌 기업으로 성장하는 과정은 미국 문화와 자본주의가 확산하는 역사와 맥을 같이한다.

이 지역에서 펩시콜라와 코카콜라의 위상이 역전된 것은 1989년 베를린 장벽이 무너지면서다. 역설적이게도 기존에 인기 있던 펩시콜라는 구체제의 유물이 되었고, 가장 미국적인 음료라던 코카콜라는 자유의 상징이 되었다.

이런 식의 경쟁은 미국에 대한 반감이 큰 중동에서도 비슷하게 이어졌다. 펩시콜라가 먼저 구축한 시장에 코카콜라가 도전해 점유율을 빼앗아 오는 양상이다.

동구권와 중동 지역에서 도전장을 낸 쪽이 코카콜라라면, 미국을 비롯한 나머지 전 세계 지역에서는 펩시콜라가 도전하는 형국이 이어졌다. 특히 펩시콜라의 도전 역사에서 빼놓을 수 없는 마케팅이 1970년대 화제를 모았던 '펩시 챌린지(Pepsi Challenge)'다. 일반인들이 참여해 눈을 가린 채 콜라 두 잔을 차례로 마시게 하고 그중 맛있는 쪽을 고르게 한 '블라인드 테스트'다. 참가자 상당수가 펩시의 손을 드는 장면을 여과 없이 TV로 내보낸 이 광고 덕에 펩시콜라의 점유율이 급상승했다. 펩시 챌린지는 아직까지도 비교 광고의 한 획을 그은 캠페인으로 평가된다.

코카콜라와 펩시콜라가 벌여 온 경쟁의 역사는 톡 쏘는 콜라 맛만큼이나 매력적인 구석이 있다. 의도했건 의도하지 않았건 이들이 100년 이상 경쟁을 벌이며 성장하는 과정에서 새로운 광고 마케팅 기법이 태어났다는 점에서 둘을 단순히 음료업계의 라이벌로만 여기기에는 한계가 있다. 미국에서 태어난 콜라가 '미국의 상징' 또는 '자본주의의 상징'으로 통하게 된 것도 두 회사가 전 세계에서 경쟁을 벌이며 영역을 확장해 온 결과다.

그런데 어쩌면 이런 경쟁은 아예 없었을 수도 있었다. 1920년대와 30년대, 경영난에 빠진 펩시콜라가 코카콜라에 인수를 타진했기 때문이다. 당시 코카콜라는 펩시콜라의 제안을 묵살했고, 펩시콜라는 어쩔 수 없이 독자 생존을 택할 수밖에 없었다. 펩시의 '도전정신'은 이때 태동했는지도 모른다. 만약 그 당시 코카콜라가 펩시콜라를 인수했다면 어떻게 되었을까? 물론 역사에는 가정이 없다지만 말이다.

05 / 07 설탕
Sugar
달콤함 뒤에 숨은 쓰디 쓴 역사

디저트를 만드는 데 설탕은 빠뜨릴 수 없는 식재료다. 케이크나 쿠키, 마카롱, 브라우니 같은 빵·제과류의 디저트는 물론 커피나 차에도 설탕이 필수다. 과일에 설탕을 곁들여 먹는 경우도 있다.

설탕은 인류의 식문화 역사에서 큰 비중을 차지했다. 인공·합성 감미료가 발명되기 이전에는 꿀과 설탕을 제외하면 딱히 단맛을 낼 만한 재료가 없었다.

그런데 설탕만큼 근래 들어 처우가 급전직하한 식재료도 없다. 소량이라도 대부분 요리에 빠지지 않고 들어가던 설탕이 요즘에는 기피 식품으로 취급받고 있다. 비만이나 당뇨 등의 질환을 일으키는 주범으로 여겨지기 때문이다. 여기에 과다 섭취하면 불안감이 늘고 집중력이 떨어지는 현상을 겪는다. 몸속의 중성 지방을 늘리기도 한다. 이런 이유로 성인병의 주원인이라는 '백색 식품'의 한 자리를 차지하고 있다. 이런 부작용 탓에 '단맛을 내면서 단시간에 열량을 높여 주는' 독특한 장점이 묻히기도 한다.

설탕이 사람처럼 생각할 수 있다면 격세지감일 것이다. 한때 금만큼이나 귀한 대접을 받았던 몸이다. 더구나 설탕을 만들기 위해 얼마나 많은 사람들이 이루 말할 수 없는 고통을 겪었는지 모른다.

설탕이 처음 만들어진 곳은 지금의 인도 지방이다. 기원전 4세기 인더스강 유역 원주민들은 이미 사탕수수에서 단물을 뽑아내 끓인 뒤 딱딱하게 굳힌 '돌 꿀'을 만드는 방법을 알고 있었다. 인도에서 비롯한 설탕은 중동 지역을 거쳐 유럽으로 전파되었다. 설탕의 유럽 전파에는 특히 이슬람의 공로가 크다. 중동 지역과 스페인 일부에서 재배되었던 사탕수수는 11세기 시작된 십자군 전쟁을 계기로 유럽 전역으로 퍼져 나갔다.

가격도 비쌌다. 중세 유럽에서는 왕실과 귀족들 사이에서 '과시용 조미료'로 설탕이 식탁에 올랐다. 지금 남아 있는 중세의 설탕 그릇 크기가 지금 설탕 그릇과 비교해 큰 것은 재력을 뽐내기 위한 귀족들의 허영심 때문이었다. 귀족들은 설탕을 듬뿍 담아 식탁에 올리는 것으로 부를 과시했다. 당시 유럽에서는 설탕이 약재로서의 효능도 있다고 믿었기 때문에 설탕의 가치는 더욱 올라갔다. 상인들에게 설탕은 좋은 돈벌이 수단이었다.

마침 15세기 신대륙을 발견한 유럽인들은 16세기 그곳에 사탕수수를 옮겨 심고 설탕을 생산하기 시작했다. 콜럼버스가 두 번째 항해에서 가져간 사탕수수가 신대륙 설탕 제조의 시작이다. 영국과 프랑스의 무역업자들은 중남미 지역에서 생산된 설탕을 유럽으로 수입해 큰돈을 벌었다.

설탕의 인기는 수그러들 줄 몰랐다. 덩달아 설탕 제조업자와 판매업자들의 욕심도 수그러들지 않았다.

신대륙에서의 대량 생산이 공급을 늘렸고 가격이 떨어지면서 수요도 폭발적으로 늘었다. 귀족들의 전유물이던 설탕은 18세기 들어 대중화 단계로 접어들었다. 설탕의 대량 생산이 가격 하락을 부채질했다. 홍차에 설탕을 넣어 마시던 17세기 영국 왕실의 전통은 시간이 지나면서 영국 국민 전체의 생활 문화가 되었다.

기계 설비가 없던 시대, 설탕의 대량 생산은 대규모 노동력의 투입을 의미했다. 사탕수수 재배부터 설탕을 만들어 내기까지 사람의 손이 필요하지 않은 과정이 없었다. 신대륙 플랜테이션 농업에 필요한 노동력을 조달하기 위해 농장주들은 아프리카에서 '구입'해온 노예가 필요했다. 수십만의 아프리카 청년들이 짐짝처럼 배 바닥에 실려 바다를 건넜다. 배에서 죽은 이들도 부지기수다.

살아남은 노예들도 온갖 학대를 당하면서 중노동에 시달려야 했다. 매질은 기본이고, 목에 쇠틀을 채워 잠을 제대로 못 자게 하는 일도 있었다. 지금으로서는 상상도 할 수 없는 인권 유린이다. 욕심에 눈 먼 인간들이 얼마나 추해질 수 있는지 보여 주는 역사의 단면이다. 중남미에서 플랜테이션 체계가 자리 잡을 무렵인 17세기 중반에는 유럽인 노동자의 수보다 노예 노동자의 숫자가 많아졌다.[05]

설탕 때문에 생긴 노예 학대에 심각하게 반대하는 사람들도 생겼다. 1791년 영국에서는 '영국 국민에게 서인도제도의 설탕과 럼을 삼갈 것을 탄원한다'는 내용의 성명이 나돌기도 했다. 이에 동조한 중산층 여성들은 설탕 불매 운동에 참여했다.[06]

푸에르토리코의 화가 프란시스코 올러(Francisco Oller)가 묘사한 설탕 제조 공장. 설탕은 농업과 공업, 노동력 착취가 결합한 결과물이었다.

설탕을 생산하기 위해 농업(플랜테이션)과 공업(설탕 제조)이 한데 모이면서 자본주의가 싹트기 시작했다는 시각도 있다. 설탕의 대량 생산은 유럽의 자본이 신대륙의 토지, 아프리카의 노동력과 만난 결과다. 이른바 삼각 무역이다.

자본주의가 태동하고 유럽이 산업 사회로 들어서던 시기, 설탕의 대량 생산과 맞물리면서 설탕 자체의 지위도 떨어지게 된다. 한때 귀족의 전유물이었던 설탕은 19세기 들어 저임금 노동자들이 싼값에 열량을 공급받는 수단이 되었다. 오후에 설탕이 듬뿍 들어간 홍차를 마신 뒤 남은 일을 마치는 전통까지 생겼다.

그나마 노동자들의 열량 보충용으로 효용을 인정받던 설탕은 현대에 들어와 더욱 천대받는 지경이 되었다. 각종 질병의 원인으로 지목되면서 일부 국가에서는 설탕이 들어간 음료의 광고를 금지하거나 학교에서 설탕이 포함된 음료 자판기를 철거하는 등 '반(反)설탕' 조치에 들어갔다.

한때 4파운드(약 1.5kg) 무게로 송아지 한 마리를 살 수 있을 만큼 귀한 대접을 받았던 설탕. 그러나 지금은 그야말로 기호 식품에서 기피 식품이 된 셈이다. 설탕이 살아 있다면 이런 상황을 어떻게 바라볼까?

05 빙수
08

빙수
Bingsu / Shaved ice
팥빙수는 언제부터 우리의 여름 간식이 되었나?

그러나 얼음의 얼음 맛은 아이스크림보다도 밀크셰이크보다도 써억써억 갈아 주는 '빙수'에 있는 것이다. …… (중략) …… 빙수에는 바나나 물이나 오렌지 물을 쳐 먹는 이가 있지만, 얼음 맛을 정말 고맙게 해 주는 것은 새빨간 딸기 물이다. 사랑하는 이의 보드라운 혀끝 맛 같은 맛을 얼음에 채운 맛! 옳다, 그 맛이다.

언뜻 요즘 나오는 과일 빙수를 묘사한 것 같은 이 글은, 실은 90년도 더 넘은 1920년대에 쓰인 것이다. 글의 필자는 어린이날 제정에 기여한 아동 문학가 소파(小波) 방정환(方正煥, 1899~1931). 1929년 《별건곤》이라는 잡지에 '생영파(生影波)'라는 필명으로 빙수에 관한 이 글을 기고했다.[07]

이 글에는 방정환이 서울에서 최고로 치는 빙수 가게 소개, 딸기 물에 맹물을 타서 희석시켜 주는 가게에 관한 한탄, 여름 빙수를 제대로 즐기는 법 등이 나온다. 일제 강점기인 1920년대에 이미 빙수가 대중의 여름 간식으로 자리 잡았다는 점을 알 수 있다. 자리 잡은 정도가 아니다. 1920년대 초에 서울에만 400곳이 넘는 빙수 가게가 성업했다. 방정환은 생전에 하루 7~8그릇의 빙수를 먹기도 했다고 하니 대단한 빙수 애호가였던 모양이다.

빙수는 언제부터 먹은 것일까? '신라 지증왕 6년(505년) 신라에서 처음으로 유사(有司)에게 명하여 얼음을 저장케 하고 선박(船舶) 이용을 제정(制定)했다'는 『동국통감(東國通鑑)』의 기록을 인용해 일부에서는 빙수의 기원이 삼국 시대로까지 거슬러 올라간다고 주장하기도 하지만, 문헌에 얼음을 어떤 용도로 사용했는지 나오지 않을뿐더러 얼음을 식용으로 사용했다고 하더라도 일부 상류층에 국한되었을 것이므로 요즘 간식인 빙수와 직접 연결시키는 것은 무리가 있다.

조선 시대에는 여름에 당상관(정3품) 이상 고위 관료들이 나라에서 얼음을 받아 잘게 깨서 과일 등과 함께 먹었다고 기록되었다. 하지만 이 역시 지금의 빙수와는 다르다. 화채와 비슷했을 것으로 보인다.

지금과 같은 형태의 빙수가 나온 것은 냉동 기술이 개발된 19세기 이후의 일로 보는 것이 타당하다. 일본에서 냉각기를 이용해 만든 얼음을 식용으로 상용화했다. 1860년대 일본에서는 이미 얼음을 대패로 깎아 파는 빙수 가게가 등장했다. 1880년대 빙삭기가 발명되면서 지금의 빙수와 같은 '카키고오리(かき氷)'가 크게 유행했다. 이 카키고오리는 한반도에 상륙해서도 큰 인기를 끌었다. 1913년 서울에 제빙소가 설립된 것이 빙수 보급의 기폭제가 되었다.

당시의 빙수 또는 카키고오리는 곱게 간 얼음을 열대 과일(주로 타이완산), 설탕물 등과 함께 먹는 음식이다. 지금처럼 단팥이 올라간 것은 아니었다. 방정환의 글에도 단팥 고명 이야기는 나오지 않는다.

일본에서 얼음에 식은 단팥죽을 올려 먹는 팥빙수 또는 고오리아즈키(氷あずき)라는 '얼음 팥'이 한국으로 들어온 것은 일제 강점기 시대다. 대략 1930년대 이후인 것으로 추정된다. 1950년대 규슈(九州, 구주) 지방에서는 단팥뿐 아니라 과일과 연유를 함께 곁들여 먹는 빙수가 유행했는데, 이 단팥 빙수가 우리나라에 들어와 발전하면서 현대적인 팥빙수가 생겨났다.

같은 제목의 가요가 만들어질 정도로 우리에게 친숙한 여름 간식이 팥빙수다. 하지만 요즘에는 옛날식 팥빙수는 오히려 찾아보기 어렵다. 빙수 전문점에서 판매하는 빙수에 각종 과일은 물론 초콜릿, 치즈 같은 현대식 재료가 화려하게 얼음 위를 장식하면서 오리지널이라고 할 수 있는 팥빙수가 뒤로 밀렸다. 하긴 100여 년 전 처음 빙수가 시중에 나왔을 때 얼음 위에 놓였던 것이 단팥이 아니라 과일이나 시럽이었던 것을 생각하면, 지금 빙수에서 단팥이 점점 사라지는 추세를 두고 '발전적 복고'라고 불러야 할지도 모르겠다.

05 / 09 아이스크림
Ice Cream
전쟁터에 등장한 '떠다니는' 아이스크림 공장

제2차 세계 대전 막바지인 1945년 미국 해군의 배 한 척이 '특수 작전'을 수행하기 위해 태평양 바다로 나섰다. '쿼츠(IX-150 QUARTZ)호'라는 이름의 이 배는 자체 추진 장치가 없어 견인하지 않고는 이동할 수도 없었다. 이 배가 수행한 특수 작전 임무는 다름 아닌 전투 식량 공급. 그런데 여느 급양선(給養船)과는 취급 품목이 달랐다. 아이스크림을 대량 생산해 미군에 공급하는 것이 이 배의 역할이었다.

당시 태평양 전선의 상대국이었던 일본 해군에도 아이스크림 생산이 가능한 '마미야(間宮)호'라는 급양함이 있었지만, 단지 생산이 가능하다는 것뿐이었지 쿼츠호처럼 아이스크림 생산만을 위해 건조된 배는 아니었다. 쿼츠호는 매 7분당 10갤런(38리터) 분량의 아이스크림을 만들고 2,000갤런(7,600리터)까지 보관이 가능한 바다 위의 아이스크림 공장이었다. 100만 달러가 들어간 이 배를 미군은 아이스크림 바지선(ice cream barge)이라고도 불렀다.

해군이 이렇게까지 하는데 육군이라고 질 수 없었다. 미 육군은 전장에 간이 아이스크림 공장들을 건설했다. 최전선 참호 속에서 경계 근무하는 병사들도 아이스크림을 나누어 먹을 수 있었다.

도대체 아이스크림이 뭐기에 전쟁터에서까지 천문학적인 돈을 쏟아

부었을까? 실제로 아이스크림이 연합군의 승리에 기여했다는 점은 간과할 수 없다. 군의 사기를 높였다.

제2차 세계 대전 때는 동맹군인 독일과 이탈리아, 일본은 물론 연합군인 영국까지도 전쟁 물자인 설탕과 우유를 아끼기 위해 후방에서도 아이스크림 생산을 제한했다. 이런 시기에 미국만 군대 보급품으로 아이스크림을 제공해 국부(國富)를 과시했으니, 이미 심리전에서 상대를 한 수 앞선 채 전쟁을 치른 셈이다.

젊은이들의 아이스크림 사랑은 평시나 전시나 다를 바 없었다. 1942년 일본 해군의 어뢰에 맞아 서서히 침몰해 가던 미국 항공모함 렉싱턴(USS Lexington)호에서는 한바탕 소동이 일어났다. 가라앉는 배에서 탈출하기 위해서가 아니라, 수병들이 냉장고에 남아 있는 아이스크림을 먹어치우느라 생긴 소동이었다. 병사들은 배에서 빠져나가면서도 헬멧에 가득 담은 아이스크림을 놓치지 않았다. 이런 정도였으니 전쟁터에서도 아이스크림을 먹을 수 있다는 것이 병사들에게 얼마나 큰 위안이자 자부심이었겠는가.

'아이스크림 홀릭'은 꽤 오래전부터 있었다.[08] 미국 초대 대통령인 조지 워싱턴(George Washington, 1732~1799)은 매년 지금 화폐 가치로 5,000달러(약 600만 원)어치의 아이스크림을 사 먹었다고 한다.

아이스크림이 이렇게 오래된 것인가에 대해 의문이 생긴다면, 아이스크림이라는 단어가 처음 등장한 것이 18세기 초라는 점을 알아 둘 필요가 있다. 1718년 영국에서 발간된《메리 에일스 아주머니의 요리책》

에는 '얼음을 잘게 빻아 크림과 섞어 만
드는' 아이스크림 레시피가 등장한다.[09]

1718년에 발간된 『메리 에일스 아주머니의 요리책
(Mrs. Mary Eales's Receipe)』에는 아이스크림을
만드는 레시피가 포함되어 있다.

고대 귀족이나 왕실에서 눈에 과일
과 향료를 첨가해 먹었던 것을 아이스
크림의 기원으로 본다. 고대 중국에서
는 우유를 얼린 아이스크림이 있었다고
한다. 우유와 크림을 이용한 아이스크

림은 17세기 처음 개발된 것으로 전해진다. 16세기 중반 이탈리아에
서 얼음에 질산을 넣으면 매우 낮은 온도까지 냉각되는 원리를 발견
한 이후다. 17세기 나폴리에서는 우유를 물과 설탕, 향신료 등과 섞
어 끓인 뒤 얼려 내는 '밀크 소르베토(milk sorbétto)'를 가정에서 즐겼
다고 한다.[10]

지금처럼 다양한 맛의 아이스크림을 선보인 것은 18세기의 일이다.
프랑스가 선도적인 역할을 했다. 당시의 요리책에는 초콜릿, 캐러멜,
커피 등 요즘에도 맛볼 수 있는 재료뿐 아니라 아스파라거스, 제비꽃,
푸아그라 같은 지금 시각으로 보면 어울리지 않을 것 같은 식재료를
넣은 아이스크림 제조법이 실려 있다.

19세기 중반 미국에서 아이스크림 제조기가 발명되면서 아이스크림
은 대량 생산의 길로 접어들게 된다. 공장에서 만들어 내는 디저트의
시대가 열린 것이다. 아이스크림을 판매하는 디저트 전문점 '소다 파
운틴(Soda fountain)'이 미국 전역에서 인기를 끌었다.

1904년 세인트루이스 만국 박람회에서 와플 장수와 아이스크림 장수가 '의기투합'하면서 아이스크림의 혁신이 일어났다. 와플콘에 아이스크림을 얹으면서 박람회장을 걸어 돌아다니면서 먹을 수 있는 아이스크림, 아이스크림콘이 탄생한 것이다. 이 아이디어는 '대박'을 쳤고 곧바로 미국 전역을 거쳐 세계로 퍼져 나갔다. 이후 20년 동안 미국에서는 2억 4,500만 개의 아이스크림콘이 소비되었다. 1920년대에는 서울(경성) 거리에서도 아이스크림 장수를 볼 수 있게 되었다. 이후 100여 년간 아이스크림은 '지구인'들에게 생활의 일부가 되었다.

05 / 10 티라미수
Tiramisu

단순한 레시피, 기대 이상의 맛, 너무 많은 발명가

세계인들이 가장 많이 사용하는 이탈리아 단어는 무엇일까? 이탈리아 로마에 본부를 둔 '단테 알리기에리 소사이어티(Dante Alighieri Society, 이탈리아의 문화와 언어를 홍보하는 기관. 1889년에 설립되었다)' 조사에 따르면 '피자'가 1위, '카푸치노(cappuccino)'가 2위다. '스파게티'와 '에스프레소'가 뒤를 이었다. 여기까지는 당연한 순위처럼 보인다. 하지만 '모차렐라(mozzarella)'와 함께 공동 5위를 차지한 단어가 '티라미수(tiramisu)'라는 사실은 다소 놀랍다. 카카오 가루를 얹은 이 부드럽고 달콤한 디저트를 몰라서가 아니다. 티라미수라는 단어 자체가 이탈리아어 사전에 공식적으로 수록된 것이 채 40년도 되지 않았기 때문이다. 1983년 간행된 차니켈리 출판사판 이탈리아어 사전에 티라미수라는 단어가 등재된다.

티라미수는 이탈리아어로 '나를 들어 올리다(영어로 하면 lift me up)'라는 뜻이다. '기운이 나게 만든다', '기분을 좋게 한다'는 의미로도 통한다. 처음에는 베네토(Veneto) 지역 방언으로 '티라메수(tiramesu)'라고 불렸다.

티라미수 또는 티라메수의 성공 비결은 단순하다. 이탈리아 음식을 조금이라도 아는 사람이라면, 아니 이탈리아 요리에 문외한인 사람이라도 손쉽게 만들 수 있는 간단한 레시피, 그리고 만드는 데 들인 노력 이상을 보상해 주는 환상적인 맛 때문이다. 계란 노른자와 설탕, 마스카포네(mascarpone) 치즈로 만든 크림을 커피에 적신 사보이아르디(savoiardi) 비스킷 위에 얹고 카카오 가루를 뿌리기만 하면 된다. 영어권에서는 '레이디 핑거'라고 부르는 사보이아르디 비스킷은, 그 이름은 다소 어렵지만, 우리나라에서도 인터넷으로 쉽게 구할 수 있는 식품이다. 그러니 이 비스킷을 오븐에 직접 굽겠다고 팔을 걷고 나서지 않아도 된다. 이런 쉬운 레시피에 멋진 이름까지 붙었으니 인기를 끄는 것은 당연했다.

문제는 티라미수가 세계적인 디저트로 명성을 얻은 지금까지도 이 간단한 레시피를 누가 만들었는지 논란이 되고 있다는 것. 중세나 근대쯤 만들어진 요리라면 '작자 미상'이 가능할 수 있겠지만, 사전에 이름이 처음 등재된 것이 1980년대인 점을 감안하면 빨라야 1950~60년대, 어쩌면 1970년대에 처음 만들어진 디저트라는 추측이 가능하다.

티라미수와 비슷한 디저트가 17세기부터 있었다는 기록이 있지만 지금처럼 달걀과 마스카포네 치즈를 섞은 크림이 올라간 것은 아니다. 무엇보다 냉장 기술이 발달하지 않은 중세에 대표적으로 상하기 쉬운 두 가지 재료를 섞어 크림을 만드는 것은 상당히 위험천만한 시도였을 것이다. 당시의 크림은 초콜릿을 저어 만들었다고 한다.

티라미수라는 디저트 이름은 이탈리아의 영화배우이면서 요리 평론가로 활동했던 주세페 마피올리(Giuseppe Maffioli, 1925~1985)가 1981

년에 잡지에 쓴 글에 처음 등장한
다. 이 글은 티라미수(원본에는 방언
으로 티라메수)를 '최근 10년 사이에
트레비소(Treviso, 이탈리아 베네토 지
방의 도시)에 새롭게 등장한 디저트'
로 소개하고 있다. 또 '레 베케리에
(Le Beccherie)'라는 식당의 디저트 담

이탈리아 트레비소에 있는 한 가게의 벽을 장식한 문구.
티라미수의 원조 레시피를 보유하고 있다고 알리고 있다.

당 셰프 롤리 링구아노토('Loly' Linguanotto)가 처음 만들었다고도 썼
다.[11] 티라미수의 원조를 논할 때 그나마 가장 신빙성 있는 설로 받아
들여지는 이야기다.

　하지만 이에 대한 반론도 만만치 않다. 피렌체 레스토랑 '에노테카
핀키오리(Enoteca Pinchiori)'나 트레비소의 레스토랑 '엘 툴라(El Toula)'
도 저마다 자기네가 티라미수를 처음 만들었다고 주장하고 있다. 이
탈리아 출신으로 미국으로 건너간 제빵사 카르미난토니오 이안나코네
(Carminantonio Iannaccone)는 2007년 워싱턴 포스트와의 인터뷰[12]에서
자신이 이탈리아 트레비소에 살 때인 1969년 티라미수를 처음 만들었
다고 주장했다. 호텔을 경영했던 노르마 피엘리(Norma Pielli)라는 여성
은 이보다 앞서 1950년대 초반에 티라미수를 만들었다고 주장하며 이
를 입증하기 위한 법적 절차를 밟기도 했다.

　이런 이름들이 그리 큰 의미가 있는 것도 아니다. 토머스 에디슨이
나 스티브 잡스처럼 역사적인 발명을 한 것도 아니지 않은가. 중요한

것은 이들 외에도 본인이 티라미수의 창시자라고 주장하는 사람들이 널려 있다는 것. 설령 티라미수의 창시자로 인정받는다고 해도 그들이 특허권을 주장할 수 있는 것도 아니다. 그럼에도 이 매력적인 디저트를 처음 만들었다는 '명예'만큼은 얻고 싶은 모양이다.

진실은 무엇일까? 여전히 확실히 밝혀진 바 없다. 누군가는 거짓말을 하고 있다고 볼 수도 있다. 티라미수가 그 명성에 비해 만들기 쉬운 디저트라는 점을 고려한다면, 확률은 매우 낮지만 이들이 저마다 따로 티라미수를 만들어 선보였을 가능성도 배제할 수 없다. 비밀은 티라미수만이 알고 있을 테지만.

하기야 우리나라 맛집 골목을 가도 원조라는 간판을 단 집들이 수두룩한데, 티라미수 정도 되는 디저트라면 그 원조가 수십 명 있다고 해도 이상할 것이 뭐가 있겠냐만.

Chapter 6

편리한 생활

Home Appliance & Vehicle

냉장고의 발명을 이야기하자면 '명함'을 내밀 인물이 한둘이 아닐 것이다. 냉장고 또는 냉장 기술과 관련된 수많은 역사적 인물들 가운데에서도 현대 냉장고와 직접 관련이 있는 인물로 영국계 호주인 인쇄업자 제임스 해리슨(James Harrison, 1816~1893)과 프랑스인 신부(神父) 아베 마르셀 오디프렌(Abbé Marcel Audiffren)을 빼놓을 수 없다. 해리슨은 에테르를 냉매로 한 최초의 공기 압축식 냉장고를 발명했고, 오디프렌은 가정용 냉장고의 아이디어를 처음 실제로 구현했다. 이 두 사람이 가진 공통점은 '술'이었다. 해리슨의 발명은 맥주 양조에, 오디프렌의 발명은 와인 냉각에 기여했다.

수백 년 전까지만 해도 얼음은 겨울철이나 고산 지대에서만 구할 수 있는 귀한 물품이었다. 여름철에 얼음을 만져 볼 수 있었던 사람들은 동서양을 막론하고 특별한 얼음 창고를 소유할 수 있었던 왕족과 귀족이거나 큰 부자들뿐이었다. 물론 옛날에도 인공적으로 얼음을 만들거나 바람의 흐름을 이용해 공기를 차갑게 하는 시설이 없었던 것은 아니다. 그러나 그 역시 재력과 권력이 없이는 소유할 수 없는 설비였다.

1802년 미국 메릴랜드의 농부 토머스 무어(Thomas Moore)는 얼음의 냉기를 이용해 식품을 시원하게 보관하는 장치를 발명하고 여기에 버터를 보관해 판매했다. 무어는 이 상자에 냉장고(refrigerator)라는 이름을 붙였다.[01] 이 역사적인 이름에도 불구하고 무어가 발명한 상자는 자체적으로 냉기를 발생시켜 얼음을 제조하는 기능이 없었기 때문에 실질적인 냉장고로 부르기에는 무리가 있었다. 단순한 아이스박스일 뿐이었다.

인공 얼음은 이보다 50여 년 전에 만들어졌다. 18세기 중반 영국 글래스고 대학교 화학 교수인 윌리엄 컬런(William Cullen, 1710~1790)이 진공 펌프와 아질산에틸을 이용해 물을 얼리는 데 성공했다. 하지만 컬런의 실험이 냉장고의 발명으로 이어지기까지는 100년이 넘게 걸렸다. 미국 발명가 올리버 에번스(Oliver Evans, 1755~1819)는 1805년 증기 기관과 냉매를 이용한 냉장고의 원리를 창안했고, 에반스와 함께 일한 적이 있는 기술자 제이콥 퍼킨스(Jacob Perkins, 1766~1849)는 1834년 런던에서 제빙기를 만들어 특허를 받았다. 제빙기는 성능이 그리 좋은 편이 아니어서 들어가는 비용에 비해 생산되는 얼음의 양은 미미했다.

제임스 해리슨은 공기 압축기(컴프레서)를 이용해 비로소 근대식 냉장고를 만든 인물이다. 인쇄업자였던 그는 에테르로 세척한 활자가 차가워지는 것에 주목했다. 에테르가 열을 빼앗아가는 원리와 기화(氣化)된 에테르를 압축하면 다시 액체가 된다는 원리를 이용해 1862년 에테르를 냉매로 쓰는 냉장고를 개발했다.

2층 건물 크기였던 해리슨의 냉장고는 가정에서 사용하기에는 부

1941년의 냉장고 광고. 1940년대 초에 냉장고는 가정의 필수품으로 자리 잡았다. 그로부터 60여 년이 지난 1998년, 미국소비자제품관리위원회(CPSC)는 구형 냉장고를 폐기하면 100달러를 보상해 준다는 캠페인을 펼치며 냉장고가 미치는 환경 문제를 제기했다.

적합했지만 양조장에서 맥주를 차갑게 식히는 데는 유용했다. 해리슨의 장치는 화물선에 설치되어 호주에서 생산된 육류를 해외에 수출하는 데도 쓰였다. 이후 1875년 독일인 칼 폰 린데(Karl von Linde, 1842~1934)가 방에 들어갈 만한 크기의 냉장고를 만드는 데 성공했다.

비슷한 시기 프랑스 신부 오디프렌은 수도원에서 쓸 와인을 시원하게 만드는 방법을 연구하고 있었다. 1895년 이 기술로 특허를 얻은 그는 1904년에는 수도원에서 쓸 수 있는 냉장고를 만들었다.[02] 1911년 오디프렌의 기술을 바탕으로 미국 제너럴 일렉트릭(General Electric Company, GE)이 나무 재질의 전기냉장고를 만들어 시장에 선보였다.[03] 그렇다고 해도 당시 GE가 냉장고 시장을 독점한 것은 아니었다. 금세 경쟁자가 늘었다. 1923년만 해도 미국에서는 56개 회사가 냉장고를 생산하고 있었다.

GE는 1927년 '모니터 탑(Monitor-Top)'이라는 강철 재질의 냉장고를 선보이면서 비로소 냉장고 시장을 평정했다. 불과 수년 만에 100만 대 생산을 돌파한 모니터 탑은 최초의 양산형 냉장고다. '1가구 1냉장고 시대'를 개척한 주인공이기도 하다.

초기 냉장고는 이산화황이나 메틸클로로이드, 암모니아 등을 냉매로 사용했는데 악취와 유독 가스가 늘 문제로 지적되었다. 1930년 무독성의 프레온 가스가 냉매로 적용되면서 가정용 냉장고는 조금 더 안전해졌다. 적어도 가정에서는 그랬다. 이 가스가 오존층을 파괴한다는 불편한 진실이 발견되기 전까지 사람들은 프레온 가스를 '꿈의 냉매'로 믿었다. 현재는 프레온 가스 사용이 금지되었고 냉장고는 대체 냉매를 쓰거나 아예 냉매를 사용하지 않는 방식으로 바뀌었다.

06 / 세탁기
02
Washing Machine
옷이 만들어진 이후 숙명적으로 따라온 숙제, 빨래

인류가 섬유로 만든 옷을 발명한 이래 빨래는 숙명적으로 수반된 노동 활동이었다. 의류, 침구류가 가져다주는 편의에 자연스럽게 따라오는 불편이다.

빨래방망이, 빨래판, 세탁비누……. 좀 더 간편하고, 좀 더 효과적으로 세탁하기 위한 아이디어는 오래전부터 있었고 지속적으로 발전해왔지만, 전기로 작동되는 기계식 세탁기의 발명은 의미가 다르다.

세탁기의 발명은 가사노동의 패러다임을 바꾸었다. 전자동 세탁기가 발전하고 보급률도 높아지면서 빨래는 '남자도 하는 가사노동'이 되었다.

세탁기의 발명이 실제로 가사노동에서 여성을 해방시켰는지에 대해서는 학자들마다 의견이 갈린다. 빨래하는 데 투입했던 시간과 노력이 줄어들면서 여성의 사회 참여가 늘어났다는 주장이 있는 반면, 오랜 옛날에는 남녀가 함께 해야 했던 세탁 노동이 세탁기 발명으로 온전히 여성의 몫이 되어 버렸다는 주장도 있다. 어느 쪽 주장을 받아들일지는 개인에 따라 의견이 갈리겠지만 적어도 세탁기 발명 이후 가정에서 빨래하는 남자가 늘어난 것은 사실이다. 물론 단순히 기술 발전 때문만이 아니라 사회적 통념이 바뀐 데에도 힘입은 바 크지만.

'빨래하는 기계'의 아이디어는 17세기 말 등장했다. 기계식 세탁기의 최초 발명자가 누구인지는 알 수 없지만 1691년 기록된 영국 특허 자료에 세탁기 항목이 표시되어 있는 것을 보면, 당시부터 빨래하는 기계에 대한 연구가 진행되었던 것으로 보인다.

인도의 빨래 노동자. 인도에서는 아직도 인간의 노동력을 바탕으로 하는 세탁 산업이 성업 중이다. 빨래하는 노동자들을 도비(dhobi)라고 부르는데, 이들은 카스트 제도에서 가장 천한 계급에 속한다.

18세기에는 연구가 더 진전했다. 독일 과학자 야콥 크리스티안 셰퍼(Jacob Christian Schaffer, 1718~1790)가 1767년 초기 형태의 세탁기를 만들었다. 그러나 현재와 비슷한 세탁기가 처음 개발된 것은 19세기 중반의 일이다. 1851년 미국의 제임스 킹(James T. King)이 손으로 돌리는 드럼 세탁기를 발명했고, 1874년에는 역시 미국의 윌리엄 블랙스톤(William Blackstone)이 '아내의 생일 선물로' 가정용 세탁기를 개발해 훗날 상업화했다.

당시까지만 해도 세탁기는 주로 손으로 손잡이를 돌리거나 발로 페달을 밟아 회전축에 고정된 날개를 움직이는 시스템이었다. 증기 기관을 동력으로 사용하는 대형 세탁기가 없었던 것은 아니지만 그리 효율적이지는 않았다. 증기 기관은 펌프를 돌려 대형 세탁기에 물을 공급하는 데 쓰였다.

20세기 초가 되어서야 처음으로 전기를 동력원으로 한 세탁기가 발명되었다. 한때 알바 피셔(Alva Fisher)라는 미국 발명가가 1908년 선보인 '토르(Thor)'라는 이름의 세탁기가 최초의 전기세탁기로 알려졌지만, 이보다 4년 전인 1904년 전기세탁기 신문 광고가 게재되었던 것이 발견되면서 이 주장은 설득력을 잃었다. 실제 전기세탁기를 누가 처음으로 발명했는지는 여전히 베일에 가려져 있다.

전기 모터가 세탁기 밖에 빠져 나와 있었던 초기 전기세탁기들은 누전과 감전 위험에 노출되어 있었지만, 그럼에도 불구하고 이 발명품의 인기는 선풍적이었다. 무엇보다 직접적인 육체의 수고와 시간을 덜어주었다. 전기세탁기가 보급되면서 세탁에 쏟아야 할 시간이 그 이전에 비해 6분의 1로 줄어들었다. 1920년대 말 이미 미국의 전기세탁기 보급량은 100만 대에 육박했다.

1930년대에는 지금 세탁기 모양처럼 전기 모터를 통 안에 넣어 감전 위험을 줄인 상자 모양 세탁기가 등장했다. 전자동 세탁기가 나온 것은 1930년대 말, 드럼 세탁기가 모습을 드러낸 것은 1940년대 초의 일이다.

상자 모양 세탁기가 나올 즈음 스핀 탈수기도 선보이면서 각 가정에서 더 쉽고, 더 효율적인 방법으로 세탁과 탈수, 건조를 할 수 있게 되었다. 19세기 등장한 빨래 건조기는

롤러 사이에 세탁물을 넣어 수분을 짜내는 방식의 건조기. 1873년의 그림이다.

손잡이가 달린 원통 안에 젖은 빨래를 넣고 불 앞에서 천천히 돌리며 말리는 구조였다. 스핀 탈수기가 나오기 전에는 맞붙은 두 개의 롤러 한가운데 빨래를 넣어 수분을 짜내는 방식으로 탈수했다.

한국에서는 1969년 LG전자의 전신인 금성사가 처음으로 전기세탁기를 출시했다. 서구에 비해 출발은 한참 늦었지만, 우리나라 가전회사들이 경쟁적으로 신기능 연구에 나선 결과 이제는 세계 최고 수준의 프리미엄 세탁기를 제조하는 세탁기 강국이 되었다. 세탁기에 삶는 기능을 넣거나 세탁조를 아래위 2개로 만드는 등 독특한 세탁기가 우리나라에서 개발되었다.

06
03 전자레인지
Microwave Oven
전쟁이 우연히 만들어 낸 가장 실용적인 부산물

제2차 세계 대전이 낳은 발명품 중 하나가 레이더다. 전자파를 쏘면 물체에 맞고 반사되어 되돌아오는 원리를 이용한 레이더는 적국 폭격기의 공격을 미리 파악할 수 있는 방어 체계로 사용되거나 아군 폭격기에 실려 정확한 공격 위치를 파악하는 용도로 사용되었다. 레이더 덕에 목숨을 구한 시민들도 많았지만, 반대로 레이더 때문에 목숨을 잃은 민간인도 부지기수였다. 전쟁은 이 '두 얼굴을 가진' 군사 장비 체계의 발전을 부채질했다.

당시 레이더에 쓰였던 핵심 부품이 '공동 자전관(共洞磁電管, cavity magnetron)'이다. 극초단파(microwave)를 발생시키는 속이 빈 구리관이다. 레이더는 영국에서 처음 개발했지만, 공동 자전관을 레이더용으로 대량 생산해 보급하기 시작한 것은 레이시언(Raytheon)이라는 미국 회사였다. 이 회사 엔지니어였던 퍼시 스펜서(Percy L. Spencer, 1894~1970)가 개발에 기여했다.

레이시언은 하루 2,000여 개의 공동 자전관을 만들어 연합군에 보급했다. 연합군이 사용할 수량의 80%에 이르는 물량이었다.[04] 전쟁이 끝나던 해인 1945년 레이시언의 수익은 전쟁 직전과 비교해 120배가 뛰었다.

문제는 전쟁 이후였다. 더 이상 전시(戰時)와 같은 레이더 수요는 없었다. 지금은 기상 관측이나 선박의 항해 또는 자율 주행 등 다양한 분야에서 레이더가 쓰이지만 당시는 전쟁만이 레이더의 주요 용도였다. 1945년 미국 정부의 방위비는 829억 달러였지만 2년 뒤에는 120억 달러로 줄었다. 같은 기간 레이시언의 직원도 1만 8,000명에서 2,500명으로 줄었다.

그러나 레이더의 운명이 막다른 골목에 몰린 것처럼 보였던 이 시기에도 시장의 전세를 역전시킬 만한 '비장의 무기'가 조용히 개발되고 있었다. 개발은 우연히 시작되었다.

1945년 연구실에서 공동 자전관 실험을 하던 스펜서는 주머니 속에 넣어 둔 초콜릿이 녹아 버린 것을 발견했다. 공동 자전관이 발생시키는 극초단파와 관련이 있을 것이라고 생각한 그는 이번에는 팝콘을 튀기는 실험을 해보았다. 달걀까지 깨뜨리는 실험을 해본 뒤 스펜서는 특허를 신청했다. 극초단파를 음식물에 쏘이면 음식물 속 수분의 온도가 올라가 음식물이 익는 기술 특허였다.

1946년 최초의 전자레인지가 선보였다. 레이시온이 '레이더레인지(radarange)'라는 거창한 이름을 붙인 이 기계는 불 없이 요리할 수 있는 혁신적인 도구였다. 하지만 높이 2m에 육박하는 크기, 300kg이 넘는 무게 그리고 어마어마하게 비싼 가격 때문에 가정에서 사용하기에는 무리가 있었다. 여객선이나 열차, 호텔 같은 곳에서만 더러 쓰였다.

'레이더레인지'에서 '일렉트로닉 오븐(electronic oven)'으로 이름이 바뀐 전자레인지는 뒤이어 현재의 이름(microwave oven)으로 통용되게 되었다. 직역하면 '극초단파 오븐' 정도가 되겠지만, 우리에게는 일본식 조어인 전자레인지가 익숙하다.

전자레인지가 가정용으로 쓰일 만큼 작아지기 시작한 것은 1960년대 후반이다. 전자레인지는 오븐을 완벽하게 대체할 수는 없었지만, 요리 시간을 크게 단축시킨 점은 인정받을 만했다. 남은 음식을 데워 먹는 데도 제격이었다. 초기의 전자레인지 용도도 지금과 별다를 것이 없었다.

전자레인지가 전 세계 가정을 장악하는 데는 그리 오랜 시간이 걸리지 않았다. 전자레인지의 보급에 맞추어 생활용품 회사들은 전자레인지용 용기를, 식품회사들은 전자레인지용 간편식을 앞다투어 출시했다. 식탁 대신 소파에 앉아 전자레인지로 데운 음식을 먹으며 TV를 보는 일상이 자연스러워졌다. 맞벌이 부부의 가사 부담도 줄었다. 전자레인지는 조리법뿐 아니라 생활 패턴 자체를 바꾼 21세기의 위대한 발명품으로 기록되었다. 그런데 문득 드는 의문 한 가지. 과연 전자레인지가 개발된 것은 전쟁이 시작되었기 때문일까, 전쟁이 끝났기 때문일까.

06

04

휴대 전화와 스마트폰
Cellphone
'선 없는' 전화의 아이디어를 구현하다

전화기가 사무실 책상이나 거실 벽 또는 공중전화 박스 안에만 있던 시절, 거리에서 전화기를 손에 들고 걸어 다니면서 통화하는 것은 꿈에서나 가능한 일이었다. 이런 상상을 가장 먼저 현실화한 사람은 누구일까?

1973년 4월 3일, 모토로라(motorora) 엔지니어였던 마틴 쿠퍼(Martin Cooper, 1928~)는 미국 뉴욕 맨해튼 거리에서 경쟁사인 AT&T의 연구원 조엘 엥겔(Joel Engel)에게 전화를 걸었다. 엥겔은 AT&T에서 무선 전화 개발을 진행하던 중이었다. 쿠퍼는 첫 발명품의 작동 시험을 라이벌에게 시연하는 방법으로 휴대 전화의 탄생을 세상에 알렸다.

이름은 휴대 전화였지만 무게가 1.1kg(2.5파운드), 길이가 25cm(10인치)나 되는 '기계'였다. 휴대 전화가 '벽돌 폰'이나 '구두 폰'이라고 불린 것도 지나치지 않았다. 게다가 10시간을 충전해야 겨우 30분 정도 통화할 수 있었다. 지금 같아서는 답답해 환장할 노릇이겠지만 쿠퍼는 당시 "전화기를 그렇게 오래 쓰는 사람이 없기 때문에 배터리 수명은 중요하지 않다"라고 일축했다. 배터리 기술이 발전하지 않았던 터라 당장 해결할 수 없는 문제이기도 했다. 휴대 전화의 크기가 절반으로 줄어든 것은 그로부터 10년이 지난 뒤다.

휴대폰은 크기가 작아지고 통화 이외의 여러 가지 기능을 탑재하는 방향으로 발전해 오면서 현대인의 생활 패턴에 엄청난 변화를 가져왔다.

휴대 전화 이전에 '선 없는' 전화기가 없었던 것은 아니다. 다만 엄청난 무게와 크기 때문에 들고 다닐 수 없었을 뿐. 그래서 차에 싣고 다녔다. 1946년 미국 세인트루이스에서 처음 서비스한 '카폰' 초기 모델 무게는 36kg(80파운드)이나 되었다. 휴대 전화가 개발된 이후에도 제법 오랜 기간 사용되었던 카폰은 누구나 손에 전화기 하나씩은 들고 다니게 된 2000년대 들어 자취를 감추었다.

들고 다니는 통신 수단의 아이디어가 먼저 구현된 것은 전화기가 아니라 무전기였다. 도널드 힝스(Donald L. Hings, 1907~2004)라는 캐나다 발명가가 1937년 휴대용 무전기를 발명했고, 1년 뒤인 1938년 알프레드 그로스(Alfred J. Gross, 1918~2000)라는 미국 발명가가 다른 방식으로 휴대용 무전기를 발전시켰다. '워키토키(Walkie Talkie)'라는 별명이 붙은 이 무전기는 제2차 세계 대전을 거치면서 성능이 빠르게 향상되었다. 그로스의 아이디어 중에는 시대를 앞서갈 만큼 기발한 것이 많았는데, 통신이 가능한 손목시계도 그중 하나다. 이 아이디어는 2010년대 들어서야 '애플 워치' '갤럭시 기어' 같은 웨어러블(wearable) 기기로 현실화되었다.

다시 휴대 전화 이야기로 돌아가자. 쿠퍼가 처음 '벽돌 폰'을 만든 지

20년 가까운 세월이 지난 1992년, 컴퓨터 회사 IBM은 계산기, 메모장, 이메일 송수신 등의 기능을 갖춘 휴대 전화를 선보였다. 첫 스마트폰이다.

그러나 스마트폰을 대중화하면서 전화기의 패러다임을 바꾼 것은 2007년 애플이 선보인 아이폰(iPhone)으로 본다. 아이폰이 출시되면서 전화로 사진을 찍어 바로 인터넷 사이트에 올리고 음원이나 게임을 구입해 즐기는 시대가 열렸다. 통화는 전화기가 가진 극히 일부 기능에 지나지 않는다.

iOS 운영 체제를 기반으로 하는 아이폰에 이어 안드로이드 운영 체제를 기반으로 하는 스마트폰도 속속 등장했다. 삼성전자 갤럭시 시리즈가 가장 각광을 받았다. 중국산 단말기의 공습이 무섭기는 하지만, 여전히 고급 스마트폰의 양대 산맥은 아이폰과 갤럭시가 꼽힌다.

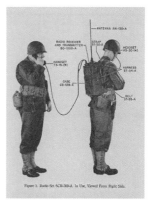

전쟁을 거치면서 무선 통신 기기는 비약적으로 발전했다. 아래 사진은 최초로 손에 들 수 있는 무전기인 SCR-536 모델이다.

06
05 바퀴
Wheel
땅 위를 지나는 모든 탈것의 어머니

바퀴의 역사는 문명의 역사다. 언어를 통해 생각을 다른 사람과 나누고 불을 발견하면서 삶의 영역을 넓힌 인류는 바퀴를 발명하면서 새로운 세계의 문을 열었다.

인류가 언제 바퀴를 발명했는지는 알 수 없다. 둥근 원반에 축을 연결한 지금과 같은 형태의 바퀴는 기원전 5000~4000년경 메소포타미아 문명에서 만들어졌다는 것이 일반적인 학설이다. 처음에는 돌과 통나무로 만들어졌던 바퀴는 시간이 지나면서 바퀴살 구조로 발전했다. 무게는 줄고 크기는 커졌다. 바퀴살 구조의 바퀴가 만들어진 것은 기원전 2000년경의 일이다.

바퀴가 발명되기 전에는 짐을 어떻게 옮겼을까? 초기에는 나무로 만든 판자나 썰매를 이용했을 것으로 추정된다. 이후 무거운 물건을 통나무로 만든 굴림대 위에 굴려 이동시키는 방법으로 발전했을 것이다.

기원전 2500년경 만들어진 이집트의 피라미드는 수레 대신 굴림대로 대리석을 옮겨 건설했다. 당시에는 거대한 대리석을 옮길 만한 수레가 없었다. 대단한 노동력이 필요했을 테지만 딱히 이를 능가할 만한 도구가 없었던 것도 사실이다.

비슷한 시기 메소포타미아 지역에서는 바퀴 달린 수레가 등장해 전쟁에 활용되었다. 바퀴 달린 수레를 나귀가 끌면 수레에 탄 병사가 활을 쏘며 전진하는 형태인데, 따져 보면 인류 최초의 전차다.

전차의 성능은 바퀴살 구조가 도입되면서 크게 향상되었다. 바퀫살이 충격을 흡수하면서 병사들의 피로도가 감소했고, 살이 망가졌을 때 일부만 교체하면 되었기 때문에 보수에 들어가는 노력도 줄일 수 있었다. 기원전 2000년경 만들어진 이러한 형태의 바퀴는 4,000년이 지난 19세기까지 사용되었다. 바퀴의 발명은 수레 같은 이동 수단의 진화에만 영향을 미친 것이 아니다. 수차나 물레바퀴, 톱니바퀴 등으로 발전하면서 인류 문화를 변화시켰다.

바퀴는 메소포타미아에서 서쪽의 고대 로마로 전파되었고, 동쪽으로는 중앙아시아와 중국으로 전해졌다. 바퀴를 이용한 수레는 주로 전장에서 활용도가 높았지만, 농경문화를 발전시키는 데도 한몫했다.

바퀴의 충격 완화를 이야기할 때 빼놓을 수 없는 발명품이 고무 타이어다. 19세기 중반 마차 바퀴 테두리에 고무를 덧대는 아이디어가 나왔다. 초기에는 딱딱한 고무를 덧대놓았기 때문에 마차의 승차감이 과거보다 그리 나아지지는 않았다. 그러다 1888년 존 보이드 던롭(John Boyd Dunlop, 1840~1921)이라는 영국 수의사가 공기를 주입한 고무 타이어를 개발했다. 프랑스에서 고무 공장을 운영하던 앙드레 미슐랭(André Michelin, 1853~1931), 에두아르 미슐랭(Édouard Michelin, 1859~1940) 형제가 탈착이 가능한 공기 주입 타이어를 발명했다. 1891년 이 타이어를 자전거 경주 대회에서 선보이면서 공기 타이어는 진가

돌과 통나무로 만들던 바퀴는 바퀴살 구조가 도입되면서 비약적으로 발전했고, 공기 타이어가 도입되면서 탈것의 패러다임을 변화시켰다.

를 발휘하게 되었다. 지금도 타이어 산업계를 이끌고 있는 던롭(DUN-LOP), 미슐랭(MICHELIN)이 이때 창업한 회사다. 요즘은 레일 위를 달리는 기차 종류를 제외하면, 땅 위를 굴러가는 탈것은 거의 모두 공기로 부풀리는 고무 타이어를 달고 있다. 훗날 바퀴살 구조만큼이나 획기적인 아이디어로 평가받을지도 모를 일이다.

철도
Railroad
부산에서 파리까지의 기차 여행, 실현 가능할까?

통일이 먼저라든가 남북 교류가 활성화되어야 한다거나, 아니면 북한과 국경을 맞댄 중국과 러시아, 유럽 국가들과 국경 통과 조약을 맺어야 한다든지 하는 정치적 문제를 이야기하려는 것이 아니다. 실제로 지금 놓여 있는 선로를 당장 활용할 수 있는지에 관한 질문이다.

사실 국가를 잇는 철도를 연결하려면 다양한 기술적 문제에 맞닥뜨리게 된다. 당장 남북한이 철도를 연결하려면 전력 공급 시스템부터 통합해야 한다. 우리는 철로에 2만 5,000V 교류를 사용하고 북한은 3,000V 직류를 사용한다. 하지만 이런 문제는 뒤로 미루어 두고, 우선 기차가 다니는 길, 선로에만 집중해 보자.

선로의 폭이 관건이다. 기차는 선로 위를 달리게 되어 있는 만큼 선로의 폭이 바뀌는 순간, 별도의 장치가 없는 한 더 이상 달릴 수 없다. 전 세계적으로 10여 가지의 선로 폭이 사용되고 있다. 인도처럼 한 나라 안에 여러 종류의 궤간(軌間, 선로의 폭)을 쓰는 나라도 있다.

다행히 남한과 북한은 선로 너비가 같다. '표준궤(標準軌, Standard Gauge)'라는 1,435mm(4피트 8인치 반) 너비의 평행선이 중국까지 이어진다. 이름에서 알 수 있듯 이 선로는 세계적으로 가장 많이 사용되는 궤간이다. 전 세계 선로의 60% 가량이 표준궤로 되어 있다. 이보다 좁은 궤간을 '협궤(狹軌, Narrow Gauge)', 넓은 궤간을 '광궤(廣軌, Broad Gauge)'로 부른다.

일제 강점기 때 한반도 철도 건설에 표준궤가 채택되었다. 그러나 정작 당시 일본은 1,067mm의 궤간을 주로 사용하고 있었다. 일제가 한반도에 표준궤를 놓은 것은 중국까지 연결해 수탈을 용이하게 하려는 목적이었다.

표준궤는 다른 말로 스티븐슨 궤(Stephenson gauge)라고도 한다. 증기 기관차를 발명한 조지 스티븐슨(George Stephenson, 1781~1848)의 이름을 땄다. 스티븐슨이 1824년 건설한 스톡턴-달링턴 철도 구간(Stockton and Darlington railway, S&DR)이 이 폭이었기 때문에 붙여진 별칭인데, 이 궤간을 채택하는 선로가 늘어나자 1845년 영국 왕립 위원회에서 1,435mm를 표준궤로 결정했다. 물론 표준궤라고 해도 다른 철도 사업자들이 다른 폭의 선로를 만들 수 없도록 한 것은 아니지만, 표준궤의 인기 때문에 다른 궤간을 채택한 선로는 많지 않았다.

스티븐슨이 기관차를 발명하기 이전에도 선로는 있었다. 주로 탄광에서 말이 끌던 화차(貨車)가 선로 위를 다녔는데, 기관차는 말을 대신한 동력이었던 셈이다. 이 때문에 초기의 기차는 마차 선로를 그대로 이용했고, 스티븐슨도 처음에는 마차 궤간인 1,422mm(4피트 8인치)를 맨체스터-리버풀 간 철도에 적용했다.

부산에서 중국까지는 기차를 갈아타지 않고 가는 것이 문제없지만, 러시아 땅으로 들어서면 상황이 달라진다. 러시아 철도는 표준궤가

아닌 1,542mm 광궤를 채택하고 있기
때문이다. 러시아, 중앙아시아를 지나
서유럽으로 들어서면 다시 표준궤 선
로가 이어진다.

19세기 중반 철도를 건설한 러시아
가 당시 유럽에서 '표준'으로 여겨졌던

16세기의 광산 유적에서 발견된 화차 선로 ⓒ German Museum of Technology

1,435mm 대신 광궤를 채택한 것은 연약한 지반 때문이었다. 광궤는
건설 비용이 많이 들어가는 대신 안정성을 유지할 수 있다는 장점이
있다. 출력이 높은 기관차를 이용할 수 있어 화물 운반에도 유리하고
승차감도 좋다. 반대로 보면 표준궤보다 좁은 협궤는 건설 비용이 상
대적으로 적게 들고 산악 구간처럼 좁고 구불구불한 지역에 적합한 반
면 승차감이나 기관차 출력에서는 불리하다.

다행히 러시아 철도는 터널이 거의 필요 없는 광활한 평야를 가로
질렀기 때문에 광궤 철도를 건설하는 데도 비용이 큰 문제가 되지는
않았다. 러시아는 1851년 완공된 상트페테르부르크—모스크바 구간
의 철도를 건설할 때 미국인 철도기술자 조지 워싱턴 휘슬러(George
Washington Whistler, 1800~1849)에게 관리 감독을 위임했다. 휘슬러는
미국 남부의 광궤 철로를 참고해 철도를 건설했는데, 이런 인연으로
러시아가 처음 도입한 증기 기관차는 미국산이었다.

러시아를 지나 서유럽으로 들어서면 표준궤 선로로 바뀌어 쭉 이어
진다. 하지만 프랑스에서 스페인으로 넘어갈 때 다시 문제에 맞닥뜨

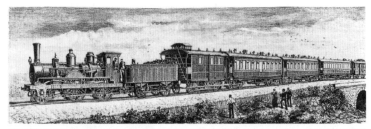

우리나라에서는 '오리엔탈 특급 열차'라는 이름으로 알려진 오리엔트 익스프레스(Orient Express)가 1883년 첫 운행하던 당시의 모습을 묘사한 그림. 오리엔트 익스프레스는 프랑스 파리에서 터키 이스탄불까지 운행했다. 이후 전쟁과 정치적 마찰 등으로 운행 구간이 축소되기도 하다가 1977년에 사실상 운행을 종료했다.

리게 된다. 스페인 철도는 표준궤가 아닌 1,668mm의 광궤이기 때문이다. 스페인은 이웃 나라인 프랑스가 철도를 이용해 침략해 오는 것을 두려워한 탓에 광궤 철도를 건설했다고 한다. 현재 스페인에는 일반 열차용인 광궤와 고속 철도용인 표준궤, 두 가지 선로가 건설되어 있다.

이렇게 따져 보면 부산에서 출발한 기차가 논스톱으로 모스크바, 파리를 지나 마드리드까지 가는 것은 불가능해 보인다. 그러나 사실 방법이 없는 것은 아니다. 선로의 넓이를 바꿀 수 없다면 기차 바퀴의 폭을 바꾸면 될 일이다. 요즘은 '궤간 가변 대차'라는 기술이 있어서 궤간이 변할 때 바퀴 폭이 조정되는 기차가 개발되어 있다.

다시 첫 질문으로 돌아가 보자. 정치적인 이야기가 아니라고 했지만, 결국 기차로 세계를 여행하기 위해서는 기술적인 문제가 아니라, 남북한 그리고 그 주변을 둘러싼 여러 나라들 사이의 외교 · 정치적 숙제가 먼저 풀려야 한다는 결론을 얻게 된다.

06
07
자동차
Automobile
획일화의 승리와 몰락, 포디즘과 슬로니즘

　보통 승용차는 같은 이름의 모델이라도 통상 5~7년마다 차체 변경을 포함한 대규모 디자인 변경을 한다. 그리고 이렇게 변경하는 사이에도 매년 겉모습이나 편의 사항을 조금씩 바꿔 신차(新車) 이미지를 강조한다. 각각 '풀 모델 체인지(full model change)', '페이스 리프트(face lift)'라고 부르는 디자인 업그레이드다. 현대자동차 '소나타'나 토요타(TOYOTA) '캠리'처럼 고유한 이름이 따로 있지만, 이 이름 뒤에 몇 번째 세대의 모델이니, 몇 년형 모델이니 하고 구분해 부르는 것도 출시 연도에 따라 매년 조금씩 차의 모양이 바뀌기 때문이다.

　자동차라는 것이 신제품 하나를 개발하는 데 워낙 많은 시간과 돈이 들어가기 때문에 매년 새로운 차를 내놓기는 어렵다. 그렇다고 몇 년 동안 계속 똑같은 차를 판매하면 소비자들이 금방 싫증을 낸다. '페이스 리프트'는 이런 고민을 해결하기 위한 방안이다. 소비자의 요구에 발 빠르게 부응하는 한편 기존 제품에 일부러 진부한 느낌을 주어서 새 차 구매를 유도하는 것이다. 이런 전통은 누가, 언제 만들었을까?

　이 질문에 답하기 전에 다른 질문을 하나 던져 보자. 전기 자동차와 휘발유 자동차 중 무엇이 먼저 발명되었을까?

　당연하다고 생각되는 것에 함정이 있기 마련이다. 전기 자동차는 친

네덜란드의 선교사 베르비스트(Ferdinand Verbiest)가 1672년에 디자인한 증기 자동차. 인위적인 동력으로 움직이는 이동 수단에 관한 최초의 아이디어다.

환경이 이슈가 된 최근의 발명품이라고 생각하기 쉽지만, 사실 휘발유로 가는 자동차보다 먼저 세상에 나왔다.

독일의 카를 프리드리히 벤츠 (Karl Friedrich Benz, 1844~1929) 가 세계 최초의 휘발유 자동차를 만든 것이 1886년, 휘발유 내연 기관이 첫선을 보인 것은 이보다 불과 26년 전인 1860년이다. 하지만 전기 자동차는 이미 1820년대부터 1830년대까지 헝가리, 미국, 네덜란드, 독일, 영국 등 세계 곳곳에서 시험용 모델이 만들어지고 있었다. 초창기의 전기 자동차는 1차 전지를 사용했다. 1865년 프랑스에서 발명된 축전지(2차 전지)는 전기 자동차의 발전에 불을 붙였다.

이즈음 이들과 경쟁을 벌였던 이동 수단이 증기 자동차다. 증기 자동차는 엔진과 차체가 무거운 데다 50km 정도를 갈 때 물을 보충해야 하는 단점이 있었다. 반면 전기 자동차나 휘발유 자동차보다 힘이 좋고 속도가 빠르다는 장점이 있었다.

20세기 초는 힘이 좋은 증기 자동차, 조용한 전기 자동차, 한 번 주유로 긴 거리를 달릴 수 있는 휘발유 자동차가 경쟁했다. 당시 미국에서 이 세 종류의 자동차는 대략 4(증기 자동차) 대 4(전기 자동차) 대 2(휘발유 자동차)의 비율로 생산되었다.

하지만 세월이 흘러 궁극적인 승자는 휘발유 자동차가 되었다. 적어도 지난 100년 동안은 그랬다. 앞으로는 어떤 자동차가 소비자를 사로잡을지 모르지만 지금까지는 휘발유 자동차가 시장을 지배했다.

휘발유 자동차의 성능이 다른 자동차보다 월등히 좋아 경쟁에

프랑스의 엔지니어 구스타브 트루베(Gustave Trouvé)가 만든 전기 자동차를 묘사한 그림. 그는 독일의 베르너 지멘스(Werner von Siemens)가 개발한 소형 전기 모터의 성능을 개선한 뒤 세발자전거에 장착하여 세계 최초의 전기 자동차를 선보였다.

서 이긴 것은 아니다. 처음에는 오히려 휘발유 자동차의 불안정성이 운전자, 특히 남성 운전자의 도전 정신을 자극했다. 독일 교통 역사학자 쿠르드 뫼저(Kurt Möser, 1955~)는 저서 『자동차의 역사』(2007 국내 출간)에서 '휘발유 자동차는 거칠고 시끄럽고 공격적으로 등장함으로써 인기가 더 높아졌다'고 분석했다.[05] '기계공의 본능을 가진 남자들'이 휘발유 자동차를 좋아하는 이유가 '불완전성과 특이함'이라는 말도 있었다.

이후 휘발유 자동차의 인기를 이끈 것은 경제성이었다. 텍사스에서 유전이 발견되면서 미국에서 휘발유 가격이 내려갔다. 때맞추어 포드의 '모델 T'가 양산되면서 중산층도 자동차를 구입할 수 있을 만큼 저렴해졌다.

'자동차의 왕'으로 불린 헨리 포드(Henry Ford, 1863~1947)는 컨베이

어벨트와 규격화된 부품을 도입해 철저한 분업화로 획기적으로 생산성 향상을 이룬 인물이다. 이렇게 대량 생산된 포드의 '모델 T'는 당시 대중이 좋아할 만한 대부분의 요소를 갖추었다. 싼 가격, 단순한 조작법, 쉬운 정비……. 이런 장점 덕에 '모델 T'는 1924년에는 단일 모델 200만 대 생산이라는 전무후무한 기록을 세울 만큼 인기가 높았다.

하지만 포드가 간과한 것이 있었다. 유행을 바라보는 대중의 심리다. 전 세계 자동차의 절반이 '모델 T'였다. 거리에는 검은색 '모델 T'가 넘쳐났다. 포드는 '칠이 빨리 마른다'는 이유로 검은색 이외의 페인트는 선택하지 않았다. 포드의 '모델 T'가 전성기를 맞을 즈음 대중은 이미 싫증난 모델을 대신할 새로운 자동차를 갈망하고 있었다.

이 틈새를 파고든 것이 제너럴 모터스(GENERAL MOTORS, GM)다. 1923년 GM 최고 경영자로 취임한 앨프레드 슬론(Alfred P. Sloan, 1875~1966)은 1927년 회사 내에 '아트 앤드 컬러(Art and Color)' 부서를 만들어 새로운 자동차의 시대를 준비했다.[06] 매년 모델을 개선해 신형 자동차를 선보이고, 저가 브랜드부터 최고급 브랜드까지 다양한 클래스의 브랜드를 만들어 소비자들이 평생 GM이 생산한 자동차를 구매할 수 있도록 유도했다. 슬론이 주창한 '고의적 진부화(planned obsolescence, 제품의 기능이나 스타일 등을 일부만 변형해서 시장에 내놓음으로써 소비자가 현재 쓰고 있는 물건을 낡은 것으로 인식하도록 만들어 신제품을 구매하도록 유도하는 마케팅 기법. 그리고 어느 정도 사용하면 기능이 멈추도록 제품의 수명을 의도적으로 제한하는 것도 고의적 진부화의 한 사례다)' 정책은

'슬로니즘(Sloanism)'으로 불리며 마케팅 기법의 고전으로 자리 잡았다. 지금 스마트폰이 매년 새로운 모델을 출시하면서 소비자를 유혹하고 있는 것도 비슷한 맥락이다.

'포디즘(Fordism)'으로 불리는 포드의 대량 생산이 자동차의 대중화에 기여한 것은 부인할 수 없는 사실이다. 하지만 자동차 산업이 소비자의 끊임없는 수요를 창출해 지속 가능한 산업으로 성장하게 된 것은 '획일화'를 넘어선 혁신이 있었기에 가능했던 일이다. 혁신이란 기술적인 혁신만을 의미하는 것은 아니다.

06 / 버스
08
Bus
천재 수학자가 고안한 대중교통 시스템

일관된 주제의 단편을 엮어 만든 영화를 '옴니버스(omnibus)' 영화라고 부른다. 연극이나 음반, 책에도 많이 쓰이는 이 말에서 우리가 자주타는 '버스(bus)'라는 단어가 파생되었다고 하면 다소 놀랄지도 모르겠다. 도대체 옴니버스와 버스가 무슨 관계가 있기에?

버스는 옴니버스에서 앞부분(omni)이 떨어져 나간 말이다. 옴니버스는 '모두(every)'라는 뜻의 라틴어다. 이 단어가 대중교통에 쓰이게 된것은 1823년이다.

프랑스 중서부 도시 낭트(Nantes) 변두리에서 스파(spa)를 운영하던스타니슬라스 보드리(Stanislas Baudry)라는 사업가가 손님을 끌어 모으기 위해 낭트 시내와 스파를 왕복하는 다인승 승합 마차를 운행했다. 이 마차가 섰던 첫 정류장이 한 모자 가게 앞이었는데, 가게 간판에 쓰인 글귀가 'Omnes Omnibus'였다. '옴네스(Omnes)'는 이 모자 가게 주인의 이름이었지만 라틴어로 '모든 것(Omnis의 복수형)'이라는 뜻도 있기 때문에 약간의 말장난을 한 것이다. 굳이 풀자면 '모두를 위한 옴네스' 또는 '모두를 위한 모든 것' 정도가 된다.

어쨌든 낭트 시민들이 이 모자 가게 간판과 마차를 연관시켜 마차에옴니버스라는 별명을 붙였다. 풀어 보면 '모두를 위한' 마차라는 뜻이

1800년대 초에 운행을 시작한 대중 마차(omnibus)를 묘사한 그림과 옴니버스를 이용하는 승객을 그린 아일랜드 화가 조지 윌리엄 조이의 그림

니 틀린 말도 아니다. 옴니버스는 곧 부르기 쉽게 버스가 되었다.

누구나 탈 수 있는 대중 마차는 큰 인기를 끌었지만, 문제는 이 마차를 탄 사람들이 정작 스파는 방문하지 않았던 데 있었다. 사람들은 편리한 이동 수단으로만 이용했을 뿐이다.

보드리는 스파보다는 대중 마차의 사업 전망이 더 크다는 점을 간파하고 아예 요금을 받고 마차를 운행하는 대중교통 사업을 시작했다. 1828년에 보드리의 대중교통 사업은 파리까지 진출했다.

비슷한 시기 영국 런던에서는 말 대신 증기 엔진을 동력으로 하는 '증기 버스'가 첫선을 보였다. 평균 속도 20km 정도인 이 버스는 마차보다 편리한 시내 또는 도시 간 교통수단으로 인기를 끌었다. 증기 버스는 20세기 초까지 이용되었다.

1882년에는 독일 할렌제에서 전기로 가는 전차 버스가 처음 운행되기 시작했다. '일렉트로모트(Electromote)'로 불린 이 버스의 발명가는 에른스트 베르너 폰 지멘스(Ernst Werner von Siemens, 1816~1892). 지

독일 베를린에서 1882년부터 운행한 전기 버스를 묘사한 그림. 무궤도 전차(無軌道電車, trolleybus)라고도 불리는 이 버스는 전신주에 의해 연결된 공중의 전선으로부터 전기를 공급받아 움직였다.

금은 전 세계적인 거대 기업이 된 지멘스(SIEMENS)를 설립한 형제 중 형이다.

요즘과 같은 버스, 즉 휘발유 엔진을 단 버스는 독일의 벤츠가 1895년 발명한 14인승 자동차를 시초로 한다. 벤츠의 버스는 베를린 시내를 운행하는 대중교통 수단이었으나 초기에는 증기 버스보다 속도가 느렸다. 하지만 이내 증기 버스가 사라진 자리를 대체했다. 요즘은 당연히 버스라고 하면 다인승의 자동차를 의미하고, '대중교통 체계'의 의미도 포함한다.

이처럼 기술의 발전에 따라 버스의 형태는 바뀌었지만 그 근간은 지금까지 바뀌지 않고 있다. 중요한 것은 일정한 노선을 정하고 여러 사람이 한꺼번에 이용할 수 있도록 한, 다인승 교통수단과 대중교통 체계라는 아이디어다. 사실 이를 처음 구현한 사람은 보드리가 아니다. 놀랍게도 보드리의 옴니버스보다 2세기 가까이 앞선 1662년 파리에 버스와 비슷한 대중교통 수단이 있었다. 승객 8명을 태울 수 있는 승합 마차 5개 노선이 일정한 시간표에 따라 파리 외곽과 시내를 이어 주고 있었다. 노선의 숫자나 운행의 전문성으로 따지면 단순한 셔틀 버스 수준이던 보드리의 승합 마차보다 한 수 위였다.

당시 승합 마차의 노선을 짠 인물은 철학자이자 수학자, 물리학자인

블레즈 파스칼(Blaise Pascal, 1623~1662)
이다. "인간은 생각하는 갈대"라 했던
그 인물이다. 다방면의 재주를 뽐냈던
그는 승합 마차 노선을 설계해 프랑스
의 대중교통 발전에 이바지했지만, 안
타깝게도 실제로 마차가 운행된 뒤 고
작 몇 달 만에 세상을 떠났다. 파스칼
이 개발한 승합 마차는 1680년까지 운
행되었다.

대중교통 체계를 최초로 구상하고 현실화한 블레즈 파스칼. 선구적인 인물들은 철학과 학문의 발전에 이바지할 뿐만 아니라 우리의 일상 속 세세한 부분에까지 영향을 미치고 있다.

　모든 발전에는 선구자가 있기 마련이다. 수백 년 전 치밀하게 마차의 운행 시간표를 짠 파스칼 덕에 지금은 세계 대부분의 나라에서 버스를 포함한 대중교통이 서민 생활의 일부로 자리 잡았다. '요절한 천재'가 남긴 유산은 수학 이론이나 철학적 사유만이 아니었다.

06 / 09 자전거
Bicycle
19세기 '여성 해방'의 기폭제

19세기 미국의 여성 운동가인 아멜리아 블루머(Amelia Bloomer, 1818~1894)는 1850년대 통이 넓고 발목 부분을 묶은, 터키풍의 여성용 바지를 입자는 주장을 펼쳤다. 여성들도 드레스의 굴레에서 벗어나 바지를 입으며 해방감을 느끼자는 취지였다. 사실 이 바지는 다른 여성 운동가인 엘리자베스 스미스 밀러(Elizabeth Smith Miller, 1822~1911)가 창안했지만 유행시킨 사람의 이름을 따 '블루머(bloomers)'라고 불렸다. 지금도 아기들 속옷이나 여성 운동복 반바지 등을 블루머라고 부른다. 이미 1800년에 '파리 여성의 바지 착용 금지 조례'가 시행된 것을 보면 이전에도 바지를 입는 여성이 없지는 않았을 것이다. 그러나 블루머는 현대사에서 본격적으로 등장한 첫 여성용 바지라는 의미가 크다.

블루머는 초기에는 여성보다는 남성들에게 더 많은 관심을 모았다. 블루머를 입은 여성에게 호감을 가져서가 아니다. 오히려 그 반대였다. 남성들은 여성들이 '치마의 전통'에서 벗어나는 것을 못마땅하게 여겼다. 일부 남성은 여성의 블루머 착용 금지를 주장하기도 했다.

남성들의 반발에도 불구하고 블루머는 미국과 유럽의 여성들 사이에서 입지를 넓혀 갔다. 19세기 후반 블루머의 보급에 일조한 것은 당시 남녀노소를 막론하고 인기몰이를 하던 자전거였다. 여성이 자전거

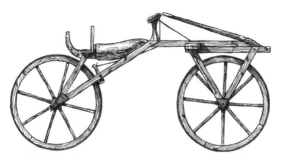

드라이지네(draisine)라고 불린 초기의 자전거. 페달이 없어서 발로 땅을 박차며 앞으로 나아가야 했다. 'dandy horse'라는 별칭으로 불리기도 했다.

를 타면 성적인 자극을 받을 수 있다는 터무니없는 주장이 나오기도 했지만,[07] 자전거의 인기는 이런 우려를 불식시킬 만큼 거셌다. 자전 거를 타기에 불편한 치마 대신 블루머를 입은 '블루머 걸'은 신여성의 상징으로 통했다. 이탈리아 화가 페데리코 잔도메네기(Federico Zando-meneghi, 1841~1917)는 공원에서 블루머를 입고 자전거를 타는 여성을 그림으로 표현하기도 했다.

자전거의 등장과 보급, 이에 따른 여성 해방의 태동은 모두 19세기 에 이루어진 극적인 사회 변화의 한 모습이다. 두 개의 바퀴를 연결한 자전거는 18세기 말 프랑스에서 처음 등장했다. 이 자전거는 페달과 핸들이 없었기 때문에 발로 땅을 굴러 앞으로 나아가야 했다.[08]

핸들이 달린 자전거는 1817년 독일에서, 페달이 달린 자전거는 1839년 영국에서 처음 개발되었다. 페달 자전거 중 처음으로 대량 생 산에 성공한 자전거는 1861년 프랑스에서 첫선을 보인 '벨로시페드 (velocipede)'다. 이 자전거는 1865년 한 해에만 400대가 팔렸다는 기

앞바퀴가 큰 형태의 벨로시페드. 페달을 한 번 굴릴 때 자전거가 움직이는 거리를 늘이기 위해 앞바퀴를 크게 만들었다.

록이 있다.[09]

앞바퀴가 뒷바퀴보다 약간 큰 벨로시페드와 달리 1860년대 후반에 유행한 자전거는 앞바퀴가 매우 크고 뒷바퀴는 작았다. 우리나라의 유명한 옷 브랜드 상표가 이 자전거를 땄다. 자전거를 의미하는 영어 단어 bicycle이 쓰이기 시작한 것도 이즈음의 일이다.

앞바퀴가 큰 이유는 간단했다. 바퀴가 클수록 앞바퀴에 달린 페달을 한 번 밟을 때 나아갈 수 있는 거리가 늘어나기 때문이다. 이런 모양의 자전거가 가진 단점은 크게 두 가지다. 중심을 잡기 어렵다는 점, 그리고 치마 입은 여성이 타기 힘들다는 점이다.

오늘날의 자전거 형태, 즉 앞바퀴와 뒷바퀴의 크기가 비슷하고 마름모꼴 프레임을 갖춘 자전거가 등장한 것은 1884년이다. 체인을 연결해 페달을 밟으면 뒷바퀴가 굴러가는 방식이다. 안정적인 구조로 이전에 비해 타기는 수월해졌지만 기존 자전거에 비해 바퀴가 작아 승차감은 좋지 않았다. 사실 이전 자전거 모델이라고 승차감이 좋았던 것은 아니다. 프랑스에서 영국에 수출된 벨로시페드는 '본 쉐이커(bone shaker)'라는 별명을 얻기도 했는데, 도로의 충격을 고스란히 몸으로 느껴야 했기 때문에 뼈가 흔들린다는 뜻이었다.[10]

'뼈가 흔들리는' 문제는 1887년 공기로 부풀리는 고무 타이어가 개발되면서 해결되었다. 공기 주입 타이어는 영국 스코틀랜드 수의사 존

1868년 프랑스 파리 근교의 생클루(Saint-Cloud)에서 열린 최초의 자전거 경주 대회를 묘사한 그림

던롭의 발명품이다. 비로소 마차를 대체할 만한 가장 효율적인 교통수단이 탄생한 것이다.

자전거는 교통수단으로서의 역할만 했던 것은 아니다. 1868년 최초의 자전거 경주 대회가 개최되었다. 기술의 발전이 새로운 스포츠 장르까지 개척했다. 또한 자전거 덕에 여성들은 드레스 대신 블루머를 입고 야외 활동을 할 수 있었다. 1890년대에 벌써 여성 자전거 선수가 등장했다. 1896년 제1회 아테네 올림픽의 전 종목에 남성 선수들만 참가했던 점을 감안하면, 다른 건 몰라도 적어도 자전거에 관해서만은 당시 사회가 여성들에게 조금은 관대한 편이었다.

06 / 10 배
Vessel
바람을 타고 성장한 인류의 역사

도서 지역 주민과 어업이나 항해를 직업으로 삼은 사람이 아니라면 요즘은 배를 탈 기회가 드물다. 유람선이나 낚싯배 같은 레저용 선박 또는 여객선을 타는 정도가 보통 사람이 경험할 수 있는 항해의 대부분이다. 하지만 지금도 컨테이너선이나 유조선처럼 대량의 화물이나 원유를 운반하는 데 배만큼 유용한 수단은 없다. 실상 장거리 운송 수단 중 가성비 항목에서는 최고점을 받을 만하다.

배는 인류가 발명한 첫 이동 수단이다. 문명을 막론하고 제 나름 배의 역사를 가지고 있다. 인류가 먼 바다로 항해하게 된 데는 '돛'의 발명이 한몫을 했다. 돛이 만들어지면서 인류는 비로소 바다에서 바람을 이용하는 방법을 배우게 되었다.

역사를 통튼다면, 인류가 통나무 속을 파낸 배를 처음 발명한 것은 기원전 4만 년 정도로 추정된다.[11] 기원전 3000년쯤에는 노를 저어 가는 커다란 배가 중국에서 등장했다. 고대 그리스·로마 시대에도 노예들이 노를 젓는 대형 선박이 항해했다.

기원전 1500년경 이집트에서 '돛단배'가 모습을 드러냈다. 기둥에 고정한 사각형 모양의 돛을 달게 되면서 사람의 힘이 아닌 동력, 즉 바람의 힘을 추진력으로 사용할 수 있게 되었다.

기원전 1500년경의 이집트 돛단배. 인력과 풍력을 동시에 활용한 것으로 보인다.

유럽의 대항해 시대는 범선의 시대였다. 15세기에서 16세기 초반까지는 보통 3개의 주 돛대를 가진 '캐럭(carrack)'으로 분류되는 범선이 항해에 나섰다. 크리스토퍼 콜럼버스(Christopher Columbus, 1450~1506)가 타고 미국 대륙을 발견한 산타 마리아호가 대표적인 캐럭 범선이다.

18세기부터 19세기까지 캐럭의 뒤를 이어 '갤리언(galleon)'이라는 범선이 등장했다. 배에 다양한 조각을 새겨 넣은 것이 특징이다. 이즈음 함포 탑재 능력이 향상되고 함포의 성능도 발전하면서 범선이 전쟁의 최전선에 나서게 되었다. 트라팔가 해전(The Battle of Trafalgar, 1805)처럼 유명한 해전들이 역사에 기록되기 시작한 시기다.

갤리언에 이어 등장한 것이 '클리퍼(clipper)'다. 선체가 작은 대신 기동력이 뛰어난 범선이다. 제시간 안에 계약된 화물을 조달해야 하는 무역선, 특히 중국에서 차를 싣고 영국으로 가는 무역선으로 많이 쓰였다.

영국 화가 클락슨 프레데릭 스탠필드(Clarkson Frederick Stanfield)가 트라팔가 해전을 묘사한 그림. 건조 능력과 항해술이 발달하면서 해군력이 국가의 군사력에서 가장 중요한 요소가 되었다.

　인력으로 배를 추진하던 시대와 증기를 동력으로 사용하던 시대 사이에는 줄곧 바람이 배를 띄웠다. 바람이 항상 뱃사람들에게 우호적인 것은 아니었다. 바람만큼 극복하기 어려운 변수도 없었다. 자칫 침몰로 이어지는 풍랑은 말할 것도 없었다. 망망대해에서 바람을 만나지 못하는 것도 문제였다. 북아메리카 동쪽의 대서양 바다, 사르가소해(Sargasso海)는 선원들 사이에서 '죽음의 바다'로 불렸다. 바람이 거의 불지 않았기 때문에 자칫 이곳으로 배가 들어갔다가는 바다 한가운데에서 굶어 죽기를 기다릴 수밖에 없었다.

　증기선이 발명된 이후까지도 범선은 나름대로의 경쟁력을 가지고 있었다. 석탄과 엔진 공간이 필요한 증기선과 달리 범선은 적재 공간이 넓어 더 많은 화물을 실을 수 있었다. 게다가 석탄을 때기 위해서는 돈이 필요했지만 바람은 '공짜'였다.

하지만 수에즈 운하가 개통되면서 상황이 크게 바뀌었다. 좁고 긴 운하를 통과하는 데에는 거추장스럽게 많은 돛을 단 범선보다는 바람의 영향을 받지 않는 날렵한 기선이 더 적합했다. 유럽에서 동아시아를 잇는 항로의 거리가 줄어들면서 연료비 부담도 크게 줄었다.

그렇게 범선은 점차 역사에서 사라졌다. 레저용 또는 스포츠 경기용 요트 정도만 '돛단배'의 명맥을 유지해 왔다.

그런데 21세기 들어 다시 컨테이너선과 여객선에 돛이 등장했다. '로터십(rotor ship)'이라는 배인데, 전통적인 형태의 펼치는 돛이 아니라 굴뚝처럼 생긴 원기둥 모양의 돛, 이른바 '로터 세일(rotor sail)'을 달아 보조 동력으로 쓰는 배다. 물체가 회전하면서 기체(또는 유체)를 지나갈 때 압력 차이에 의해 회전축과 직각 방향으로 힘을 받는 원리, 이른바 마그누스 효과(magnus effect)를 이용한 것이 로터 세일이다. 최신 기술로는 이 원기둥 돛을 배에 설치하면 25% 정도까지 연료를 절약할 수 있다고 한다.

로터 세일이 처음 고안된 것은 20세기 초의 일이지만, 최근 다시 주목받고 있다. 환경 이슈 때문이다. 연료 절감도 절감이지만 탄소 배출을 줄여 주는 효과 때문에 운송 회사들이 더 큰 관심을 가지게

거대한 원기둥 돛을 달고 항해하는 로터십. 선체에 적힌 'hybrid'라는 문구가 이 배의 특징을 나타낸다.

된 것이다. 인류가 써 내려가는 바다와 바람의 역사는 석탄과 석유, 심지어 원자력을 추진력으로 하는 배가 발명된 이후에도 여전히 진행되고 있는 셈이다.

06
11
비행기
Airplane
라이트 형제는 왜 대서양 연안 오지에서 최초의 비행에 도전했을까?

'키티호크에서 달까지 66년(From Kitty Hawk to the Moon in 66 years)'

미국 노스캐롤라이나주 해변의 작은 마을 키티호크(Kitty Hawk). 인구 3,530명(2018년 기준)에 불과한 이 시골 마을에는 라이트 형제를 기념하는 공원과 박물관이 있다. 이 박물관에 걸려 있는 문구다. 1903년 12월 17일 10시 35분 '인류 최초의 비행기 조종사' 오빌 라이트(Orville Wright, 1871~1948)가 이곳에서 플라이어(Flyer)호를 타고 약 12초 동안의 동력 비행에 성공한 것을 기념하는 상징물이다. 비행기의 날개를 붙잡고 있던 오빌의 형 윌버 라이트(Wilbur Wright, 1867~1912)는 120피트(약 36m)를 날아가는 플라이어를 따라 달려가며 역사적인 순간을 만끽했다.[12]

첫걸음은 초라했지만, 일단 하늘로 날아오른 뒤 인류의 행보는 잰걸음으로 이어졌다. 키티호크에서의 첫 비행 후 6년 뒤인 1909년, 프랑스의 루이 블레리오(Louis Charles Joseph Blériot, 1872~1936)는 비행기로 도버해협을 건넜다. 1927년에는 미국의 찰스 린드버그(Charles A. Lindbergh, 1902~1974)의 그 유명한 대서양 횡단이 신문 지면을 장식했다. 그리고 동력을 이용해 하늘을 날기 시작한 지 66년 만인 1969년, 드디어 인류는 아폴로 11호를 쏘아 올려 달에 족적을 남겼다. 상상만

1783년 6월 4일 몽골피에 형제의 열기구
가 하늘로 떠오르는 모습을 묘사한 그림

하던 달나라 방문이 현실이 되었다.

사실 '하늘로 떠오른' 사람은 라이트 형제가
처음은 아니다. 18세기 말 프랑스의 몽골피에
형제(Joseph-Michel Montgolfier, 1740~1810 &
Jacques-Étienne Montgolfier, 1745~1799)는 열
기구를 발명해 하늘로 날아올랐다. 그러나 비
행이라고 표현하기에는 부족했다. 열기구가
날아가는 방향과 속도를 마음대로 조정할 수
없었기 때문이다. 이를 보완한 것이 비행선
이다. 1973년 초대형 비행선 힌덴부르크(Hin-
denburg)호의 폭발 사고가 일어나기까지 비
행선은 신기술을 이용한 여객 수단으로서의
역할을 톡톡히 했다.

비행기와 비행선의 차이는 부력과 양력이다. 비행선은 거대한 풍
선에 공기보다 가벼운 가스를 넣어 하늘로 오르지만 비행기는 공기
압력의 차이를 이용해 하늘을 난다. 영국 공학자 조지 케일리(George
Cayley, 1773~1857)가 연구한 양력 이론이 훗날 라이트 형제가 비행기
를 띄우는 초석이 되었다.

라이트 형제가 1900년부터 3년 동안 비행기 실험을 한 키티호크는
양력 비행의 첫걸음을 뗀 곳이다. 하늘을 지배하는 인류의 꿈이 이루
어진 발상지인 셈이다. 키티호크라는 지명은 항공모함의 크기를 나타

1903년 12월 7일 최초의 비행을 하던 당시의 사진. 동생인 오빌 라이트가 비행기를 조종했다. 곁에서 비행기를 따라가고 있는 사람이 형 윌버 라이트다.

내는 단어로 인용되거나, 구글 창업자가 투자한 1인승 비행기의 이름에 쓰이는 등 나중에 유명해졌지만, 실제로 라이트 형제가 시험 비행을 할 당시에는 키티호크가 어디에 있는 곳인지조차 아는 사람이 드물었다.

지금은 그나마 호텔 같은 휴양 시설이라도 들어서 있지만, 라이트형제가 그곳을 찾았을 때만 해도 키티호크 주변은 허허벌판 모래밭이었다. 미국 대륙의 동쪽 끝, 주변 섬들이 방파제처럼 높이 솟아올라 바다를 막고 선 지형 때문에 아우터뱅크스(Outer Banks)라는 이름이 붙었다.

라이트 형제가 평소 살던 곳은 미국 중부의 오하이오주 데이턴(Dayton). 그런데 왜 그들은 거주지에서 1,000km나 떨어진 동부 해안 끝에서 비행기 실험을 했을까?

다름 아닌 '바람' 때문이다. 비행기를 띄우는 실험을 위해서는 비가 내리지 않으면서 시속 15마일(약 24km) 이상의 바람이 일정하게 부는 지역이 필요했다. 라이트 형제가 기상청에 문의해 추천받은 곳이 키티호크였다.

키티호크는 여러모로 비행 시험의 최적지였다. 늘 불어오는 강한 바람은 기본. 여기에 나무가 없이 넓게 펼쳐진 모래벌판은 추락이나 불시착의 충격을 최소화하는 데도 효율적이었다. 지금은 잔디밭이 된 '활주로'는 처음에는 모래벌판이었다. 잔디밭은 기념 공원을 만들면서 인공적으로 조성한 것이다. 게다가 키티호크 주민들도 외지인에게 우호적이었다. 평소에는 데이턴에서 자전거 판매점을 운영하다, 여름이면 키티호크에 와서 비행기 시험에 열중하는 형제를 이곳 주민들은 적극적으로 도왔다.

바람 많은 해안가 시골 마을의 자연환경 그리고 그곳에서 '무모해 보이는' 도전을 이어 가는 비행기의 개척자들을 응원하고 용기를 북돋워 준 주민들이 없었더라면 달나라까지 날아간다는 인류의 꿈은 여전히 상상 속에 머물러 있을지도 모른다.

Chapter 7

하루의 마무리

Alcoholic Drinks

07 / 맥주
01 Beer
퇴근 후 한잔? 한때는 아침에 마시던 '가족 음료'

'맥주'라는 단어를 들으면 가장 먼저 떠오르는 장면은 무엇인가? 퇴근 후 동료들과 함께 즐기는 치맥? 회식 자리에서 호불호가 갈리는 폭탄주의 원료? 아니면 집에서 스포츠 중계를 보며 즐기는 여유? 사람마다 다르겠지만, 어떤 것이든 대부분 '밤' 또는 '저녁'과 어울리는 이미지를 떠올리는 것이 맥주다. 맥주의 알코올 도수가 그리 높지 않다고 해도 당당한 술의 일종이다.

그런데 300~400년 전 유럽 또는 식민지 시대 미국에서의 맥주는 아침부터 마시는 '식사용 음료'였다. 성인들만 마시는 것도 아니었다. 남녀노소가 함께 마시는 가족 음료로 통했다. 이런 전통은 18세기까지 이어졌다.

물론 요즘 만드는 맥주와는 차이가 있었다. 에일(ale)이라 불러야 더 정확한 당시의 맥주는 맥아, 홉과 함께 옥수수, 감자, 순무, 호박, 돼지감자 등 온갖 식물을 재료로 썼다. 장미로 향을 내기도 했고, 자작나무, 가문비나무 같은 나무껍질과 메이플 시럽을 섞어 만들기도 했다.[01]

영국의 엘리자베스 1세 여왕(Elizabeth I, 재위 1558~1603)은 매일 아침 에일 한 주전자를 마셨다고 한다.[02] 귀리 케이크와 함께 맥주를 마

시며 아침을 시작했다고 하는데, 요
즘으로 치면 커피를 대신한 음료가
맥주였던 셈이다.

100년쯤 지나 미국 독립의 아버지
벤저민 프랭클린이 "동료들이 매일
아침을 먹기 전에 맥주 한 잔을 마시
고, 빵과 치즈로 아침을 먹으면서 한
잔, 아침과 점심 사이에 또 한 잔을 마
신다"고 기록한 것을 보면 과거 미국

커다란 맥주잔을 든 왕의 모습을 형상화한 나무 조각상.
맥주는 발효하는 효모 종류에 따라 '에일(ale)'과 '라거
(lager)' 등으로 구분된다.

에서도 맥주는 보편적인 아침 음료였던 것으로 보인다. 물론 프랭클린
자신은 이런 식문화를 "매우 끔찍한 습관"이라며 비판했지만 말이다.

물론 효과나 맛으로만 맥주를 마셨던 것 같지는 않다. 모든 사람이
취한 채로 하루를 시작하고 싶지는 않았을 테니까. 라거(larger) 맥주가
발명되기 전까지 대부분의 맥주 맛은 썼기 때문에 그다지 맛에 끌렸던
것도 아닐 것이다. 그보다는 당시에는 맥주가 '안전한' 음료였기 때문
에 마셨을 가능성이 높다. 물이 오염되기 쉬웠던 시대, 식수를 대체하
기 위해 만들어진 음료가 와인과 에일이다. 아침 식사 음료로 맥주 대
신 와인을 마시던 시절도 있었다. 알코올 도수가 높을수록 안전할 확
률이 높았다. 인류가 기원전 6000년경부터 맥주를 만들어 마신 이유
가 꼭 술에 취하기 위해서만은 아닐 수도 있다.

18세기에는 맥주에 우유, 달걀을 섞어 일종의 에그녹(eggnog, 우유,

생크림, 달걀과 브랜디를 넣은 크리스마스 시즌 칵테일의 하나)처럼 만들어 먹기도 했는데, 포셋(posset)이라는 이름의 이 음료는 잠자기 전과 잠자리에서 일어난 직후에 주로 마셨다. 미국에서 활동하는 음식 문화 저술가인 헤더 안트 앤더슨(Heather Arndt Anderson)은 '18세기 의학서에는 보름달이 뜬 밤에 포셋을 마시면 경기, 발작, 간질을 치료할 수 있다는 주장이 있었다'고 기술한 바 있다.

한편 세월이 흘러 제2차 세계 대전을 맞은 영국에서는 윈스턴 처칠(Winston Leonard Spencer Churchill, 1874~1965) 수상이 "전방에서 적군과 대치하는 병사들이 1주일에 4파인트(약 2.3리터)의 맥주를 마실 수 있도록 조치하라"는 명령을 내리기도 했다. 맥주가 군의 사기를 북돋는 용도로 사용된 것이다. 역사적으로 맥주의 쓰임새는 지금 우리가 생각하는 것보다 무척이나 다양했다.

'파리의 심판(Judgment of Paris)'

영어 알파벳 표기는 같지만, 우리말로는 파리(Paris)를 어떻게 읽느냐에 따라 의미가 갈린다. 그리스 신화에 나오는 양치기의 이름(파리스)이냐, 프랑스의 수도(파리)이냐의 차이다.

'파리스의 심판'은 파리스가 헤라와 아테나, 아프로디테 중 가장 아름다운 여신으로 아프로디테를 택한 파리스의 결정을 뜻한다. 이 결정은 트로이 전쟁의 원인이 되었다. 또한 '파리의 심판'은 1976년 파리에서 열린 프랑스 와인과 미국 캘리포니아 와인의 시음회를 일컫는 말이다. 당시 행사를 취재했던 《타임스》의 기자 조지 테이버(George M. Taber)가 쓴 기사의 제목이다. '파리스의 심판'을 차용한 말장난이었지만, 기사가 세계적인 반향을 일으키면서 이 행사 자체를 일컫는 말이 되었다.

심사위원으로 참가한 프랑스 평론가들은 캘리포니아 와인이 프랑스 와인의 상대가 되지 못할 것으로 예상했다. 하지만 블라인드 테스트 결과 레드 와인, 화이트 와인 모두 캘리포니아 와인이 1위를 차지했다. 더군다나 프랑스에서 출품한 와인들은 '샤토 무통 로쉴드(Chateau Mouton Rothschild)', '샤토 오브리옹(Chateau Haut-Brion)' 같은 프랑스를 대표하는 와인이어서 충격이 더했다. 프랑스 와인업계가 뒤집어졌다.

프랑스 일부에서는 '좋은 와인은 성숙할수록 맛이 좋은 법'이라며 '어린 와인'을 두고 벌인 당시 승부의 결과를 받아들일 수 없다는 주장도 나왔다. 그러나 2006년 30년 이상 숙성한 와인으로 펼친 재대결에서 오히려 1~5위를 모두 캘리포니아 와인이 휩쓸면서 프랑스 와인의 자존심은 다시 한 번 상처를 입었다.

이런 결과에도 불구하고 프랑스인들은 여전히 프랑스 와인을 최고로 여긴다. 꼭 프랑스 사람들만 그런 것도 아니다. 아직도 와인이라고 하면 프랑스를 가정 먼저 떠올리게 되는 것은 프랑스 와인이 가진 저력이다. 객관적인 평가에도 무너지지 않는 프랑스 와인의 자존심을 지탱하는 것은 무엇일까?

잠시 고고학으로 이야기를 돌려 보자. 고고학자들은 1992년 이란 서부의 고딘 테페(Godin Tepe)라는 고대 마을 유적에서 기원전 3500년경 제작된 것으로 추정되는 항아리를 출토했다. 이 항아리에서 놀랍게도 맥주(에일) 성분이 발견되었다.[03] 인류 최초의 맥주다. 이곳에서 멀지 않은 하지 피루즈 테페(Hajji Firuz Tepe)라는 마을에서는 이보다 더 놀라운 것이 발견되었다. 와인 성분이 남아 있는, 기원전 5000년경의 것으로 추정되는 항아리다.

고대 문명이 와인을 양조해 마셨다는 증거는 세계 곳곳에서 나왔다. 조지아(그루지아)에서 출토된 기원전 6000년경 고대 항아리에서도 포도 성분이 발견되었다. 기원전 4세기 그리스까지 내려오면 와인은 이미 연회의 주인공이 된다.

이처럼 와인은 어느 한 지역에서 만들어져 다른 곳으로 전파된 것이 아니라 각각의 문명에서 자연적으로 발생한 술이다. 그러나 현대적 의미의 와인, 상품으로서의 와인은 그 뿌리가 분명하다. 중세 유럽의 수도원을 중심으로 발전해 식민주의 바람을 타고 신대륙 곳곳으로 퍼져 나갔다.

그중에서도 프랑스는 가장 먼저 와인의 '품질 관리'를 시작했다. 와인 생산에 최적의 기후와 토양을 가진 프랑스 지역은 이미 12세기에 와인을 수출할 만큼 풍부하고 수준 높은 양조 기술을 보유했다.

아르메니아 바요츠 조르(Vayots Dzor)주에 있는 아레니(Areni) 마을에 위치한 아레니-1 동굴. 이곳은 현재까지 알려진 가장 오래된 와이너리다. 이곳에서 출토된 항아리에서도 와인의 흔적이 발견되었다. BC 4000년경에 조성된 유적으로 보인다.

프랑스가 본격적으로 '고급' 와인을 생산한 것은 17세기부터다. 보르도(Bordeaux) 지역 샤토(chateau, 봉건주의 시대의 프랑스 지역 공동체)를 중심으로 재배하는 포도 품종을 구분하고, 적은 양의 포도만 수확해 최상품을 선별해서 양조하는 방식이 유행하기도 했다. 소량이라도 최고급 제품을 생산해 비싸게 팔겠다는 뜻이다. 샤토 오브리옹, 샤토 라피트 로쉴드(Chateau Lafite-Rothschild), 샤토 라투르(Chateau Latour)

등 지금도 이름만 대면 알 수 있는 유명한 와이너리(winery, 와인 양조장)들이 이런 방식을 택했다. 양조와 숙성 기술도 함께 발전했다. 와인을 유리병에 담아 유통하기 시작한 것도 이 시기다. 보르도, 부르고뉴(Bourgogne), 샹파뉴(Champagne)의 와인이 서로 다른 모양의 병들에 담기기 시작한 때이기도 하다.[04]

이 무렵부터 프랑스에서는 포도밭의 등급이 나누어지기 시작했다. 20세기 초 원산지와 양조 방법, 품종 등을 통제하는 '원산지 명칭 통제 제도'가 만들어지면서 프랑스 와인의 등급 체계는 법적인 품질 규제를 받게 되었다.

수백 년간 자부심으로 이어 온 프랑스 와이너리는 19세기 중반 커다란 위기를 맞는다. 미국 대륙에만 분포했던 '필록세라(Phylloxera)'라는 포도나무 진딧물이 유럽에 상륙해 프랑스를 비롯한 유럽 각국의 포도밭을 황폐화한 것이다. 수년간 연구한 끝에 결국 필록세라에 내성을 가진 미국산 포도나무에 유럽 포도나무를 접붙이면서 이 문제를 해결할 수 있었다.

따지고 보면 지금 프랑스 와인의 원료는 미국산과 프랑스산이 반반씩 섞인 포도다. 어쩌면 프랑스인들은 '파리의 심판'에서 완패한 것은 프랑스 와인이 아니라, 미국산과의 '혼종' 와인이라고 강변할 수도 있겠다. 그렇게 따진다면 더 이상 순수한 프랑스 와인은 남아 있지 않은 것이 되지만.

07 / 03 고량주

高粱酒 / Kaoliang Liquor
청(淸) 왕조 치수 사업의 부산물?

중국은 넓은 국토와 많은 인구를 자랑하는 만큼 술 종류도 많다. 중국 전역에 어느 정도 알려진 술만 대략 5,000여 종이라고 하는데, 잘 알려지지 않은 술까지 합하면 실제로 몇 종류의 술이 팔리는지 가늠할 수조차 없다.

종류는 많아도 크게 보면 중국 전통술은 대략 세 가지다. 육안으로 보이는 색에 따라 홍주(紅酒), 황주(黃酒), 백주(白酒)로 나눈다. 색에 따라 나누었을 뿐이지 구분법은 세계 여느 나라와 다르지 않다. 홍주는 과실주, 황주는 곡물을 발효한 양조주, 백주는 양조주를 끓여 받아낸 증류주다. 여기에 두 종류 이상을 혼합하거나 약초처럼 향이나 약효를 내는 성분을 섞은 술을 만들기도 한다.

이 가운데 우리나라에 가장 잘 알려진 중국 술은 역시 백주다. 마오타이(茅台), 수이징팡(水井坊), 우량예(五粮液), 펀주(汾酒) 등 중국을 대표하는 명주(名酒)들은 대부분 백주다. 이런 명주까지 언급하지 않더라도 흔히 중국집 하면 생각나는 술이 백주다. 알코올 도수가 최소 30~40도, 보통 50~60도까지 올라가는 중국의 대표적인 독주(毒酒)다.

백주는 흔히 고량주로 불리기도 하는데 엄밀하게는 고량주는 백주의 일종이다. 고량주라는 이름은 고량(高粱), 즉 수수를 주원료로 만들었기 때문에 붙은 이름이다. 백주에는 수수 외에도 밀, 고구마, 옥수수, 기장, 쌀 등 다양한 원료가 쓰인다. 하지만 수수로 만든 백주가 가장 흔하고 품질도 좋아 고량주가 백주의 대명사처럼 되었다. 중원(中原)의 드넓은 땅에서 나는 수많은 재료 가운데 왜 유독 수수가 술을 만드는 원료로 사랑받은 것일까.

사실 중국의 옛 왕조 중 원(元)에서 명(明)을 거쳐 청(淸) 초기에 이르기까지는 황주가 백주보다 더 인지도가 높았다. 게다가 도수가 낮고 단맛이 도는 황주는 상류층이 마시는 술, 도수가 세고 상대적으로 강한 풍미의 백주는 서민이 마시는 술이라는 인식도 있었다. 그런데 청대 초기인 17세기 이후 백주, 특히 고량주의 생산량이 크게 늘어나면서 황주를 넘어 대륙을 대표하는 술로 자리 잡게 되었다. 고량주의 생산량이 늘어난 데는 엉뚱하게도 황허(黃河)가 한몫을 했다.

이름에서 알 수 있듯, 황허는 진흙이 많이 섞여 흐르는 강이다. 청 왕조 초기, 황허 중하류 지역에서는 제방을 쌓았다가 무너뜨려 강바닥에 쌓여 있는 토사를 흘려보내는 방식의 치수(治水)가 이루어졌다. 물살을 이용한 준설 작업인데, 이때 제방을 만드는 데 쓰인 것이 대량의 수숫단이었다. 정부로서는 수수 재배를 늘릴 필요가 있었다.

식용으로 쓰이는 수수 수확도 늘었다. 그런데 수수는 바로 먹기에는 식감이 껄끄럽고 맛도 좋지 않았다. 하지만 수수를 양조하면 다른 곡식으로 만들 때보다 더 좋은 품질을 가진 술을 얻을 수 있다. 수수를 담

가 만든 술을 파는 농민들은 짭짤한 부수입까지 올릴 수 있었다.⁰⁵

대중도 수수로 만든 술에 호응했다. 수수가 넘치다 보니 가격도 싸졌다. 고량주가 찹쌀이나 기장 같은 다른 곡물로 만드는 황주에 비해 값이 싼 이유다. 알코올 도수가 높아 쉽게 취할 수 있다는 점도 매력적이었다. 잇따른 전란으로 팍팍해진 살림살이에 고량주는 황주에 앞서 선택되는 옵션이었다. 이런 과정을 거쳐 오늘날에는 고량주가 백주의 대명사처럼 되어 버렸다.

우리는 중국집에서 고량주(또는 백주)를 찾을 때 흔히 '빼갈'을 찾는다. 따져 보면 이 빼갈 역시 술의 한 종류를 의미한다. '바이건(白干)'이라는 술의 발음이 빼갈로 바뀌어 굳어졌다는 것인데, 우리로 따지면 '참이슬'이나 '처음처럼' 같은 술 브랜드가 소주라는 말 대신 쓰이고 있는 것과 비슷하다.

한 가지 더. 그러면 여전히 중국인이 가장 좋아하는 술은 고량주일까? 실제로 중국에서 가장 많이 팔리는 술은 고량주가 아니라 맥주(啤酒, beer)다. 중국도 점차 독주의 전통에서 벗어나는 과정에 있다.

진
Gin
악명 높은 범죄의 술, 개성의 표현이 되다

노간주나무. 이름은 생소하지만 실제로는 우리나라 높은 산에서 흔히 볼 수 있는 측백나무과 나무다. 열매 모양도 익숙하다. 노간주나무 열매를 한약재로 쓸 때는 두송실(杜松實)이라고 부른다. 이 두송실이 바로 진(Gin)의 청량한 향기를 내는 원료, 즉 주니퍼베리(Juniper berry)다.

동양에서 두송실이 한약재로 쓰였던 것과 비슷하게 중세 유럽에서도 주니퍼베리는 신장약, 간장약의 재료로 쓰였다. 17세기 실비우스 드 부베(Sylvius de Bouve, 1614~1672)라는 네덜란드 의사 겸 대학 교수가 옥수수를 증류한 주정에 주니퍼베리를 섞어 새로운 약을 만들었다. 주네바(Geneva) 또는 예너베르(Jenever)라는 이름이 붙었던 이 약은 곧바로 대중의 인기를 얻게 되었는데, 그 이유는 약효가 좋아서가 아니라 브랜디만큼 도수가 세면서 값은 그보다 훨씬 싼 '술'이었기 때문이다. 값싸게 술을 마시고 싶은 서민들은 주네바를 찾았다.

진은 네덜란드에서 영국으로 수출된 이후 영국에서의 생산량이 폭발적으로 늘어났다. 당시 프랑스와 전쟁 중이던 영국은 프랑스로부터 와인과 브랜디 수입을 금지했고, 윌리엄 3세(William Ⅲ of England, 재위 1689~1702)는 모자라는 술을 대체하기 위해 누구라도 술을 증류할

수 있도록 허가했다. '런던 드라
이 진(London Dry Gin)'이 만들어
진 계기다.

진에는 아픈 과거가 있다. 잉
글랜드 국왕 제임스 1세(James VI
and I, 재위 1603~1625)가 와인과
셰리주에 부과한 높은 세율 때문
에 늘 '알코올 부족'에 시달렸던
서민들은 값싸게 구할 수 있는 진
에 열광했다. 17세기 말 50만 갤
런이던 진 소비량은 18세기 중반
1,900만 갤런까지 늘어났다.[06]

1700년대 중반 사회적으로 알코올 중독 문제가 심했던 영국 사
회를 풍자한 그림. 값이 싸고 쉽게 취할 수 있는 진(gin)으로 인
해 영국은 큰 사회적 위기를 맞았다.

영국 저술가인 콜린 윌슨(Colin Henry Wilson, 1931~2013)은 진의 인기
와 관련해 '그 결과로 범죄의 물결이 일었다'고 단언했다. '진을 살 돈을
마련하기 위해 저지르는 범죄는 오늘날 마약을 살 돈을 마련하기 위해
저지르는 범죄만큼이나 흔해졌다'는 것이 그의 표현이다.

'1페니면 취한다'는 런던의 진 상점 광고 문구처럼 진은 서민들이 적
은 돈으로 술에 취할 수 있는 가장 효율적인 수단이었다. 좀도둑질이
나 노상강도로 빼앗은 적은 돈만으로도 충분히 취할 수 있었다. 진을
사기 위해 범죄를 저지르고, 그 진에 취해 다시 범죄를 저지르는 악
순환이 계속되었다. 술값에 쪼들린 부모들은 아이들을 소매치기로 만

들었다. 부모의 술값을 벌기 위해 매춘에 내몰린 아이들도 부지기수였다.

일부 지식인은 진의 부작용을 간파하고 있었다. 『로빈슨 크루소』의 저자 대니얼 디포(Daniel Defoe, 1660~1731)는 1727년 진 판매를 규제할 것을 주장했다.[07] 그러나 진 규제법(Gin Act)이 시행된 것은 1751년이 되어서다. 진이 수입된 이후부터 진 규제법이 시행되기 전까지 약 60년 동안 영국은 유례없는 알코올 중독에 시달렸다. 거리에는 술 취한 사람들로 넘쳐났다. 자식이 굶주리는데도 젖을 물리는 대신 술을 마시는 여성들이 늘어나면서 진은 '모성의 파멸(Mother's Ruin)'이라는 오명을 얻기도 했다. 19세기 이후 영국은 진의 세율을 높이는 대신 맥주의 세율을 낮추어 가며 사회적인 알코올 중독을 치유했다.

웨일스의 텐비(Tenby)에 있는 한 술집의 진 코너. 다양한 크래프트 진과 '밀주(bathtub gin)'를 맛볼 수 있다.

영국에서 저렴한 진이 유행했던 데는 단순한 제조 과정이 한몫했다. 진은 비교적 쉽게 만들 수 있는 데다 위스키처럼 오랜 기간 숙성할 필요도 없었다. 이런 진의 특성이 현대에 와서는 '크래프트 진(craft gin)'이라는 새로운 유행을 탄생시켰다. 흔히 수제 맥주로 불리는 '크래프트 비어'처럼 소규모 진 생산자들이 저마다 독특한 진을 개발해 선보이고 있는 것이다. 주니퍼베리를 기본으로 다양한 재료를 사용해 만드는 진은 생산자의 취향에 따라 개성 넘치는 맛과 향을 구현할 수 있다는 장점이 있다.

최근에는 진의 '두 번째 고향'인 영국을 비롯해 세계 각국에서 크래프트 진 열풍이 불고 있다. 영국 잉글랜드의 진 증류소 숫자가 스코틀랜드의 위스키 증류소 숫자를 넘어섰다는 이야기도 있다. 오랜 기간 주로 칵테일 베이스 역할에만 충실했던 진이 이제, 좋은 의미로, 제2의 전성기를 맞고 있다. 과거의 진이 '양적 팽창'에 주력했다면 요즘의 진은 '질적 향상'에 초점을 맞춘 것이 차이라면 차이다.

07 / 05 소주(燒酎) 또는 소주(燒酒)
Soju
귀족의 술? 대중의 술!

지금은 눈에 띄지 않지만 2013년 이전까지만 해도 소주병에는 희석식 소주(稀釋式 燒酎)라는 한자 표기가 있었다. 고급 전통 소주가 아니라, 사람들이 많이 마시는 그 '보통 소주'를 의미하는 것이다. 관찰력이 좋은 사람이라면 과거 소주병 표기에서 특이한 점을 발견했을 것이다. 소주의 한자가 일반적으로 생각하는 소주(燒酒)가 아니라 소주(燒酎)다. 술 주(酒) 대신 쓴 이 글자는 증류해 걸러낸 술 또는 진국의 술이라는 뜻의 '진한 술 주'자다. 이름에서부터 정체성이 명백하게 드러난다. 끓여서 증류한 술이라는 뜻으로는 소주(燒酒)라고 써야 하지만 상품명에는 주(酎)라는 글자를 쓴다. 대용량으로 파는 담금 술이나 일부 증류식 소주에는 지금도 소주(燒酎)라는 표기가 남아 있다. 영남 지역의 유명한 전통주인 안동소주 역시 소주(燒酎)라고 쓴다.

이 한자 표기가 일제 강점기 일본의 영향을 받은 것이라는 주장도 있다. 일본에서는 전통 증류주를 '쇼추(燒酎)'라고 부르기 때문이다. 실제로 조선 시대 문헌에서는 소주(燒酎)라는 단어를 찾아보기 어렵다. 20세기 초 개정된 주세법에 소주(燒酎)라는 단어가 나오는 것을 보면 이 주장이 어느 정도 설득력을 가질 수도 있겠다. 여하튼 소주(燒酎)라는 단어가 지금도 엄연히 쓰이는 것은 사실이다.

'사를 소(燒)'라는 글자에서 확인할 수 있듯, 한 번 발효한 술을 불을 지펴 끓여낸 술이 소주다. 증류 과정에서 이슬방울이나 땀방울처럼 술이 맺힌다고 해서 노주(露酒)나 한주(汗酒)라는 표현을 쓰기도 한다. 이름이야 어찌되었건 소주가 증류주인 것은 확실하다.

그러면 희석식 소주라는 말은 뭘까? 희석은 물을 타 엷게 만들었다는 뜻인데, 희석식 소주라면 증류주가 아니라는 뜻일까?

희석식 소주 역시 증류주다. 그것도 지나치게 증류한 술이다. 연속식 증류기를 사용해 발효한 술을 여러 차례 증류해 알코올 농도 95% 이상의 주정(酒精)을 만든 뒤 이를 물과 감미료를 섞어 농도를 맞춘 술이 희석식 소주다.

알코올 농도 95%의 주정이라면 원재료가 뭐든 그것은 중요하지 않다. 원재료의 풍미는 거의 남아 있지 않으니까. 과거 감자나 고구마로 만들던 주정을 수입산 타피오카(카사바 뿌리를 말려 가공한 전분)로 만들게 된 것도 가격 경쟁력을 고려한 것이지 소주 맛과는 상관없다.

흔히 마시는 소주 상표에서 희석식 소주라는 표현이 사라진 것은 2013년 주세법 개정으로 증류식 소주와 희석식 소주의 구분이 없어졌기 때문이다. 다만 일반적인 희석식 소주와 구분하기 위해 고급 소주를 만드는 양조 회사들은 증류식 소주라는 말을 그대로 쓰고 있다.

증류식 소주는 대부분 단식 증류기로 한두 번만 증류한 술이다. 증류 횟수가 적으면 재료나 제조 방식에 따라 맛과 향에 변화를 주기 쉽다. 반면 재료가 많이 들어가는 것이 단점이다.

우리나라에서는 소주의 재료로 쌀을 많이 썼는데, 옛날에는 식량으로 쓰기에도 부족한 쌀로 막걸리도 아닌 소주를 빚는 것은 보통의 신분이나 재력으로는 상상하기 어려운 일이었다. 처음 소주가 만들어진 고려 시대에는 왕족이나 귀족이 아니면 마시기 힘들었고, 나름대로 소주가 대중화되었다는 조선 시대에도 매우 비싼 술로 취급되었다.

한반도에 소주가 전래된 계기는 고려 시대 원나라의 침략이다. 원나라 몽골 민족은 중동 지역 이슬람 세계에서 증류법을 배웠다. 화학이 발전한 중세 이슬람은 증류법에 대해서도 정통했다. 여기서 발달한 증류법은 서쪽으로는 십자군 원정 과정에서 유럽으로, 동쪽으로는 몽골에 전파되었다. 몽골족이 만든 원나라가 13~14세기경 증류법을 한반도에 전한 것으로 본다. 북한 지방에서는 소주를 '아락', '아락주', '아랑주' 등으로 부르기도 하는데 소주가 아랍 지역에서 건너온 것과 관계가 있다.

지방 전통 소주 중에서 안동소주가 유명한 것도 몽골족과 관련 있다. 고려 시대 안동은 원 군대의 주둔지였다. 원에서 온 몽골 군인들이 술을 빚어 마시면서 자연스럽게 이 지역에서 소주의 주조 기술이 발달했을 것이다.

외래 문물이지만 우리 나름대로 발전시키고 수준 향상을 이루었던 전통 소주는 1960년대 양곡 관리법 시행과 함께 사양길로 들어섰다. 쌀로 술을 빚는 것을 법으로 금지한 것이다. 이때부터 희석식 소주가 전통주의 자리를 대체했다. 1980년대 이후 정부 정책이 바뀌면서 전통주가 부활하고는 있으나 한 번 끊어진 명맥을 잇는 것이 쉬운 일은 아니다.

다행인 것은 요즘은 가양주(家釀酒)나 지방 전통술뿐 아니라 제법 규모가 큰 양조 회사들도 전통 방식의 소주 제조에 눈을 돌리고 있다는 점이다. 이에 따라 다양한 브랜드, 다양한 종류의 증류식 소주가 늘어나고 있다. 취하기 위한 목적이 아니라 맛과 향을 즐기기 위한 목적으로 소주를 마시게 된 것 같다. 물론 대중주로는 희석식 소주가 여전히 대세이기는 하지만, 이제는 우리도 가끔은 조금 더 비싼 값을 치르면서도 조금 덜 취할 정도의 수준은 되지 않았나 싶다.

07 / 06 보드카
Vodka
볼셰비키 혁명을 피해 자본주의 세계로 탈출한 술

보드카를 가장 많이 마시는 나라는 어디일까? 많은 사람들이 짐작하는 대로다. 보드카의 나라, 러시아다.

시장 조사 기관인 유로모니터(Euromonitor International)에 따르면 러시아 사람들은 한 달 평균 17.28잔(shot)의 보드카를 마신다(2014년 기준). 이어 폴란드(13.71잔), 우크라이나(9.96잔), 불가리아(5.26잔), 슬로바키아(4.13잔) 순서로 보드카를 많이 마신다.[08] '서방 세계'의 1위라는 미국인의 보드카 소비량이 월 3.76잔에 그치는 것과 비교하면 '보드카 벨트(보드카 주요 생산국)'의 위상은 대단하다.

보드카가 러시아에서 가장 많이 소비되지만, 그 원조를 폴란드로 보기도 한다. 보드카라는 단어가 15세기 초 폴란드 문헌에서 먼저 발견된 점에 기인한다.

그러나 어디서 먼저 보드카를 만들었느냐 하는 사실보다 더 중요한 것은 보드카의 품질을 향상시켜 대중적인 술로 자리 잡게 만든 곳이 어디냐는 사실이다. 1780년 테어도어 루이츠(Theodore Lowitz)라는 러시아 화학자가 보드카를 자작나무 숯으로 여과해 불순물과 잡냄새를 제거하는 방법을 개발했다. 지금과 같은 모습의 보드카가 탄생한 것이다. 무색, 무취, 무미라는 보드카의 특징은 이때 시작되었다. 보드카가 러시아의 술로 인식되는 이유다.

통계에서 보듯 러시아 국민들의 보드카 사랑은 유별나다. 러시아에
서 보드카는 값싸게 취할 수 있는 '서민의 술'이다. 러시아의 보드카는
우리나라의 소주와 비슷하다.

그런데 이런 보드카가 러시아에서 판매 금지된 적이 있었다. 1914년
제1차 세계 대전이 발발하자 러시아 제국의 마지막 차르인 니콜라이 2
세(Nikolay II, 재위 1894~1917)는 보드카를 포함한 알코올 판매를 금지
했다. 당초 전시 절차에 따른 한시적 조치였지만, 니콜라이 2세는 이후
보드카 판매 금지를 전쟁이 끝날 때까지 연장했다.[09] 하지만 정작 니콜
라이 2세는 전쟁이 끝나는 것을 보지 못했다. 1917년 볼셰비키 혁명을
앞두고 옥좌에서 내려온 뒤 이듬해 7월 붉은 군대에 처형되었다. 볼셰
비키 정권이 들어서도 계속 이어진 보드카 판금 조치는 1925년이 되어
서야 스탈린(Joseph V. Stalin, 1879~1953)에 의해 해제되었다.[10]

러시아의 볼셰비키 혁명을 묘사한 러시아 화가 보리스 쿠스토디예프(Boris Kustodiev)
의 그림. 니콜라이 2세와 볼셰비키 정권의 금주법 시행은 보드카가 유럽 전역으로 퍼
지는 계기가 되었다.

보드카 금지에 따른 대중의 불만이 러시아 혁명에 영향을 미쳤다는 일부 주장도 있지만, 이 부분에 대해서는 논란의 여지가 있다. 다만 러시아 혁명이 보드카에 영향을 미친 것은 분명하다. 보드카가 자본주의 세계로 진출하는 계기가 되었기 때문이다.

1864년 보드카를 생산하기 시작한 스미노프(Sminov) 가문은 1886년 황실 공식 납품업자가 되면서 명성을 떨쳤다. 하지만 창업자 피요트르 스미노프(Pyotr Arsenjevitch Smirnov)로부터 양조장을 물려받은 셋째 아들 블라디미르 스미노프(Vladimir Smirnov)는 1904년 러시아 차르의 보드카 국유화 조치로 공장을 빼앗겼다. 러시아 혁명 이후에는 역시 술을 금지한 볼셰비키 정권으로부터 생명의 위협을 받기도 했다.

블라디미르와 그 가족들은 볼셰비키 정권의 핍박을 피해 해외로 망명해 다시 양조 사업을 시작했다. 폴란드를 거쳐 프랑스에 정착해서는 보드카 이름을 프랑스식인 Smirnoff로 바꾸었다.

이 보드카는 1933년 러시아계 미국인인 루돌프 퀴넷(Rudolph Kunett)이 스미노프의 북미 판권을 사들인 뒤 급성장했다. 무색, 무취, 무미의 특징을 살려 칵테일 베이스로 활용한 것이 큰 성공을 거두었다. 금주법 폐지 이후 팽창한 미국의 주류 시장도 성장의 밑거름이 되었다.

지금은 영국계 주류 회사 디아지오(DIAGEO)가 보유한 스미노프는 세계에서 가장 많이 팔리는 보드카 브랜드다. 서유럽과 북미가 보드카에 취하기 시작한 것도 스미노프의 성장과 궤도를 같이한다. 1970년대 들어 앱솔루트(Absolut, 스웨덴), 핀란디아(Finlandia, 핀란드) 같은 고급 브랜드의 보드카들이 북유럽에서 양조되기 시작했다.

따지고 보면 러시아 황실과 볼셰비키 정권이 보드카 판매를 금지했기 때문에 궁극적으로 러시아 보드카가 세계적으로 알려진 셈이다. 한때 러시아에서 마시지 못하게 했던 보드카는 이제 러시아에서 가장 많이 마시는 술이 되었다. 보드카의 역사는 역설의 연속이다.

07 / 07 위스키

Whiskey / Whisky

스카치위스키가 세계 시장을 지배하는 이유

whisky와 whiskey. 발음은 같은데 표기법이 다르다. 스코틀랜드산 위스키, 즉 스카치위스키는 'whisky'라고 쓴다. 캐나다 위스키, 일본 위스키도 이 표기법을 따른다. 반면 아일랜드와 미국에서는 'whiskey' 라고 표기한다. 이러한 철자의 차이는 스코틀랜드와 아일랜드가 서로 자기네를 위스키의 '종주국'이라고 주장한 데서 비롯되었다.

위스키는 보리나 옥수수 같은 곡물을 원료로 한 증류주다. 보통 알코올 도수가 40도 이상인 독주(毒酒)여서 술을 잘 못 마시는 사람이 느끼기에는 다 비슷비슷한 것처럼 여겨지지만, 세상에 같은 맛을 내는 위스키는 없다는 말이 있을 정도로 종류도 많고 풍미도 다양하다.

인류는 이미 위스키라는 단어가 나오기 수천 년 전부터 증류주를 만들어 즐겼다. 옛날에는 이렇다 할 규정도 없이 손에 잡히는 재료로 만들었던 것이 위스키다. 스코틀랜드에서 먼저 만들었는지, 아일랜드에서 먼저 만들었는지 또는 그 밖의 다른 나라에서 먼저 만들었는지 알도리도 없다.

다만 맥아로 '생명의 물(aquavitae, 아쿠아비테)'을 만들었다는 기록이 1494년 스코틀랜드 문헌에 먼저 나온다. 이 기록이 위스키와 연관이 있는 것은 위스키의 어원이 '생명의 물'이라는 뜻의 게일어(브리튼

제도와 그 주변에서 쓰인 고대 켈트족의 언어) 'usque baugh(우스케 바하)'에서 비롯된 것으로 보기 때문이다. 15~18세기에는 'uisce betha', 'usquebagh' 'uskebath' 등으로 다양하게 표기되었다.[11] 위스키라는 단어가 처음 문헌에 등장한 것은 18세기 중반인데, 당시 옥스퍼드 영어 사전에는 판본에 따라 whiskee, whisky, whiskie 등의 단어가 혼재해 쓰이고 있다.

어쨌든 위스키는 스코틀랜드와 아일랜드에서 독자적인 양조 방법으로 발전해 왔다. 지금은 전 세계 위스키 생산량의 60%를 조달하는 스카치위스키(Scotch whisky)가 다른 나라의 위스키를 압도하고 있지만, 19세기 중반까지만 해도 아이리시 위스키(Irish whiskey)는 스카치위스키와 어깨를 나란히 했다. 아이리시 위스키는 품질이 좋아 해외의 애주가들에게도 각광받았다. 이즈음 위스키 업계에 호재도 생겼다. 1860년경 포도나무 진딧물(필록세라)이 유럽의 포도나무를 황폐화시키면서 와인을 원료로 한 브랜디 가격이 급등했다. 브랜디를 마시던 사람들이 위스키로 눈을 돌렸다.

아이리시 위스키가 스카치위스키와 갈등을 빚은 것은 이 무렵이다. 아일랜드 위스키 제조업자들은 보리와 맥아만을 사용해 전통 방식인 단식 증류기(pot still)로 생산한 위스키만이 진짜 위스키라고 주장했다. 반면 스코틀랜드와 북아일랜드에서는 신기술인 연속식 증류기(continuous still)를 이용하는 방법을 받아들여 대량 생산에 나섰다. 영국 정부가 이 방식으로 만든 증류주도 위스키로 인정하면서 스카치위

브리튼제도

스키의 생산량이 급증했다.

진 같은 재증류주 시장을 겨냥한 싸구려 위스키도 등장했다. 아이리시 위스키와 스카치위스키를 섞은 위스키도 상품으로 나왔다. 상대적으로 고급품이었던 아이리시 위스키는 스카치위스키의 물량 공세에 밀려 설 자리를 잃었다.

19세기 영국 왕실 인사들의 스코틀랜드 방문은 스카치위스키의 성장을 도왔다. 1822년 영국 국왕 조지 4세(George IV, 재위 1820~1830)가 에딘버러에서 글렌 리벳(Glen Livet)을 맛본 뒤 극찬하면서 잉글랜드에도 스카치위스키 바람이 불었다. 1848년에는 빅토리아 여왕(Queen Victoria, 재위 1837~1901)이 로크나가 증류소를 방문하고는 그 위스키에 '로열 워런티(Royal warranty, 영국 왕실에 납품되는 물건에 내려진 칭호)'를 내렸다. 영국 전역에서 스카치위스키의 인기가 올라갔다. 지금도 로크나가 위스키는 로열 로크나가(Royal Lochnagar)로 불린다.

반면 생산량의 상당량을 미국으로 수출했던 아이리시 위스키는 1920년 시행된 미국 금주법으로 한 번 더 타격을 입게 되었다. 1·2차 세계 대전과 경제 공황도 아이리시 위스키의 어려움을 가중시켰다. 아일랜드의 수많은 증류소들이 문을 닫았다. 아일랜드 정부는 1950년이 되어서야 연속 증류기로 만든 술도 아이리시 위스키에 포함시켰다. 전통적인 단식 증류기 방식을 이용한 술은 '아이리시 단식 증류기 위스키'로 따로 구분했다.

전쟁 통에 위스키 생산이 감소하거나 중단되었던 것은 스카치위스키도 마찬가지였다. 하지만 증류소 가동은 계속되었는데, 연속 증류기를 이용해 전쟁 중 사용할 산업용 알코올을 생산했기 때문이다. 전쟁이 끝난 뒤 이 설비는 고스란히 스카치위스키 생산에 투입되었다.

마침 일본, 미국 등에서 늘어나는 새로운 수요에 맞춰 스코틀랜드의 위스키 산업은 다시 기지개를 켤 수 있었다. 한때 저가품을 내세워 아일랜드와의 위스키 경쟁에서 승리한 스코틀랜드지만, 지금은 질과 양 모두에서 세계 최고급 위스키를 생산하는 명실상부한 위스키 업계의 최강자가 되었다.

07/08 럼
Rum
럼은 어쩌다 '해적의 술'이 되었을까?

1883년 출간된 로버트 루이스 스티븐슨(Robert Louis Stevenson, 1850~1894)의 소설 『보물섬』과 2003년 시리즈 첫 회를 시작한 영화 〈캐러비안의 해적〉. 시대도 장르도 다르지만 소재에는 공통점이 있다. 해적과 럼(rum). 해적이 등장하는 소설이나 영화에 빠지지 않는 술이 럼이다. 럼은 어쩌다 해적의 술이 되었을까? 럼이 처음 만들어진 원산지와 관련이 있다.

럼이 만들어진 기원은 확실치 않다. 16세기 서인도제도에서 스페인 선원이 만들었다는 설 또는 17세기 카리브해 바베이도스섬에서 영국인이 처음 만들었다는 설 등 분분하다.[12] 럼의 재료가 사탕수수로 설탕을 정제하고 남은 찌꺼기, 즉 당밀(糖蜜)이라는 점을 감안하면 카리브해 지역의 사탕수수 플랜테이션에서 일하던 노예들이 이런저런 경로로 발효와 증류 과정을 배워 만들었을 수도 있다. 사탕수수를 원료로 만든 술인 만큼 설탕이라는 뜻의 라틴어 사카룸(saccarum)이 럼이라는 이름의 기원이라는 추측도 있다.

지금이야 '모히토(mojito)', '피나콜라다(pina colada)' 같은 칵테일 베이스로 쓰이기도 하고, 그 자체로도 애주가들이 많이 찾는 술이지만, 처음 만들어질 때만 해도 럼은 설탕 찌꺼기로 만든 거친 술에 불과했다. 그래도 힘겨운 노동으로 지친 노예들의 애환을 달래 주었다. 17세기 카리브해 지역의 사탕수수 플랜테이션 농장은 노예 노동이 성행하는 유럽 열강의 식민지였고, 상선과 군함, 해적선 같은 범선들이 수시로 드나드는 곳이었다.

당시 오랜 항해에서 배에 빠지지 않고 실렸던 화물이 맥주나 와인, 브랜디, 위스키 같은 술 종류였다. 오랜 항해를 하는 배들은 민물을 싣고 다녔는데, 오래 묵은 물에서 나는 냄새를 감추기 위해 술을 섞어 선원들에게 나누어 주었다. 물에 술을 탄 '그로그(grog)'라는 칵테일이 여기에서 유래했다. 술을 탄 물에는 설탕과 라임즙을 섞기도 했는데 이렇게 만들어진 음료는 비타민 C 부족으로 생기는 괴혈병을 예방하는 효과도 있었다.

포상이나 위로의 목적으로 술을 배급하기도 했다. 특히 17세기 중반 자메이카를 점령한 영국 해군이 값비싼 브랜디 대신 자메이카산 럼을 수병들에게 배급하면서 럼은 '해군의 술' 또는 '선원의 술'이 되었다.

유럽 열강이 식민지 수탈 경쟁을 벌이던 16세기부터 19세기까지 이 지역에서는 사나포선(私拿捕船, privateer)이 공공연하게 활동했다. 사략선(私掠船) 또는 포획사선(捕獲私船)으로도 불리는 이 배들은 국가의 허가를 받아 교전국 상선을 공격해 나포하거나 약탈하는 일종의 공인된 해적들이었다. 사나포선의 선장 중에는 적군과 아군 상선을 가리지 않고 공격해 노략질을 일삼는 이들도 많았다. 아예 인근 외딴 섬에 본거지를 둔 '전업 해적'이 되기도 했다. 식민지에서 생산한 물품을 싣고 무

프랑스 출신의 유명한 해적 선장 로베르 쉬르쿠프(Robert Surcouf)의 배가 동인도 회사 소속의 상선을 공격하는 장면을 묘사한 그림

역을 떠나는 배들이 이들의 주요 표적이었다. 카리브해는 해적들의 온상으로 악명을 떨쳤다.

노예와 선원들이 마시던 싸구려 술 럼은 어느새 이 지역의 주요 생산물이 되었다. 설탕 생산의 부산물로 만들어진 술이었지만 그 자체로 상품 가치가 충분했기 때문에 교역품의 한 자리를 차지했다. 게다가 설탕에 비해 운송 비용도 쌌다.

노예들을 위로하던 럼이 인기를 끌면서 노예들이 더 힘겨운 착취를 겪어야 하는 아이러니가 생겼다. 카리브해 식민지에서 당밀을 구해 북미 식민지에서 럼을 만들고, 여기서 만든 럼으로 아프리카에서 노예를 사서 카리브해 식민지에 판 뒤 그 돈으로 다시 사탕수수를 사 럼을 만드는, 무한 반복의 '삼각 무역'이 이어졌다.

럼이 해적의 술이라는 인식이 자리 잡은 것도 이즈음이다. 럼은 해적들의 노략 대상이었고, 상선에서 약탈한 럼을 마시고 취해 있는 일이 잦았다. 갑판에서 뒹구는 술병과 함께 널브러져 있는 해적의 모습, 이런 이미지가 자연스러웠다.

물론 모든 뱃사람의 술인 럼을 해적만 마셨을 리 없다. 그러나 '해군의 술' 또는 '선원의 술'과 '해적의 술'에는 분명한 차이가 있었다. 해군이나 선원은 일정 시간마다 럼을 배급받았지만, 해적들은 언제고 원하는 만큼 약탈한 럼을 마실 수 있었다. 술에 너무 취해 상대 상선과의 교전에서 죽지만 않는다면.

07/09 테킬라
Tequila
멕시코에서 태어나 미국이 키운 술

1873년, 멕시코와 국경을 맞댄 미국 텍사스주의 엘패소(El Paso). 멕시코 양조업자인 돈 세노비오 사우자(Don Cenobio Sauza, 1842~1909)가 증류주 3통을 들고 국경을 넘었다. 미국에 처음으로 수출된 멕시코산 테킬라(tequila)였다. 이때만 해도 지금처럼 엄청난 수량의 테킬라가 미국으로 수출될 것이라고는 상상하지 못했다.

테킬라 양조는 멕시코의 주력 산업 중 하나다. 2019년 멕시코의 테킬라 생산량은 3억 5,170만 리터. 이 가운데 70%가 해외로 수출되었고, 이 수출 물량 중 70%가 미국에서 팔렸다.

해외에서는 테킬라라는 이름으로 유명하지만, 엄밀하게 따지면 테킬라는 메즈칼(mezcal)이라는 증류주의 일종이다. 메즈칼 중 멕시코 할리스코(Jalisco)주 테킬라 지역에서 생산된 메즈칼(Mezcal de Tequila)을 줄여서 테킬라라고 불렀다. 1944년까지는 테킬라를 할리스코주에서 생산된 고급 메즈칼로 한정했으나, 지금은 생산 범위가 넓어졌다. 할리스코, 과나후아토, 미조아칸, 나야릿, 타마울리파스 등 5개 주에서 생산되는 메즈칼 가운데 블루 아가베(blue agave, 용설란)만을 원료로 만든 술을 테킬라로 칭한다.

테킬라라는 이름은 1870년대부터 쓰이기 시작했다. 테킬라 지역의

멕시코 할리스코주 테킬라의 블루 아가베 농장

카사 쿠에르보(Casa Cuervo) 양조장에서 테킬라 양조 기술을 배운 사우
자는 독립해 인근에 라 페르세베란시아(La Perseverancia) 양조장을 세
우고 사우자 브랜드의 테킬라를 생산하기 시작했다. 테킬라가 처음 수
출된 해의 일이다. 사우자의 양조장은 3대를 이어 지금까지 성업 중인
데, 후대 사람들은 미국에 처음 테킬라를 수출한 사우자를 '테킬라의
아버지'로 부르기도 한다.

테킬라의 역사는 16세기로 거슬러 올라간다. 스페인 정복자들이 멕
시코 원주민들이 마시던 아가베 발효 음료 플케(pulque)를 증류해 마
신 데서 시작되었다. 1795년 뉴스페인(New Spain, 지금의 미국 남서부와
멕시코, 중앙아메리카 일부, 카리브해, 필리핀을 아우르는 옛 스페인 행정 지

역) 정부의 승인을 받은 돈 호세 안토니오 쿠에르보(Don Jose Antonio Cuervo)가 테킬라를 주조해 판매하기 시작했다. 호세 쿠에르보(Jose Cuervo)와 사우자(Sauza)는 지금도 세계에서 가장 유명한 테킬라 브랜드로 인정받고 있다.

그러면 테킬라는 어떻게 미국인의 취향을 사로잡았을까? 몇 가지 사건이 맞물리면서 테킬라의 인기가 올라갔다.

우선 1919년 발효된 미국 금주법. 미국 내에서 공식적으로 술 생산과 판매가 금지되면서 밀주 제조가 성행했고 주류 밀수도 급증했다. 미국 북부에서는 캐나디언 위스키가, 남부에서는 럼과 테킬라가 대량으로 밀수되었다. 테킬라가 미국 내에서 입지를 다진 첫 번째 사건이다.

당시 노새나 당나귀에 테킬라를 싣고 멕시코에서 미국으로 향했던 밀수꾼들을 '로스 테킬레로스(los tequileros, tequila people, 테킬라 사람들)'라고 불렀다. 숙련된 로스 테킬레로스들은 당나귀 한 마리에 50병이 넘는 테킬라를 싣고 운반할 수 있었다고 한다.[13]

제2차 세계 대전과 마르가리타(margarita)의 유행도 테킬라 시장을 넓히는 데 한몫을 했다. 금주법이 폐지된 뒤 미국의 주류 수요는 급증했지만, 미국 내의 양조 산업이 완전히 회복되지는 않았다. 이런 상황에서 터진 전쟁으로 유럽산 위스키 수입조차 원활하지 않게 되었다. 그 자리를 채운 것이 테킬라였다. 때마침 테킬라와 라임 주스 등을 넣어 만드는 칵테일 마르가리타가 만들어져 인기를 끌면서 테킬라 수요가 폭증했다.[14] 1930년대 첫선을 보인 마르가리타의 인기는 지금까지도 이어지고 있다.

멕시코 정부가 1978년 테킬라 멕시코 표준 규정을 제정해 전통주의 품질 관리에 나선 것이 테킬라에 대한 인식을 개선하는 데 한몫을 했다. 현재도 테킬라는 세계에서 가장 엄격한 기준 아래 제조·관리되는 술 가운데 하나로 꼽힌다.

테킬라는 최근 들어 미국에서 다시 인기를 얻고 있다. 2015년부터 2019년 사이 테킬라의 미국 내 매출은 36% 가량 늘었다. 2020년 현재도 코로나19 사태로 판매가 더 늘고 있다. 테킬라가 미국에서 '힙(Hip)'한 술, 세련된 술이라는 이미지를 가진 것이 판매를 늘렸다는 것이 해외 언론의 해석이다. 아마도 미국 젊은이들에게 테킬라가 '혼술' 하기에 적당한 술로 인식되고 있는 모양이다.

07/10 브랜디
Brandy
코냑은 프랑스 술인데 왜 영어 등급 체계를 쓸까?

영국 왕 조지 4세는 브랜디 애호가였다. 특히 프랑스 코냑(Cognac) 지방에서 나는 브랜디(코냑)를 유난히 좋아했다. 조지 4세가 왕위에 오르기 전인 1817년, 그는 코냑 양조장인 헤네시(Hennesy)에 '오래된 최상급 원액으로 만든 엷은 색(Very Superior Old and Pale, VSOP) 코냑'을 주문했다.

헤네시는 조지 4세가 주문한 'VSOP'를 브랜디의 등급 중 하나로 상표 등록했다. 지금이야 코냑뿐 아니라 아르마냑, 칼바도스(Armagnac, Calvados, 둘 다 프랑스 지역 이름이다) 등 다른 프랑스 브랜디는 물론 심지어 다른 나라에서 생산된 브랜디에도 이런 식의 등급이 붙지만, 브랜디에 특정한 등급이 붙은 것은 이때가 처음이다. 이후 1890년 헤네시 가문의 모리스 헤네시가 오래된 원액만을 블렌딩해 새로운 술을 만들어 내면서 그 술에 'XO(eXtra Old)'라는 등급을 붙였다. 혹자는 XO를 'extraordinary'의 약자라고 보기도 한다.[15]

시간이 지나면서 코냑의 등급 체계가 잡혔다. 와인을 증류한 원액이자 브랜디의 원료로 쓰이는 '오드비(eau de vie, 생명의 물)'의 최소 숙성 기간(오크통에서 보내는 기간)에 따라 등급을 나눈 것이다. 브랜디는 13세기 교황 클레멘스 5세가 약용으로 마셨다고 하니 그 원액을 '생명의

물'이라고 부를 만도 하다.[16]

오드비의 숙성 연도로 표시한 등급 규정은 다른 지역의 브랜디에도 적용되기 시작했다. 이 등급 체계가 쓰이기 전에 헤네시는 별의 개수로 오드비의 숙성 기간을 표시했다. 이런 '스타 시스템'은 지금도 일부 쓰이고 있다.

와인을 증류하여 오드비를 만드는 모습을 묘사한 그림. 이렇게 추출한 오드비를 오크나무로 만든 통에 숙성시켜 브랜디를 만든다.

사실 브랜디에 쓰이는 오드비는 숙성 기간이 2년이 안 된 것부터 100년이 넘는 것까지 다양하고, 블렌딩 과정도 여러 차례에 걸쳐 이루어지기 때문에 단순히 원액을 숙성한 기간에 따라 등급을 나누는 것은 그다지 의미가 없을 수도 있다. 그보다는 브랜디에 들어간 오드비 중 가장 숙성 기간이 짧은 오드비를 표시해 품질 보증을 한다는 의미가 있다. 상업적으로는 '고급'을 강조해 술을 비싸게 판매할 수 있는 근거가 되기도 한다.

'Very Special'을 뜻하는 VS는 제2차 세계 대전 이후 도입되었는데 최소 3년 이상 숙성한 오드비를 함유한 브랜디를 의미한다. VSOP는 5년, XO는 10년이 기준이다. XO는 과거에는 최소 숙성 오드비가 6년이었지만 2018년 국립 코냑 사무국(The Bureau National Interprofessionnel du Cognac, BNIC)이 기준을 10년으로 올렸다. 새 기준이 결정되면서 이전에는 비공식적 등급이지만 XO와 비슷한 수준으로 인정받았던

'나폴레옹(Napoleon)'이 공식적으로 VSOP와 XO 사이에 놓이게 되었다. 나폴레옹의 최소 숙성 기준은 6년이다.

그런데 한 가지 이상한 점이 있다. 프랑스를 대표하는 브랜디인 코냑의 등급이 왜 프랑스어가 아니라 영어로 표기되는 것일까?

코냑이 프랑스의 주요 수출품 중 하나였다는 데서 그 근거를 찾는다. 프랑스산 브랜디의 수출은 13세기부터 시작되었고, 16세기 코냑 지방의 브랜디가 네덜란드 무역상들이 선호하는 품목이 되면서 수출이 크게 늘었다. 오랜 항해에 상하기 쉬웠던 와인과 달리 한 번 증류한 브랜디는 가격에 비해 양도 적고 잘 변질되지도 않았다.

18세기 이후 코냑의 최대 수입국은 영국이었다. 포도 재배에 적합하지 않은 기후와 풍토를 지닌 영국에서는 와인을 증류해 만든 코냑이 귀족들의 사치품이었다. 조지 4세가 헤네시에 코냑을 특별 주문한 것만으로도 당시 상황을 알 수 있다.

코냑의 주요 양조장들이 영국과의 교역에 큰 거부감이 없었던 것도 수출이 성행했던 이유다. 헤네시의 창업자인 리처드 헤네시(Richard Hennessy, 1724~1800)는 아일랜드 출신 장교다. 프랑스식으로는 '리샤르 에네시'라고 읽어야겠지만, 원래 발음대로라면 헤네시라고 하는 것이 맞겠다.

또 다른 유명 코냑 브랜드인 마르텔(Martel)의 창업자인 장 마르텔(Jean Martell, 1694~1753)은 영국 해협 저지섬 출신이다. 하디(Hardy)를 창업한 앤서니 하디(Anthony Hardy)도 영국인이다. 이런 배경을 따져

프랑스 서부 샤랑트강 중류에 위치한 도시 코냑(Cognac). 중세 시대의 성과 교회 등의 건물이 아직도 남아 있어 중세의 분위기를 만 끽할 수 있다. 프랑스 브랜디인 코냑을 생산하는 곳으로도 유명하다.

보면 프랑스보다 영국에서 더 많이 소비된 프랑스산 브랜디의 등급이 영어로 되어 있다는 점이 그리 이상할 것 없다.

브랜디라는 명칭도 프랑스가 아니라 네덜란드에서 온 말이다. 중세 네덜란드 무역상들은 프랑스에서 선적한 와인 증류주를 '태운 술 (brandewijin)'이라고 불렀고, 나중에 이 단어가 줄어 브랜디가 되었다. 일각에는 네덜란드 상인들이 중국의 증류주인 소주(燒酒)를 의미 그대로 번역해 프랑스의 와인 증류주에 붙였다는 설도 있다.

어쨌든 이처럼 오랜 수출의 역사를 가진 프랑스 브랜디의 전통은 여전히 이어지고 있다. 코냑이 가장 많이 소비되는 나라로는 미국, 중국,

영국이 꼽힌다. 프랑스 본토에서 팔리는 코냑의 양은 미국에서 팔리는 수량의 10%도 채 되지 않는다. 프랑스에서 만들어 네덜란드 상인이 판 술, 영국식 등급 체계가 붙어 영국에 수출된 브랜디는 처음부터 세계로 진출할 운명이었는지도 모른다.

Chapter 8

일 년을 돌아보며

Around The Year

08 / 01 새해 첫날
New Year's Day
나치 선전 도구로 시작된 신년 음악회

〈라데츠키 행진곡(Radetzky March)〉을 아시는가? 곡명만으로는 고개를 갸웃거리는 사람이 있을지 모르지만, 멜로디를 들으면 손뼉으로 절로 박자를 맞추게 되는 유명한 곡이다. '왈츠의 아버지'로 불리는 오스트리아 작곡가 요한 스트라우스 1세(Johann Strauss Ⅰ, 1804~1849)의 대표작이다. 이 곡은 빈 필하모닉 오케스트라 신년 음악회의 단골 앙코르 곡으로도 유명하다.

단골 정도가 아니라, 매우 특별한 경우를 제외하고는 80년 동안 이어진 이 음악회에서 이 곡이 대미를 장식하지 않은 적이 없다. 동남아시아 쓰나미로 사망한 수많은 희생자를 추도하는 의미에서, '지나치게 경쾌한' 이 행진곡을 연주하지 않았던 2005년이 '매우 특별한 경우'에 해당한다.

〈라데츠키 행진곡〉은 대개 요한 스트라우스 2세(요한 스트라우스 1세의 아들)의 〈아름답고 푸른 도나우강〉 다음에 연주되는데, 이 곡이 연주될 때면 지휘자가 오케스트라가 아닌 객석으로 돌아서서 지휘하는 것이 관례다. 지휘자의 손짓에 따라 관객들은 박수 연주로 화답한다.

이 행진곡의 주인공인 요제프 라데츠키(Joseph Radetzky von Radetz, 1766~1858) 장군은 오스트리아의 전쟁 영웅이다. 오스트리아가 이탈

오스트리아 빈의 암 오프 광장(Am Hof square)에 있는 라데츠키 장군의 동상. 1910년경에 촬영한 사진에 색깔을 입힌 것으로 라데츠키 장군의 동상은 현재 정부종합청사 앞으로 옮겨졌다.

리아를 지배했던 1848년 이탈리아 독립군과의 전투에서 승리했다. 이 승리를 기념하기 위해 요한 스트라우스가 작곡한 작품이 〈라데츠키 행진곡〉이다. 〈라데츠키 행진곡〉이 초연될 때 오스트리아 장교들이 리듬에 맞춰 발을 구르고 손뼉을 친 것이 지금까지 이어지는 '박수 연주'의 기원이다. 이런 역사적 배경 때문에 〈라데츠키 행진곡〉은 이탈리아에서는 '금지곡'으로 여겨진다.

세계 최고 수준을 자랑하는 빈 필하모닉은 상임 지휘자를 두지 않는 전통이 있다. 이 때문에 빈 필하모닉의 신년 음악회는 당대 최고라는 평가를 받는 지휘자를 초빙해 연주한다. 빈 필하모닉의 수준 때문이든 지휘자의 역량 때문이든, 아니면 〈라데츠키 행진곡〉의 매력 때문이든 빈 필하모닉의 신년 음악회는 세계에서 가장 유명한 새해맞이 행사로 꼽힌다. 매년 1월 1일 11시 15분에 시작하는 이 음악회는 세계 각국으로 생중계된다.

1939년 12월 31일 송년 음악회로 첫 공연이 시작돼 이듬해인 1940년을 건너뛰고, 1941년부터 1월 1일 낮에 공연하는 전통이 뿌리내렸다. 이런 전통에는 숨겨진 과거가 있다. 이 공연이 나치 독일이 민족적 우월성을 강조하고 나치즘을 홍보하는 도구로 시작되었다는 사실이다.

1938년 오스트리아를 합병한 나치 독일은 빈 필하모닉을 적극적으로 후원했다. 나치 당원인 아르투어 자이스-잉크바르트(Arthur Seyss-Inquart, 1892~1946) 오스트리아 총독은 음악이 나치 정권을 선전하는 프로파간다의 도구로 적합하다고 판단했다. 빈 필하모닉이 훗날 신년 음악회가 되는 송년 음악회를 시작한 이유다.

나치가 빈 필하모닉을 '우대'했다고는 하지만, 유대인 탄압 정책까지 예외로 둔 것은 아니었다. 유대인이거나 유대인 배우자를 둔 오케스트라 단원은 해고되거나 처형당했고 그 자리를 나치 당원이 채우는 일이 반복되었다. 1942년 이 오케스트라 단원 123명 중 60명이 나치 당원이었다.

제2차 세계 대전이 끝난 이후에도 오랫동안 빈 필하모닉은 나치에 부역했다는 사실을 공개하지 않았다. 민간단체이기 때문에 굳이 과거 단원의 성향까지 알릴 필요가 없다는 것이 이유였다. 그러나 나치 부역 사실에 대한 비판이 계속되자 결국 빈 필하모닉은 2013년 홈페이지를 통해 부끄러운 과거를 시인했다.

08 / 02 설날
Lunar New Year's Day
떡국이 설날 음식이 된 유래

    한 해가 가는 세월의 흐름에 맞춰 민간에서 되풀이하는 관습을 세시풍속(歲時風俗)이라고 한다. 설, 단오, 한가위 등 계절마다 명절을 쇠고, 입춘(立春), 경칩(驚蟄), 청명(淸明) 등 1년을 24절기로 나누어 농사 시기를 가늠했던 우리나라는 때마다 지키는 세시풍속 종류도 많다. 입춘이 되면 대문에 '입춘대길 건양다경(立春大吉 建陽多慶)'이라는 입춘방(立春榜)을 써 붙이는 것도 이런 세시풍속의 하나다.

    세시풍속에서 빼놓을 수 없는 것이 음식이다. 요즘도 정월 대보름에 부럼을 깨고 오곡밥을 지어 먹으며, 동짓날에는 팥죽을 쑤어 먹는 집들이 많다. 추석에는 송편이다. 집에서 빚기 어려우면 떡집에서 사서라도 송편 한 개씩은 먹어야 한가위 명절 기분이 난다. 생활 환경이 변해도 세시풍속은 쉽게 바뀌지 않는다는 의미다. 이렇게 명절이나 절기에 맞추어 먹는 음식을 절식(節食)이라고 한다.

    절식 가운데 가장 널리 알려진 것이 설에 먹는 떡국이다. 설 연휴, 모처럼 한자리에 모인 가족들과 가래떡을 어슷어슷 썰어 넣은 떡국을 한 그릇 먹어야 비로소 나이 한 살을 더 먹는다. 예전에는 떡을 어슷어슷 썰지 않고 엽전 모양으로 둥글게 썰었다고 한다.

    언제부터 설날에 떡국을 먹었을까? 유서가 상당히 깊다. 19세기 우리 풍습을 담은 세시기(歲時記)인『경도잡지(京都雜志)』(유득공)와『열양 세시기(洌陽歲時記)』(김매순),『동국세시기(東國歲時記)』(홍석모)에는 설날 떡국 먹는 풍습에 대해 설명되어 있다.

이보다 더 오랜 기록도 있다. 조선 중기 학자인 고상안(高尙顔, 1553~1623)은『태촌집(泰村集)』에서 제사를 설명하며 '정조(正朝, 설날 아침)에는 만두(饅頭)와 탕병(湯餠, 떡국)을 쓴다'고 적었다. 조선 시대 부터 설날에는 떡국뿐 아니라 만둣국도 먹었다는 것을 기록으로 알 수 있다.

최남선(崔南善, 1890~1957)에 따르면 떡국의 유래는 훨씬 더 예전으로 올라간다. 그는『조선상식문답(朝鮮常識問答)』에 '설날에 떡국을 먹는 풍속은 매우 오래되었으며 상고 시대 이래 신년 제사 때 먹던 음복(飮福) 음식에서 유래'한 것으로 썼다.

'떡국'이라는 명확한 표현은 없지만,『삼국사기』에 등장하는 백결 선생과 떡방아 이야기는 떡이 새해 음식이었다는 점을 암시한다. 백결 선생이 거문고로 떡방아 소리를 낸 것은 아내의 불평을 무마하기 위한 것이었다. "사람들이 모두 떡방아를 찧는데 우리만 홀로 이를 못하니 어찌 이 해를 마치고 새해를 맞으리오."

개성 지방의 설음식인 조롱이떡국은 조선이 건국한 뒤 개성 사람들이 고려의 원한을 풀기 위해 목을 조르듯 떡을 비틀어 만들기 시작했다는 이야기가 전해진다. 떡국의 전통이 고려 시대부터 현재까지 이어진 셈이다. 조롱이떡이 액막이를 상징하는 조롱박 모양을 따 만들어졌다는 설도 있다.

한편 요즘은 떡국을 끓일 때 대부분 쇠고기 국물을 내지만 예전에는 쇠고기뿐 아니라 꿩고기로도 국물을 냈다. 꿩고기는 떡국뿐 아니라 다양한 육수 재료로 쓰였는데, 지금도 전통 있는 냉면집에서는 꿩고기 육수를 사용하기도 한다. 하지만 서민들은 구하기 어려운 꿩고기 대신 집에서 키우는 닭고기로 국물을 내는 일이 많았다. '꿩 대신 닭'이라는 속담이 생긴 유래다.

08
03
밸런타인데이
St. Valentine's Day
밸런타인데이에는 왜 초콜릿을 선물할까?

2018년 2월 1일, 밸런타인데이(2월 14일)를 2주 앞둔 시점에서 초콜 릿 브랜드 고디바(GODIVA)가 일본 니혼게이자이(닛케이) 신문에 게재 한 전면 광고가 일본 전역에서 화제가 된 일이 있다. 〈일본은 '의리 초 콜릿(義理チョコ)'을 그만하자〉[01]는 제목의 이 광고에서 고디바는 '진심 으로 초콜릿을 선물하는 것은 좋지만 의리 초콜릿은 하지 않아도 좋 다'고 강조했다.

대체 '의리 초콜릿'이 뭐기에? 의리 초콜릿은 밸런타인데이에 여성 이 남자 친구에게 주거나 평소에 전하지 못했던 사랑을 용기 내어 고 백하는 의미로 주는 초콜릿이 아니라, 단지 직장 동료나 친구들이 '섭 섭해할까 봐' 챙겨 주는 초콜릿을 의미한다. 이 광고는 밸런타인데이 때마다 연례행사처럼 초콜릿을 돌리는 데 부담을 갖고 있던 일본 여성 들에게 많은 공감을 샀다. 실제로 일본의 일부 기업에서는 몇 년 전부 터 의리 초콜릿을 암묵적인 사내 괴롭힘의 하나로 규정하고 자체적으 로 금지시키고 있기도 하다. 일본은 물론 한국에서도 오랜 기간 밸런 타인데이는 '여성이 남성에게 초콜릿을 선물하는 날'로 인식되어 왔다. 점차 이런 모습이 변해 가는 듯하다.

밸런타인데이에 초콜릿을 선물하는 풍습은 일본에서 유래했다. 사랑하는 사람에게 밸런타인데이 선물을 주는 관습이 자리 잡은 것은 19세기 미국에서의 일로 보고 있지만, 이 선물의 내용을 초콜릿으로 '특정'한 것은 20세기 이후 일본에서 시작되었다. 1936년 2월 12일 고베의 모로조프(Morozoff) 제과가 영자 신문인 〈Japan Advertiser〉에 '당신의 밸런타인에게 초콜릿 선물을'이라는 영문 광고를 게재한 것이 최초의 초콜릿 선물 캠페인이다.[02]

1909년에 만들어진 밸런타인데이 기념 카드. 서양에서는 오래 전부터 성 밸런타인의 축일인 2월 14일을 연인들을 위한 기념일로 즐겼고, 이와 관련한 인물인 성 밸런타인을 사랑의 수호자로 여겼다. 하지만 밸런타인데이와 초콜릿이 연결된 것은 1960년대의 일이다.

하지만 이 캠페인은 주로 일본 내 서양인을 대상으로 한 것이어서 일본 국민들에게는 큰 관심을 받지 못하고 흐지부지 사라지고 말았다. 이후 '밸런타인데이 초콜릿'이 다시 빛을 보게 된 것은 그로부터 30년 가까이 지난 1960년대 초반이다. 당시는 일본에서 페미니즘이 눈을 뜨던 시기여서 이 때문에 '여자들도 적극적으로 사랑을 고백할 수 있다'는 의식이 싹트고 있었다. 이런 분위기에 편승해 모리나가(森永) 제과가 밸런타인데이 마케팅 이벤트를 벌이면서 초콜릿 선물이 유행하게 되었다. 처음에는 초콜릿이 '고백'의 도구였지만, 1968년 전자 회사 소니(SONY)에서 '연인뿐 아니라 주변 남성에게도 초콜릿을 선물하자'는 캠페인을 시작하면서 이른바 '의리 초콜릿'이 태어나게 되었다.[03]

여성이 눈치 보지 않고 당당하게 사랑을 고백하는 날. 일본에서 시작된 밸런타인데이 풍습은 20년 뒤 우리나라에 수입되었다. 밸런타인데이 초콜릿 문화가 한국에 들어온 것은 1980년대. 당시 유명 제과점이었던 고려당에서 1982년 하트 모양 초콜릿을 개발해 3,000원에 판매했다는 신문 기사가 사진과 함께 소개되기도 했다.[04] 백화점에서 밸런타인데이 초콜릿을 판매하기 시작한 것도 이즈음이다.

일본의 의리 초콜릿 문화가 이 시기 함께 들어왔고, 젊은 직장 여성들의 '2월의 부담감'도 커졌다. 하지만 한국에서는 '의리 초콜릿'이 빠른 시일에 '의리 빼빼로'로 대체되었다. 11월 11일 '빼빼로 데이'에 동료들에게 빼빼로를 선물하기 시작한 것이다. 통상적으로 초콜릿 값보다 빼빼로 값이 저렴하다고 보면 부담이 좀 덜어졌다고 해야 할까.

초콜릿을 주고받는 날이 아닌, 서양 명절인 '진짜' 밸런타인데이의 유래는 기원후 3세기까지 거슬러 올라간다. 당시 로마에서 결혼을 하려면 황제의 허락을 받아야 했는데, 황제의 허락 없이 남녀를 이어 주다 순교한 성직자 성 발렌티누스(Saint Valentinus, 226~269)를 기념하기 위한 날이다. 교황 겔라시우스 1세(Saint Gelasius Ⅰ, 재위 492~296)가 서기 496년 2월 14일을 성 발렌티누스 축일(祝日)로 지정한 것이 효시라는 설이 있다.

그런데 문제는 이렇게 순교한 성직자가 과연 누구냐는 것. 밸런타인 또는 발렌티누스라는 이름의 순교자가 한둘이 아니었기 때문이다. 대체적으로 테리니의 주교였던 밸런타인이나 로마의 신부였던 밸런타인을 기념하기 위한 날이라는 것이 다수설로 받아들여지고 있다.[05]

한편 우리나라에도 밸런타인데이와 비슷한 전통 풍습이 있었다. 시기도 밸런타인데이와 비슷한 경칩(양력 3월 6일경)이다. 개구리가 겨울잠에서 깨어난다는 이 날, 옛날에는 사랑하는 처녀, 총각이나 부부가 은행을 나누어 먹으며 사랑을 돈독히 했다고 한다.[06]

독일 화가 레온하르트 베크(Leonhard Beck)의 〈성 밸런타인(St. Valentine)〉

08 / 화이트 데이
04
White Day
밸런타인데이 성공에 힘입어 태어난 '상업용 기념일'

밸런타인데이 초콜릿이 원래부터 있던 명절에 상술(商術)을 끼워 맞춘 것이라면, 밸런타인데이의 '상대역'을 맡은 화이트 데이는 그야말로 상술이 만들어 낸 명절이다. 여성이 남성에게 초콜릿을 선물하는 밸런타인데이와 반대로 화이트 데이에는 남성이 여성에게 사탕을 선물한다. 밸런타인데이에 초콜릿을 선물 받은 남성이 여성의 고백을 받아들일지를 결정하는 날로 통용되고 있기도 하다.[07] 초콜릿을 선물 받고도 사탕을 주지 않는다면, 여성의 애틋한 고백은 산산조각이 나는 셈이다.

그런데 왜 이런 날의 이름이 화이트 데이일까? 사탕이 모두 흰색인 것도 아닌데. 밸런타인데이 초콜릿이 일본에서 시작된 것과 마찬가지로 화이트 데이의 사탕 풍습도 일본에서 비롯되었다.

화이트 데이의 공식적인 효시는 1980년 3월 14일로 본다. 이날이 일본 전국 사탕 과자 협동조합이 1978년 결성한 '화이트 데이 위원회'가 지정한 첫 기념일이기 때문이다.

하지만 캐나다 브리티시컬럼비아 대학교 밀리 크레이그 교수는 그보다 1년 빠른 1979년 3월 14일에 화이트 데이가 시작된 것으로 보기도 한다.[08] 1977년 후쿠오카 제과점 '이시무라 만세이도(石村万盛堂)'

가 마시멜로(marshmallow) 판매를 위해 만든 '마시멜로 데이' 이벤트가 주변으로 퍼졌고, 그로부터 2년 뒤에 화이트 데이로 발전했다는 것이다.

밸런타인데이에 받은 사랑의 초콜릿을 '하얀 마음(마시멜로)'으로 감싸 돌려준다는, 그야말로 원초적인 방식의 마케팅 전략이었지만 결과적으로는 성공했다. 일본 전국 사탕 과자 협동조합은 마시멜로를 사탕으로 치환해 '화이트 데이는 사탕을 선물하는 날'이라는 새로운 공식을 만들었다.

그런데 화이트 데이가 이보다 몇 년 앞서 시작되었다는 기록도 있다. 1973년 제과업체 후지야(不二家)가 마시멜로 제조사인 에이와(エイワ)와 손잡고 벌인 '화이트 데이 캠페인'이 그것이다. 후지야 역시 밸런타인데이 한 달 뒤인 3월 14일을 화이트 데이로 잡았다. 이시무라 만세이도의 마시멜로도 이 영향을 받은 것이 아닌가 추정된다.

어떤 경우건 처음에 화이트 데이의 주역은 마시멜로였다. 이후 많은 제과점들이 판촉에 동참하면서 선물의 범위가 사탕까지 확대되었다. 지금은 사탕뿐 아니라 여성들이 선호하는 화장품이나 향수 같은 선물을 주고받는 날이 되었다.

08
05 부활절
Easter
부활절 날짜는 왜 매년 다를까?

부활절은 크리스마스와 함께 기독교의 가장 큰 축일로 꼽힌다. 예수 그리스도가 십자가에서 죽은 지 사흘째 되살아난 것을 기념하는 날이다.

한겨울(물론 북반구에서만)인 크리스마스와 달리 부활절은 봄날의 명절이어서 삼삼오오 모여 계란 찾기 같은 행사를 즐기기에도 좋다. 미국 대통령 집무실인 백악관에서는 매년 부활절이면 어린이들을 초청해 계란 굴리기 이벤트를 연다.

크리스마스가 12월 25일인데 비해 부활절은 매년 날짜가 바뀐다. 3월 22일에서 4월 25일 사이의 일요일 중 하루로 결정된다. 늘 일요일이라는 사실만 변함없을 뿐이다.

엄밀하게 따지면 부활절은 춘분이 지난 뒤 첫 번째 보름달이 뜬 다음의 일요일로 정해져 있다. 이런 것만 봐도 부활절이 실제로 예수 그리스도가 부활한 날이 아닌 것은 분명해 보인다. 크리스마스가 실제 예수가 태어난 날이 아닌 것처럼.

부활절이 이렇게 복잡한 날짜로 정해진 것은 종교적 합의에 따른 것이다. 기독교를 공인한 콘스탄티누스 대제(Constantine the Great, 재위 306~337)가 325년에 연 니케아 공의회(Council of Nicaea)에서의 합

의다.

서기 1세기 즈음만 해도 서방 교회라고 불리는 로마 가톨릭 교회와 동방 교회로 불리는 정교회는 부활절에 대해 서로 다른 견해를 갖고 있었다. 서방 교회는 부활절이 중요한 축일이기 때문에 일요일에 기념하는 것이 옳다고 주장했다. 반면 동방 교회는 평일에 기념하는 것이 옳다는 입장이었다. 이런 견해 차이를 조정하기 위해 열린 것이 니케아 공의회다. 이 회의에서 춘분 후 첫 번째 보름달이 뜬 다음 첫 일요일을 부활절로 결정한 것이다.

어째서 춘분이 기준이 되었을까? 부활절의 배경도 크리스마스와 비슷하다. 이교도의 명절을 기독교의 교리와 융화시키면서 날짜가 정해진 것이다. 부활절을 나타내는 영어 단어 '이스터(Easter)'는 고대 앵글로색슨족의 여신인 '이스터(Eostre, 독일에서는 Oster)'에서 비롯되었는데, 이 여신은 봄과 다산을 상징했다. 그래서 이스터 여신에게 드리는 축제는 봄, 특히 밤과 낮의 길이가 같은 춘분에 열렸다. 예수 그리스도의 부활과 이방의 축제가 교묘하게 결합된 기념일인 것이다.

그런데 부활절을 프랑스어로는 '빠스끄(Paque)', 스페인어로는 '빠스꾸아(Pascua)'로 부른다. 유대인 명절인 유월절(逾越節, Pascha)에서 나온 말이다. 앵글로색슨족이 믿었던 이스터 여신과는 상관이 없다. 유월절을 영어로는 패스오버(Passover)라고 한다. 이렇게 보면 부활절은 기독교와 영국의 전통 신앙 말고도 유대교의 색채까지 녹아 있는 기독교 축일이라고 볼 수 있다.

어쨌든 니케아 공의회를 통해 동방 교회와 서방 교회가 부활절을 언제 기릴지 합의했지만, 실제로는 지금도 동방 교회와 서방 교회는 서로 다른 날짜에 명절을 쉰다. 사용하는 달력이 다르기 때문이다. 세계 대부분의 나라에서 그레고리력을 표준 달력으로 채택한 반면, 동방 정교회에서는 율리우스력을 교회력으로 사용하고 있다.

08/06 석가탄신일
Buddha's Birthday
옛날에는 부처님 오신 날이 '어린이날'이었다

매년 봄 4월 초파일(初八日, 음력으로 그 달의 여드렛날을 이르는데 특히 4월의 첫 8일을 '초파일'이라고 부른다) 부처님 오신 날 즈음이면 산사(山寺)는 물론 시내에서도 각양각색의 연등(燃燈)이 길 위를 장식한다. 특히 부처님 오신 날을 앞두고 벌어지는 행진, 형형색색으로 밝힌 등불을 들고 밤을 밝히는 사람들의 연등회 모습은 장관이다.

불상(佛像) 중에는 연꽃 위에 앉아 참선하는 모습이 많다. 진흙 속에서 피어나는 연꽃을 부처가 베푸는 자비의 상징으로 나타낸 것인데, 이 때문에 연등의 모양도 연꽃을 닮은 것들이 많다. 그래서 흔히 연등을 '연꽃 모양의 등'으로 잘못 알고 있는 사람도 있는데, 이는 불을 밝힌다는 뜻의 '연(燃)'이 연꽃을 나타내는 한자 연(蓮)과 음이 같아 생긴 오해다.

인도 성인인 석가모니의 탄생일을 축하하는 행사가 우리의 민속 축제가 된 것은 역사가 깊다. 기원전 7세기부터 4세기까지, 태어난 시기를 두고도 이설(異說)이 많은 오래전의 인물이 석가모니다. 음력 4월 8일 탄신일에 대해서도 의견이 갈린다. 석가모니가 원래 2월에 태어났지만 고대 인도 달력의 2월이 중국 음력으로 4월이어서 4월을 탄생일로 친다는 의견도 있다.

지금도 나라마다 서로 다른 날짜에 석가의 탄신을 기념하고 있지만 한국과 중국, 일본만은 공통적으로 음력 4월 8일을 석탄일로 기리고 있다. 다만 일본은 음력 사월 초파일이 아닌, 양력 4월 8일에 석가 탄신일 행사를 갖는다. 불교 국가인 태국과 싱가포르, 베트남 등은 음력 4월 15일이 부처님 오신 날이다. 대만에서는 양력 5월 15일을 기념한다.

인도에서는 석가모니 생전에 이미 연등 행사가 있었을 것으로 학자들은 보고 있다. 중국과 우리나라에서도 고대부터 자체적인 연등 행사 풍습이 있었을 것으로 추정되는데, 인도에서 중국을 거쳐 한반도로 전해진 불교문화와 융합해 종교 행사를 넘어 국가적인 축제로 굳어졌다.

연등회는 통일 신라 시대부터 국가적인 행사였다. 『삼국사기』에는 '(신라) 경문왕 6년(866년) 1월 15일 황룡사에서 등을 켜고 신하들을 위한 연회를 베풀었다'는 기록이 있다. 연등회는 불교를 숭상하는 고려에 와서 크게 융성했다. 고려 6대 성종대에 최승로(崔承老, 927~989)가 건의한 '시무 28조'에 '봄에 연등을 거행하고 겨울에는 팔관을 개최하느라 사람들을 징발하여 부역이 심히 번다하다'는 구절이 있는 것을 보면, 당시 연등회가 어느 정도 거국적으로 큰 행사였는지 짐작할 수 있다.

고려 시대에는 정월대보름과 2월 보름의 보름 연등회, 팔관회(八關會, 10월과 11월에 행해진 행사로 종래의 제천의식과 불교 행사가 결합된 의식

서울에서 열린 부처님 오신 날의 연등 행사. 신라 시대 때 시작된 연등회는 고려에 이르러 국가적인 행사로 발전했다. 2012년에 국가 무형 문화재로 지정되었다.

이었다. 불교와 관련한 법회와 행사 외에도 여러 나라의 사신들이 참석하여 무역도 행해졌다. 불교를 억압했던 조선 시대에 사라졌다) 때 열리는 연등회와 함께 4월 초파일에도 연등회 행사를 열었다. 지금 부처님 오신 날 연등 행사의 기원은 고려 시대까지 거슬러 올라간다.

그런데 1월과 2월에 열리는 연등회 행사를 군이 4월에 다시 할 필요가 있었을까? 여기에는 사연이 숨어 있다. 4월 초파일 연등회가 본격적으로 시작된 것은 13세기 무신 정권 시기 권력을 잡은 최우(崔瑀, 후에 최이로 개명, ?~1249)가 자신의 집에서 개최하면서부터다. 스스로 '국왕 위의 실력자'임을 과시하기 위해 기존의 연등회와 별개의 행사를 벌인 것이다.

4월 초파일 연등회가 자리 잡은 배경에는 고려 말 중원에서 세력을 떨치던 몽골, 즉 원(元)의 영향이 있다고 보는 견해도 참고할 만하다. 티베트 불교의 영향을 받은 원은 2월 탄생설, 12월 탄생설 등 여러 이설(異說)을 물리치고 4월 초파일을 석가탄신일로 받아들였다. 당시 불교계와 왕실에서 막강한 원의 간섭을 무시하기는 어려웠을 것이다.

강대국의 '눈치'를 보느라 정권 차원에서 벌이는 축제의 시기가 결정되었다는 점이 서글프기는 하지만, 어쨌든 연등회는 이때부터 백성들이 대거 참여하는 국민 행사로 굳어졌다. 이 때문에 연등회는 불교를 억누르고 유교(儒敎)를 숭상한 조선 시대에 와서도 꿋꿋하게 살아남을 수 있었다. 조선 시대 초기에는 세종을 비롯한 몇몇 임금들이 연등 행사를 금지하기도 했지만, 이미 백성들의 축제가 된 행사를 막을 수는 없었다.

남녀노소가 참여하는 세시풍속으로 자리 잡은 4월 초파일 연등 행사는 설이나 추석 못지않은 중요한 명절 행사였다. 조선 시대를 거쳐 일제 강점기에도 이어진 4월 초파일은 어린이날 역할도 함께 했는데, 부모를 따라 절에 간 아이들은 절 앞 장터에서 장난감 선물을 받고는 즐거워했다. 일제 강점기 《독립신문》에는 '4월 초파일에 아이들이 딱총 놀이를 하면서 불을 내는 탓에 경무청에서 엄금했다'(1896년 5월 23일자)는 내용도 나온다.

이처럼 큰 민속 명절의 하나였던 4월 초파일 부처님 오신 날은 서양에서 크리스마스가 전래되면서 점차 불교계만의 행사로 축소되었다.

부처님 오신 날에 맞추어 등불놀이, 딱총 놀이를 즐기던 어린이들은 이제 크리스마스에 산타클로스 할아버지의 선물을 기다리고 있다. 어쩔 수 없는 시대의 변화라고는 하지만 1,000년 넘게 행사를 이어 온 불교계로서는 아쉬운 점이 없지 않을 것이다.

08 / 07 어린이날
Children's Day
어린이날 모임을 막으려 일요일에도 수업하던 시절

5월 5일 어린이날은 어린이들의 축제일이다. 놀이공원, 동물원이 가족 단위 나들이객으로 인산인해를 이루는 날. 부모는 힘겨워도 아이들은 지칠 줄 모른다.

어린이날을 제정한 이는 소파 방정환으로 흔히 알려져 있지만, 사실은 여러 사람들이 협의하여 만든 날이다. 20세기 초 우리 사회를 계몽하기 위한 이른바 '소년 운동'의 일환이었다.

방정환은 1921년 뜻이 맞는 동료들과 '천도교 소년회'를 만들어 어린이들이 사회에서 보호받지 못하는 현실을 타개하려 했다. '어린이'라는 말도 이때 만들어졌다. 1922년 소년 운동 단체들이 모여 5월 1일을 소년일(어린이날)로 정하기로 합의했다. 5월처럼 새싹이 돋아나라는 의미를 담았다. 방정환은 이듬해 색동회를 창립해 '5월 1일 어린이날'을 공식적으로 선언했다. 당시 천도교당에서 첫 어린이날 행사가 열렸는데, 행사 직후 어린이 수백 명이 거리에 나서서 '어린이날의 약속'이 적힌 전단을 나누어 주었다는 기록이 있다. 전단 배포 행사는 이후 급속도로 커져서 1925년 열린 3번째 행사에는 전국에서 30만 명의 어린이들이 참가해 전단지를 나누어 주었다. 당시 전단지에는 '산보와 소풍을 가끔 시켜 주세요' 등의 내용이 적혀 있었다.

1927년 어린이날이 5월 첫째 일요일로 바뀌면서 어린이날 행사에 참가하는 사람들이 늘어나고 행사 내용도 다양해졌다.

어린이날 행사가 민족 운동으로 발전할 것을 두려워한 일제는 1937년 '소년 단체 해산 명령'을 내렸고, 1939년에는 아예 어린이날 자체를 없앴다. 이즈음 일제는 어린이들이

1963년 5월 5일 서울 시내의 고아원과 영아원에 수용된 2천여 명의 어린이들이 모여 운동회를 하는 모습
ⓒ 서울특별시

어린이날 행사에 참가하지 못하도록 일요일임에도 학교에서 수업을 했다고 한다.

해방 이후인 1946년부터는 5월 5일에 어린이날 행사를 이어 갔다. 1961년 법정 기념일이 되었고 1975년부터는 공휴일로 지정해 이어 오고 있다.

한국의 어린이날이 5월 5일인 것과 달리 유네스코가 정한 세계 어린이날은 11월 20일이다.

어린이날 제정이 갖는 중요성은 단지 '어린이를 위하는 행사'를 시작했다는 의미를 넘어 '어린이'라는 미래 지향적인 '개념'을 발견하고 구축한 데 있다. 유교 사상이 근간인 조선 시대는 장유유서(長幼有序)의 위계질서, 가부장적인 전통이 지배하는 사회였다. 사회에서 어린이는 어른보다 서열상 낮은 존재, 부모의 소유권이 영향을 미치는 존

소년 운동에 앞장서고 어린이날을 제정하는 데 큰 역할을 한 소파 방정환

재로 인식되었다. 어린이의 인권 따위를 거론할 게재가 아니었다. 첫 어린이날의 구호가 "욕하지 말고, 때리지 말고, 부리지 말자"였다고 하니 당시 상황을 짐작할 만하다.

이런 통념을 바꾼 인물이 방정환이다. 방정환은 "어린이는 결코 부모의 물건이 되려고 생겨 나오는 것도 아니고……" "어림(幼)은 크게 자라날 어림이요, 새로운 큰 것을 지어 낼 어림" 등의 말로 어린이의 인권과 소중함을 강조했다.

하지만 해방 이후 진행된 어린이날 행사는 방정환의 제정 취지와는 동떨어진 것이었다. 이승만 대통령 내외 등이 참석한 1950년대 어린이날 행사에는 수천 명의 어린이들이 참석하는 합동 체조 공연이 열렸다. 행사를 위해 어린이들이 몇 날 며칠을 운동장에서 연습했다고 하니, 대접받아야 할 어린이들이 오히려 행사를 위해 착취당한 셈이다. 말 그대로 어린이가 주인공이 되는 요즘의 어린이날과 비교하면 생각하기도 어려운 일이다. 비로소 진정한 의미의 '우리들 세상'을 맞은 요즘 어린이들이, 이제는 할아버지 할머니가 된 옛 어린이들의 '고난'을 조금이나마 이해할 수 있을지 모르겠다.

08 / 08 핼러윈
Halloween
축제로 승화한 '기근의 고통'

요즘은 우리나라에도 10월 마지막 밤의 '핼러윈 파티'를 즐기는 사람들이 많아졌다. 놀이공원과 카페, 클럽에는 핼러윈을 상징하는 검정색과 오렌지색이 눈에 띄게 늘어나고, 호박 머리에 눈, 코, 입을 새긴 '잭 오랜턴(Jack O' Lantern)'이 내걸린다.

'트릭 오어 트릿(Trick or Treat, 장난칠까요 아니면 맛있는 것 줄래요?)'. 미국에서는 핼러윈이 유령이나 괴물, 해골로 분장한 어린이들이 마을 집집마다 돌아다니며 과자나 사탕을 얻어 가는 날로 알려져 있다. 이 날은 어른들도 각양각색의 옷을 차려입고 축제를 벌인다. 미국의 축제로 시작된 핼러윈은 지금은 크리스마스 못지않게 많은 나라에서 즐기는 축제가 되었다.

핼러윈은 원래 기독교의 만성절(萬聖節, All saint's day, 모든 성인의 날) 전야를 의미했다. 만성절은 축일이 없는 모든 성인을 위해 기도하는 날로, 중세 기독교에서는 9세기경부터 만성절을 11월 1일로 정해 기려 왔다. 옛 영어에서 hallow는 성인(saint)을 의미하는데, 만성절 미사(All hallow's mass)가 있는 전날을 '올 핼러우스 윈(All hallow's e'en)'으로 불렀다. e'en은 eve의 줄임말이다. 핼러윈(Halloween)이라는 이름이 생긴 유래다.

헬러윈에 아이들은 기괴한 분장을 하고서 집집마다 돌아다니며 '귀여운 협박'을 하여 사탕과 과자 따위를 얻어낸다.

그런데 왜 이날 유독 유령 복장을 하고 축제를 벌이는 걸까? 그 기원은 고대 켈트족의 '사윈 축제'에서 찾는다. 켈트족은 일 년이 열 달인 달력을 사용했는데, 한 해의 마지막 날이자 새해를 준비하는 날인 10월 31일을 기념해 축제를 벌였다. 고대 켈트족은 이날 지하 세계의 문이 열리며 악령과 마녀들이 현세로 올라온다고 믿었는데, 그들을 속이기 위해 사람들도 악령과 비슷한 모습으로 분장했다.[09] 이런 전통이 기독교에 흡수되면서 만성절 전야에 벌이는 축제로 발전한 것이다. 크리스마스, 부활절과 마찬가지로 기독교와 이교가 융합하여 만들어 낸 축제다.

주로 켈트족 풍습이 전해진 아일랜드와 스코틀랜드의 전통이었던 헬러윈이 특히 미국에서 대규모 축제로 발전한 배경에는 '기근의 고통'이 자리 잡고 있다. 아일랜드·스코틀랜드계 이민자들은 미국에 정착한 초기부터 자기네만의 전통을 이어 헬러윈을 기념했다. 처음에는 마을 축제 정도의 작은 규모로 시작했다. 그런데 1840년대 아일랜드에서 감자 대기근이 발생하고, 이후 기근의 여파를 피해 살 곳을 찾아 미국으로 건너온 100만여 명의 아일랜드계 이주민들이 이 축제를 미국 전역으로 퍼뜨렸다. 헬러윈 하면 생각나는 호박등 '잭 오랜턴'도 이 시기 미국 전역으로 퍼져 나갔다. 세월이 지나 굶주림의 고통은 잊히고

핼러윈에 놀이를 즐기는 아일랜드 풍습을 묘사한 그림이다. 아일랜드 화가 대니얼 맥리스(Daniel Maclise)가 그린 것으로 제목은 'Snap-Apple Night'다. 그림 아래쪽에 팔을 뒤로 한 채 물에 떠 있는 사과를 '덥석 무는(snap)' 게임을 즐기는 아이들이 보인다.

축제의 즐거움만 남았다.

잭 오랜턴의 잭은 아일랜드 민담에 나오는 구두쇠 영감이다. 생전 악행을 많이 저지른 데다 악마까지 골탕 먹이는 바람에 죽어서 천국도 지옥도 갈 수 없게 되었다는 인물이다. 악마가 잭에게 밤길을 밝히라며 불덩어리를 건네주었는데, 잭이 그 불을 순무에 넣어 등을 만들었다는 전설이 있다. 이 전설에 따라 아일랜드에서는 원래 순무로 등을 만들었는데 미국으로 넘어오면서 구하기 쉬운 호박으로 대체된 것으로 추정된다.

핼러윈 축제일은 멕시코에서 '죽은 자들의 날(Day of the Death)' 행사가 시작되는 날이기도 하다. 망자(亡子)를 기리는 멕시코의 전통 축제로 11월 2일까지 이어진다. 이 행사는 해골 복장을 한다든가 설탕으로 만든 해골을 제단에 올린다든가 하는 등 핼러윈과 비슷한 측면이 있다. 인기를 모았던 애니메이션 〈코코(Coco)〉의 배경인 날이기도 하다.

08
09
빼빼로데이
Pepero Day
한국에서 탄생한 '신흥 명절'

서양의 명절을 일본이 변형시킨 밸런타인데이나 아예 일본에서 시작한 화이트 데이와 달리 '당당히' 한국에서 시작한 '신흥 명절'이 있다. 빼빼로 데이 이야기다.

매년 11월 11일이면 전국 편의점, 슈퍼마켓 앞에는 각양각색의 빼빼로 또는 그와 비슷한 막대 모양 과자들이 산더미처럼 쌓인다. 빼빼로 데이는 1990년대 초반 부산·경남 지역 여중고생들이 '날씬해지자' 또는 '키 크자'는 의미로 빼빼로 과자를 주고받았던 데서 비롯되었다는 것이 통설이다. 정확한 시작 시기에 대해서는 의견이 갈리는데, 국립민속 박물관에서 발간한 『한국 세시풍속 사전』은 빼빼로 데이의 기원을 1994년으로 못 박고 있는 반면 일부 언론 보도와 사전에는 1993년 또는 그즈음이라고 나온다.

긴 막대 과자 4개를 나란히 늘어놓은 모양인 11월 11일이 빼빼로 데이가 된 것은 자연스러운 일이다. 빼빼로 데이가 정착할 초창기 젊은세대를 '빼빼로 세대'라고 부르는 일도 있었던 것을 보면[10] 빼빼로 데이의 파급력은 실로 대단한 것이었다.

소비자들이 자발적으로 만들어 낸 기회를 장사치들이 놓칠 리 없다. 1990년대 후반부터 빼빼로 데이를 겨냥한 각양각색의 '한정판 빼

말레이시아 켈랑(Kelang)의 한 슈퍼마켓에 진열된 롯데제과의 빼빼로. 롯데제과가 빼빼로를 출시한 때는 1983년이다.

빼로 상품'이 쏟아져 나왔다. 이런 신제품은 빼빼로 데이 확산에 일조했고, 빼빼로 선물의 의미도 친구들 사이에서 우정을 돈독히 하거나 이성에게 사랑을 고백하는 것으로까지 확대되었다. 빼빼로 모양 막대 과자의 원조이자 저작권자인 롯데제과 빼빼로의 연 매출 절반이 빼빼로 데이 하루에 나온다고 한다. 한국에서 만들어진 '현대판 명절'의 위력을 알 만하다.

그러나 밸런타인데이의 '의리 초콜릿'과 마찬가지로 한국의 젊은 직장 여성 또는 여학생들은 11월 11일이면 '의리 빼빼로' 부담에 시달리고 있다. 11월 11일이면 젊은 여성 직장인이 부서의 남자 직원들 숫자만큼 빼빼로를 사서 책상 위에 놓아두는 관행은 최근까지도 이어졌다. 욕망과 상술의 결합이 만나 낳은 결말치고는 그리 유쾌하지만은 않다.

한편 11월 11일은 정부가 공식적으로 지정한 '농업인의 날'이기도 하다. 한자 11(十一)을 합치면 흙 토(土)가 된다는 이유로 만들어진 기념일이다. 농업인의 날이 정부 지정을 받은 것은 1996년이지만 그 효시를 따지면 1964년으로 거슬러 올라가니 빼빼로 데이와 비교하기 어려울 만큼 유서가 깊다. 그런데도 빼빼로 데이와 달리 농업인의 날은 거의 존재감이 없었는데, 2000년대 이후 정부(행정자치부, 농림축산식품부 등)에서 이날을 '가래떡 데이'로 지정해 빼빼로 대신 가래떡을 나누어 주는 날로 알려 나가면서 화제가 되기는 했다. 하지만 실제로 이날 빼빼로 대신 가래떡을 주고받는 젊은이들을 볼 수 없는 것을 보면 '관급 행사'의 한계를 여실히 느낄 수 있는 날이기도 하다.

08 / 10 추수감사절
Thanksgiving Day
추수감사절 식탁에 칠면조 구이가 오르는 이유

매년 11월 넷째 목요일은 미국의 '추수감사절(Thanksgiving Day)'이다. 크리스마스와 함께 미국 최대 명절로 꼽힌다. 목요일부터 일요일까지 나흘 동안 이어지는 명절 연휴 기간 동안 떨어져 살던 가족이 한데 모여 즐거운 시간을 보낸다. 원래 기독교에서 유래한 명절이지만, 독실한 기독교 신자가 아니더라도 추수감사절을 가족과 함께 보내는 전통은 미국인이라면 대부분 지키고 있다. 특히 추수감사절 당일인 목요일 저녁에는 웬만한 가정에서는 오븐에 통째로 구운 칠면조 요리가 빠지지 않고 식탁에 오른다.

이날 하루 동안 미국인이 소비하는 칠면조가 무려 4,500만 마리다. 미국인은 평소에도 칠면조 고기 샌드위치 등을 즐겨 먹지만, 이날만큼 동시다발적으로 칠면조 소비가 이루어지는 날은 없다. 마치 우리의 설날 떡국이나 추석 송편과 비슷하다. 사슴 고기나 견과류, 호박 파이 등도 전통적인 추수감사절 음식으로 통하지만 칠면조 구이만한 것은 없다.

워낙 많은 칠면조가 '희생'되다 보니 매년 추수감사절에는 백악관에서 '칠면조 사면식(Turkey pardon)'이라는 재미있는 행사가 열리기도 한다. 미국 칠면조 협회가 기증한 칠면조 한 마리만은 대통령의 권

한으로 생을 끝까지 마칠 수 있도록 한다는 것이다. 과거 몇몇 대통령들이 농부들로부터 기증받은 칠면조를 요리하지 않고 살려 둔 데서 유래한 이 행사는 1989년 조지 부시(George Walker Bush, 아버지 부시, 1924~2018) 전 대통령이 연례행사로 만들고 후임 대통령들도 이를 따라하면서 백악관의 공식 연례행사로 자리 잡았다.

미국뿐 아니라 해외에서도 유명한 추수감사절의 '칠면조 만찬' 전통은 언제부터 시작된 것일까? 답은 의외로 쉽다. 바로 미국의 첫 추수감사절 만찬이 열린 그날부터다.

이야기는 이렇다. 17세기 영국에서 종교 박해를 받던 청교도들은 메이플라워호를 타고 미국으로 건너간다. 이들이 매사추세츠주 플리머스 지역에 닻을 내린 것이 1620년이다. 이 플리머스 청교도들은 처음에는 미국 땅의 원래 주인인 네이티브 아메리칸(아메리칸 인디언)들과 갈등을 빚었다. 미국 원주민들은 청교도들의 정착지를 훼손하거나 농기구를 망가뜨리는 등의 피해를 입혔다. 조상 대대로 잘살아 온 자신들의 땅에 이방인들이 들어왔으니 어쩌면 당연한 반응이었다.

하지만 이들 인디언들에게 모질고 거친 면만 있는 것은 아니었다. 1621년 3월, 인디언 왐파노아그(Wampanoag) 부족 추장인 마사소이트(Massasoit)가 청교도들을 찾아와 '불가침 및 협력 조약'을 제안한다. 서로를 존중하고 지내면서 만약 다른 인디언 부족이 그들이 사는 땅을 침략할 때는 협력하자는 것이다. 미국 땅에서 만들어진 첫 우호 조약이다. 이러면서 인디언은 청교도들에게 옥수수 재배법을 가르쳐 주기

미국 매사추세츠주 플리머스에 있는 마사소이트의 동상과 그가 청교도들에게 종교적 의식에 쓰이는 담뱃대인 칼루멧(calumet)을 선보이는 장면을 묘사한 그림

도 했다.

이에 대한 보답으로 그해 가을 청교도들이 인디언을 초청해 그들의 지원에 감사하고 추수를 기념하는 만찬을 연 것이 추수감사절의 기원이다. 청교도들이 인디언들을 대접하기 위해 들판에서 잡아 온 것이 칠면조였다. 인디언들은 사슴을 사냥해 선물하면서 화답했다. 칠면조와 사슴 고기의 전통은 이렇게 시작되었다.

내려오는 이야기는 이렇지만, 실제로 첫 추수감사절 식탁에 칠면조 고기가 올라갔는지에 대해 의문을 제기하는 학자들도 있다. 다만 칠면조가 북미에 많이 사는 조류이고 사냥하기도 그리 어렵지 않다 보니 청교도들이 정착한 초기부터 흔한 식재료였을 가능성은 높다. 청교도가 정착하기 이전부터 식민지로 건너온 유럽인들은 매년 가을 인디언을 초청해 함께 만찬을 즐겼다는 주장이 제기되기도 한다. 수확을 기념하고 감사하는 것은 유럽의 오랜 관습이기 때문이다.

어쨌든 추수감사절은 1623년 플리머스 지역 책임행정관인 윌리엄 브래드포드(William Bradford)가 기념일로 지정하면서 공식화되었다. 17세기까지는 주로 교회를 중심으로 모여 기념하는 날이었다. 1789년 미국 초대 대통령인 조지 워싱턴이 11월 26일을 추수감사절 국경일로 지정했지만, 3대 대통령인 토마스 제퍼슨(Thomas Jefferson, 1743~1826) 이 이를 폐지하는 등 우여곡절을 겪었다. 1863년 에이브러햄 링컨 (Abraham Lincoln, 1809~1865) 대통령이 미국 전 주(州)에서 11월 마지막 목요일을 추수감사절로 지정해 기념할 것을 결정했고, 1941년 프랭클린 루스벨트(Franklin Delano Roosevelt, 1882~1945) 대통령이 11월 넷째 목요일로 날짜를 바꿔 확정했다.

지금의 추수감사절은 칠면조 요리나 가족 모임보다 다른 측면에서 더 유명하다. 바로 추수감사절 다음 날 미국 전역에서 벌어지는 대규모 세일, 이른바 '블랙 프라이데이(black Friday)' 때문이다. 요즘은 미국의 행사를 넘어 전 세계 유통업계가 할인 행사를 벌이는 날이 되었다. 온라인 쇼핑이 발달하면서 추수감사절 연휴 다음 날까지 할인이 이어지는 '사이버 먼데이(cyber Monday)'도 등장했다.

08

11

크리스마스
Christmas
크리스마스는 왜 12월 25일일까?

커다란 트리와 화려한 조명, 멈추지 않는 캐럴. 매년 크리스마스 전후면 전 세계 도시의 거리는 축제 분위기에 휩싸인다. 기독교 명절에서 유래한 크리스마스는 이제 나라와 종교를 떠나 세계인의 즐거움이 되었다.

기독교적인 전통을 지닌 유럽과 아메리카는 물론 요즘은 이라크, 말레이시아, 인도네시아 같은 일부 이슬람권 국가에서도 공공장소에 크리스마스트리를 세우거나 심지어 공휴일로 지정해 크리스마스를 축하하고 있다. 번쩍이는 거리를 밝히는 조명 장식은 12월 25일을 앞두고 세계 어디서나 흔히 볼 수 있는 풍경이다. 우리나라도 서울 시청 앞에 대형 크리스마스트리가 들어선다.

'그리스도(Christ)'와 '미사(Mass / Missa)'라는 단어가 합쳐진 크리스마스는 예수의 탄생을 기념하는 날에서 출발했지만, 실제로 12월 25일은 아기 예수가 태어난 날과 관계가 없다. 성서 어디에도 예수의 탄생일이 명확히 나와 있지 않다는 것도 이제는 제법 알려진 사실이다.

정확히 명시되지 않았기 때문에 기독교 초기에는 다양한 추측과 주장이 난무했다. 12월 25일과 함께 5월 20일, 4월 18일, 3월 28일 등이 예수의 '생일 후보'로 거론되었다. 정확하지 않은 예수의 탄생일 대신 예수가 세례를 받은 날(1월 6일)을 기념하기도 했다.

12월 25일이 예수의 생일을 축하하는 기독교의 축일이 된 것은 313년 로마 콘스탄티누스 1세가 기독교를 공인한 이후다. 로마 교회가 크리스마스를 12월 25일로 '결정'한 시기에 대해서도 335년설, 354년설 등 다양한 견해가 있지만, 크리스마스를 기리는 풍습이 로마 교회에서 비롯된 것이라는 데는 기독교 역사학자들의 의견이 대략 일치한다.

그러면 어째서 12월 25일인가. 로마 초대 교부인 히폴리투스(Hip-polytus, 170~235)는 12월 25일을 예수 탄생일이라고 주장했다. 하지만 근거가 뚜렷하지 않아 많은 지지를 얻지는 못했다. 그런데 이 12월 25일이 당시 로마에서 번성했던 미트라교(Mithraism)의 기념일이었다는 점이 뒤늦게 크리스마스 날짜를 결정하는 데 영향을 미쳤다.

고대 로마에서는 태양신 미트라(Mithra)를 숭배했는데, 미트라의 생일이 12월 25일이다. 게다가 당시 12월 25일은 밤이 짧아지고 해가 길어지기 시작하는 날, 즉 동지(冬至, 지금 달력으로는 12월 22일 또는 23일)이기도 해서 이즈음 로마에서는 농경신 사투르누스(Saturunus)에 대한 제사가 열렸다. 여러 의미로 축하하는 날이었던 셈이다. 이때를 즈음하여 축제가 계속되었다.

당시로서는 비교적 신흥 종교였던 기독교가 빠른 시일 안에 대중 속으로 파고드는 가장 효율적인 방법은 토착 종교의 축제일을 받아들여 통합하는 것이었다. '12월 25일 크리스마스'의 비밀이다. 결국 크리스마스는 초기 로마 교회의 필요에 의해 탄생한 '발명품'인 셈이다.

크리스마스를 상징하는 산타클로스(Santa Claus)는 4세기경에 활동한 성 니콜라스(St. Nicholas)에서 유래했다. 네덜란드에서 니콜라스 성인을 신터 클라스(Sinter Klaas)라고 불렀는데, 이 명칭이 변화하여 산타클로스가 되었다. 니콜라스 성인은 터키의 부유한 집안에서 태어나 평생 가난한 이들을 돕는 일에 헌신했다.

　한편 유럽 국가들 중 동방 정교회의 영향을 받은 나라들인 러시아, 벨라루스, 우크라이나, 세르비아 등에서는 현재의 양력 12월 25일 대신 1월 7일을 크리스마스로 기념하고 있다. 정교회에서 사용하는 율리우스력에서 12월 25일이 세계적으로 통용되는 그레고리력(양력)으로는 1월 7일이기 때문이다. 콥트 기독교가 전파된 이집트, 에티오피아 등에서도 양력 1월 7일에 크리스마스 행사를 갖는다. 기념하는 날짜는 같지만 달력에 따라 시기가 차이난다.

　한국에는 구한말 선교사들이 크리스마스를 전파했다. 1886년 12월 24일자 《독립신문》에 크리스마스에 관한 논설이 실린 것을 보면 당시에도 크리스마스가 꽤 널리 알려졌던 것으로 보인다. 1898년 12월 27일자 《대한그리스도인회보》에 실린 '서울 성안과 성 밖의 예수교 회당과 천주교 회당에 등불이 휘황하고 여러 천만 사람이 기쁘게 지나가니

구세주 탄일이 대한국에도 큰 성일이 되었더라'는 구절도 구한말의 크리스마스 풍경을 짐작하게 하는 대목이다.

　그로부터 51년 뒤 크리스마스는 공식적인 '빨간 날'이 되었다. 1949년 기독교 신자였던 이승만 대통령이 '기독탄신일'이라는 이름으로 12월 25일을 공휴일로 지정한 것이다.

참고 문헌

Chapter 1

삶터와 일터 Home & Office

01 그레그 제너, 서정아 옮김, 『소소한 일상의 대단한 역사』, 와이즈베리, 2017

02 송인호, 〈도시형 한옥의 유형 연구〉, 서울대 박사 논문, 1990

03 그레그 제너, 같은 책

04 권오민, 〈한증욕과 최충성〉, 대전일보, 2011. 10. 24.

05 존 L. 캐스터, 이현주 옮김, 『대중의 직관』, 반비, 2012

06 구정은·장은교·남지원, 『카페에서 읽는 세계사』, 인물과사상사, 2016

07 송성수, 『종이에서 로봇까지 발명과 혁신으로 읽는 하루 10분 세계사』, 생각의힘, 2018

08 코이즈미 코지, 이영란 옮김, 『그림 한 장으로 보는 최신 사물인터넷』, 정보문화사, 2017

09 스티브 존스, 이재현 옮김, 『우리 시대의 디지털 거인들』, 커뮤니케이션북스, 2006

10 Rifkin J., 『Age of Access : The New Culture of Hypercapitalism Where All of Life Is a Paid-For Experience』, Putnam, 2001

Chapter 2

쇼핑과 패션 Shopping & Fashion

01 전상인, 『편의점 사회학』, 민음사, 2014

02 최영수, 『쇼핑·관광·한류의 최전선, 면세점 이야기』, 미래의 창, 2013

03 조 지무쇼, 이케우치 사토우 감수, 고원진 옮김, 『30가지 발명품으로 읽는 세계사』, 시그마북스, 2017

04 존 로스만, 김정혜 옮김, 『아마존 웨이』, 와이즈맵, 2017

05 캐서린 애쉔버그, 이달와 옮김, 『시시콜콜 목욕의 역사』, 써네스트, 2019

06 쓰지하라 야스오, 이윤혜 옮김, 『문화와 역사가 담긴 옷 이야기』, 혜문서관, 2018

07 셀리아 리틀턴, 도희진 옮김, 『향기 탐색』, 뮤진트리, 2017

08 Blanco J. F., 『Clothing and Fashion, American Fashion : From Head to Toe』, ABC-Clio, 2015

09 홍석률 외, 『한국 현대 생활문화사 1970년대 : 새마을운동과 미니스커트』, 창작과비평, 2016

10 요네하라 마리, 노재명 옮김, 『팬티 인문학』, 마음산책, 2010

Chapter 3

활동적인 여가 생활 Sports & Leisure

01 국립 민속 박물관, 『한국 세시풍속 사전』, 국립 민속 박물관, 2005

02 스테판 지만스키·앤드루 짐벌리스트, 김광우 옮김, 『왜? 세계는 축구에 열광하고 미

국은 야구에 열광하나』, 에디터, 2006

03 스테판 지만스키·앤드루 짐벌리스트, 같은 책

04 존 라이트 애런 조이스 외, 김명철 옮김 『뉴욕타임스가 선정한 교양 9, 스포츠』, 이지북, 2005

05 Zezima K., The Washington Post, 〈How Teddy Roosebelt helped save football〉, 2014년 5월 29일 온라인 판

Chapter 4
식탁 위의 즐거움 Food & Dining

01 국사 편찬 위원회 한국사 데이터베이스(http://db.history.go.kr)

02 동아일보, 1925년 5월 1일

03 동아일보, 1939년 4월 27일

04 황광해, 『고전에서 길어 올린 한식 이야기 식사』, 하빌리스, 2017

05 주영하, 『조선의 미식가들』, 휴머니스트, 2019

06 김남천·백석 외, 『식탁 위의 문학 기행 2·평양냉면』, 가갸날, 2017

07 김남천·백석 외, 같은 책

08 유중하, 『검은 유혹, 맛의 디아스포라 짜장면』, 섬앤섬, 2018

09 한국일보, 2015년 12월 11일

10 알렉산드로 마르초 마뇨, 윤병언 옮김, 『맛의 천재』, 책세상, 2016

11 Silverman K., 『Lightning Man : The Accursed Life of Samuel. F. B. Morse』, Da Capo

Press, 2003

12 오사카 데쓰, 정순분 옮김,『돈가스의 탄생』, 뿌리와이파리, 2006

13 그레그 제너, 같은 책

14 린다 시비텔로, 최정희 외 옮김,『인류 역사에 담긴 음식문화 이야기』, 린, 2017

15 헤더 안트 앤더슨, 이상원 옮김,『아침 식사의 문화사』, 니케북스, 2016

16 헤더 안트 앤더슨, 같은 책

Chapter 5

차 한 잔의 여유 Beverage & Dessert

01 경향신문, 2015년 9월 26일

02 하상도·김태민,『과학과 역사로 풀어본 진짜 식품 이야기』, 좋은땅, 2018

03 츠노야마 사카에, 서은미 옮김,『녹차문화 홍차문화』, 예문서원, 2001

04 톰 스탠디지, 차재호 옮김,『역사 한 잔 하실까요』, 세종서적, 2006

05 주경철,『문명과 바다』, 산처럼, 2009

06 안대회, 이용철, 정병설 외,『18세기의 맛』,「달콤한 설탕의 쌉쓸한 그림자」(최주리),
문학동네, 2014

07 백석·이효석·채만식 외,『식탁 위의 문학 기행 1·100년 전 우리가 먹은 음식』, 가
갸날, 2017

08 〈How Ice Cream Helped America at War〉,《The Atlantic》, 2017년 8월 6일

09 『Mrs. Mary Eales's Receipe』, 1718

10 로라 B. 와이스, 김현희 옮김, 『아이스크림의 지구사』, 휴머니스트, 2013

11 알렉산드로 마르초 마뇨, 같은 책

12 Black J., 〈The Trail of Tiramisu〉, 《Washington Post》, 2007년 7월 11일

Chapter 6

편리한 생활 Home Appliance & Vehicle

01 톰 잭슨, 김화봉 옮김, 『냉장고의 탄생』, MiD, 2016

02 Peavitt H., 『Refrigerator : The story of cool in the kitchen』, Reaktion Books, 2017

03 Gantz C., 『Refrigeration : A history』, McFarland & Company, 2015

04 피터 노왁, 이은진 옮김, 『섹스, 폭탄, 그리고 햄버거』, 문학동네, 2012

05 쿠르드 뫼저, 김태희·추금환 옮김, 『자동차의 역사』, 뿌리와이파리, 2007

06 김우성, 『50개의 키워드로 읽는 자동차 이야기』, 미래의창, 2015

07 로버트 펜, 박영준 옮김, 『자전거의 즐거움』, 책읽는수요일, 2015

08 프란체스코 바로니, 문희경 옮김, 『자전거의 역사 : 두 바퀴에 실린 신화와 열정』, 예
담, 2008

09 송성수, 같은 책

10 데이비드 V. 헐리히, 김인혜 옮김, 『세상에서 가장 우아한 두 바퀴 탈 것』, 알마,
2018

11 알프리트 슈미츠, 송소민 옮김, 『인류사를 가로지른 스마트한 발명들 50』, 서해문집,
2014

12 《신동아》, 2006년 11월호

Chapter 7

하루의 마무리 Alcoholic Drinks

01 린다 시비텔로, 최정희·이영미·김소영 옮김, 『인류 역사에 담긴 음식문화 이야기』, 린, 2017

02 헤더 안트 앤더슨, 같은 책

03 그레그 제너, 같은 책

04 안대회, 이용철, 정병설 외, 『18세기의 맛』, 「와인, 철학과 사랑을 꽃피운 영혼의 물방울」(김태훈), 문학동네, 2014

05 왕중추, 예영준·송민정 옮김, 『신이 내린 술, 마오타이』, 마음의숲, 2019

06 콜린 윌슨, 전소영 옮김, 『인류의 범죄사』, 알마, 2015

07 안대회, 이용철, 정병설 외, 『18세기의 맛』, 「영국 빈민을 사로잡은 진 광풍」(문희경), 문학동네, 2014

08 Sawe B. E., 'Countries Who Consume the Most Vodka.', WorldAtlas, 1. Aug. 2017

09 박상철, 〈제1차 세계대전과 러시아 금주법의 도입〉, 《역사학연구》 제72집, 2018년 11월

10 마크 포사이스, 서정아 옮김, 『술에 취한 세계사』, 미래의창, 2019

11 케빈 R. 코사르, 조은정 옮김, 『위스키의 지구사』, 휴머니스트, 2016

12 성중용, 『명주수첩』, 우듬지, 2013

13 Diaz G. T., 〈Los Tequileros: Adventures in Prohibition—era smuggling〉, 《Caller Times》, 2017년 8월 7일

14 Martineau C., 〈How Tequila Went From Mexican Farms to American Frats : A tale of culture and capitalism〉, 《The Atlantic》, 2015년 5월 5일

15 《신동아》, 2009년 6월호

16 조선닷컴, 2019년 2월 20일

Chapter 8

일 년을 돌아보며 Around The Year

01 日本經濟新聞, 2018년 2월 1일 朝刊

02 임경택, 〈이벤트성 외래 축제를 통해 본 일본의 소비문화의 양상 : 크리스마스, 밸런 타인데이, 할로윈을 중심으로〉, 《비교문화연구》 제12집 2호, 서울대학교 비교문화연 구소, 2006

03 프프人人, 2014년 2월 14일

04 매일경제, 1982년 2월 11일

05 Schmidt, L. E., 『Consumer Rites』, Princeton University Press, 1995

06 국립 민속 박물관, 『한국 세시풍속 사전』, 국립 민속 박물관, 2005

07 같은 책

08 Creighton M. R., 〈Maintaining Cultural Boundaries in Retailing: How Japanese Department Stores Domesticate 'Things Foreign'〉, Modern Asian Studies, Vol. 25, No.

4, 1991

09 다빈치 축제 편집팀, 김홍희·류정아 감수, 『세계 축제 100』, 다빈치, 2016

10 연합뉴스, 1996년 11월 13일

책을 마치며

'왜 그렇지?'

'어떻게 그렇게 됐지?'

비슷한 질문 같지만 엄연히 다르다. 앞의 질문이 '원인'에 대한 답을 구하는 것이라면, 뒤의 것은 '과정'에 대한 성찰을 묻는다.

이런 차이에도 불구하고 이 두 가지 질문은 공통점을 가지고 있다. 사물에 관한 궁금증을 해소하기 위한 출발선에 섰다는 점. 흔히 말하는 '육하원칙'의 다른 질문들, 즉 '누가' '언제' '어디서' '무엇을' 등은 원인과 과정을 탐구하다 보면 자연스럽게 해결되는 의문들이다.

바로 '왜'와 '어떻게'라는 질문에서 책이 시작됐다. 호기심 많은 성격이 배경에 깔려 있다. 적지 않은 나이를 먹기까지 잦아들지 않은 호기심은 궁금하면 뭐든지 찾아보는 버릇으로 이어졌다. 잡학(雜學), 잡사(雜史)에 관한 책이나 글에 손이 가는 일이 잦았다.

기자를 직업으로 삼아 관심의 폭을 넓히고 여러 분야의 글을 쓸 기회가 있던 것은 궁금증 많은 사람에게는 행운이었다. 그리 길지 않은 시간이나마 논설위원을 지내면서 다양한 사건의 다양한 면면을 다루는 기사와 칼럼을 썼던 경험도 책을 구성하는 데 도움이 됐다.

다만 당시 글의 소재는 시의성, 즉 뉴스에 의존한 것이 대부분이었다. 좀 더 광범위하고 보편적인 주제를 두고 그 유래에 관한 글을 써보면 어떨까 하는 생각이 들었다. '일상의 역사'를 고민하게 된 계기다.

내가 특별히 흥미를 가진 것은 우리 주변의 사물과 관습 체계였다. 전통적으로 절기를 맞춰 지키는 명절과 기념일 그리고 의식주를 포함한 생활 문화까지. 우리의 일상이 지금과 같은 모습이 된 데는 그만한 사연이 있을 것이었다. 하루의 모습은 어떻게 만들어진 것일까? 모르고 있던 것, 알고 있던 것이 새삼스럽게 관심사로 다가왔다.

기독교는 왜 예수가 태어난 날도 아닌 12월 25일을 성탄(聖誕)을 축하하는 날로 삼았을까? 스파게티는 정말 마르코 폴로가 중국에서 이탈리아로 전파한 음식일까? 어째서 한국과 일본에서는 밸런타인데이에 초콜릿을 선물하는가? 짜장면, 짬뽕은 중국 음식인가, 한국 음식인가? 질문은 꼬리에 꼬리를 물었다.

그럼에도 불구하고 처음에는 막연한 구상만 있었을 뿐 구체적으로 손에 잡히는 것이 없었다. 상상이 현실이 된 것은 노련한 출판 기획자와 편집자를 만나면서다. 아이디어를 듣고는 집필을 권유하고 뼈대를 잡아준 김상훈, 이양훈, 임동건 씨의 공이 크다. 경험 많은 출판인들이 보여준 청사진이 당초 내 계획과 크게 다르지 않다는 점을 확인하고는 자신감이 붙었다.

일상의 작은 사물에 천착해나간 제현(諸賢)의 글을 찾아 읽으며 사실(史實)과 지식을 하나하나 확인해나가는 과정은, 꼭 책을 쓴다는 목적이 아니더라도, 그 자체로 즐거운 작업이었다. 문득 글이 막힐 때 겪는 작은 괴로움이 없었다면 거짓이겠지만, 그보다는 초점을 맞출 부분을 찾아 글의 내용과 범위를 한정해나가는 과정이 더 힘들었다.

그때마다 가족의 도움을 받았다. 첫 번째 독자이자 길잡이였다. 막다른 골목에서 항상 친절한 영감을 공유해준 아내 연선, 항상 관심을 기울이며 책의 제목을 정하는 데에도 도움을 준 딸 시현에게 감사와 사랑을 전한다. 응원을 보태준 친구들도 힘이 됐다.

개인적인 흥미에 초점을 맞추다 보니 어정쩡한 글이 된 것은 부끄럽다. 상식으로 보기엔 편협하고 미시사(微視史)로 엮기엔 경박하다. 그럼에도 이 책이 일상생활에서 가벼운 화제를 환기하는, 대화의 양념 역할이라도 할 수 있다면 좋겠다는 것이 솔직한 바람이다.

쓰고 싶은 이야기를 담았다고는 하나 처음에 쓴 원고 전체가 실린 것은 아니다. 언젠가 기회가 있어, 사정상 이번에 넣지 못한 글들이 빛을 볼 수 있기를 바라는 기대로 졸고의 마무리를 대신한다.

미래를 알려거든 먼저 지나간 일을 살펴보라.
_《명심보감(明心寶鑑)》

'행복하게 만든 책이 행복을 만듭니다.'

일상의 탄생

오늘을 만든 사소한 것들의 위대한 역사

초판 1쇄 찍은 날   2021년 1월 22일
초판 3쇄 펴낸 날   2021년 7월 23일

지은이   주성원
발행인   조금희
발행처   행복한작업실
등　록   2018년 3월 7일(제2018-000056호)
주　소   서울시 서초구 서초대로 65길 13-10, 103-2605
전　화   02-6466-9898
팩　스   02-6020-9895
전자우편   happying0415@naver.com

편　집   이양훈
디자인   이인선
마케팅   임동건

종　이   비전 P&P
제　작   에스제이 P&B

ISBN   979-11-970572-5-0 (03900)